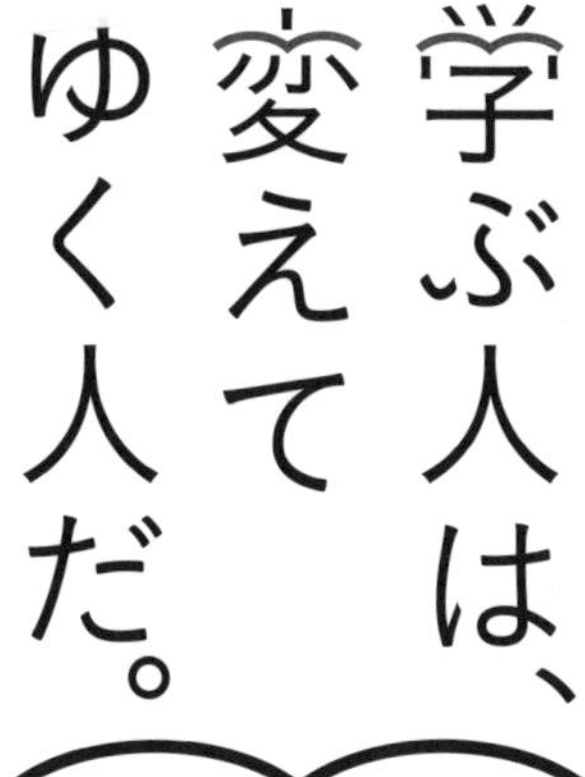

目の前にある問題はもちろん、

人生の問いや、

社会の課題を自ら見つけ、

挑み続けるために、人は学ぶ。

「学び」で、

少しずつ世界は変えてゆける。

いつでも、どこでも、誰でも、

学ぶことができる世の中へ。

旺文社

でる順×分野別

漢検問題集

五訂版

2級

旺文社

目次

でる順 C ランク

214

予想問題

別冊付録

編集協力　株式会社友人社
校正　そらみつ企画・加田祐衣・片倉俊太郎
装丁デザイン　ライトパブリシティ（大野瑞生）
本文デザイン　伊藤幸恵・作間達也
本文イラスト　三木謙次

漢字検定（漢検）とは

本書が目指す「漢字検定（漢検）」とは、公益財団法人日本漢字能力検定協会が主催する「日本漢字能力検定」のことです。漢字検定は1級から、準1級・準2級を含む10級までの12段階に分かれています。

●受検資格

年齢・学歴などにかかわらず、だれが何級を受検してもかまいません。検定時間が異なれば4つの級まで受検できます。受検には個人受検・団体受検・漢検CBT受検の3つがあります（詳しくは10ページ）。

●出題対象となる漢字

漢字検定では、それぞれの級に定められた出題範囲があります。それぞれの級で新たに出題対象となる漢字を配当漢字といい、当該級はそれ以下の級の配当漢字も出題範囲に含まれることが原則です。

2級では、小・中・高校で習う常用漢字2136字すべてが出題の対象となります。

●問い合わせ先

公益財団法人　日本漢字能力検定協会

本　部	〒605－0074 京都府京都市東山区祇園町南側551番地 TEL. 075－757－8600 FAX. 075－532－1110
東京事務所	〒108－0023 東京都港区芝浦3丁目17－11　天翔田町ビル6階
URL	https://www.kanken.or.jp/

●漢字検定2級の審査基準

程度	すべての常用漢字を理解し、文章の中で適切に使える。
領域・内容	**《読むことと書くこと》** すべての常用漢字の読み書きに習熟し、文章の中で適切に使える。 ・音読みと訓読みとを正しく理解していること ・送り仮名や仮名遣いに注意して正しく書けること ・熟語の構成を正しく理解していること ・熟字訓、当て字を理解していること(海女／あま、玄人／くろうと など) ・対義語、類義語、同音・同訓異字などを正しく理解していること **《四字熟語》** 典拠のある四字熟語を理解している(鶏口牛後、呉越同舟　など)。 **《部首》** 部首を識別し、漢字の構成と意味を理解している。

●漢字検定2級の採点基準

字の書き方	正しい筆画で明確に書きましょう。くずした字や乱雑な書き方は採点の対象外です。
字種・字体・読み	2～10級の解答は、内閣告示「常用漢字表」(平成22年) によります。旧字体での解答は不正解となります。
仮名遣い	内閣告示「現代仮名遣い」によります。
送り仮名	内閣告示「送り仮名の付け方」によります。
部首	『漢検要覧　2～10級対応』(公益財団法人日本漢字能力検定協会) 収録の「部首一覧表と部首別の常用漢字」によります。
合格基準	合格のめやすは、正答率80％程度です。200点満点ですから、160点以上とれれば合格の可能性大です。

●おもな対象学年と出題内容　※ 2022 年 8 月現在

<table>
<tr><th>内容／級</th><th>レベル</th><th>漢字の書取</th><th>誤字訂正</th><th>同音・同訓異字</th><th>四字熟語</th><th>対義語・類義語</th><th>送り仮名</th><th>熟語の構成</th><th>部首・部首名</th><th>筆順・画数</th><th>漢字の読み</th><th>検定時間</th><th>検定料</th></tr>
<tr><td rowspan="2">2</td><td rowspan="2">高校卒業
・
大学
・
一般程度</td><td>○</td><td>○</td><td>○</td><td>○</td><td>○</td><td>○</td><td>○</td><td>○</td><td></td><td>○</td><td rowspan="2">60 分</td><td rowspan="2">4500 円</td></tr>
<tr><td colspan="10">《対象漢字数》
2136 字（準 2 級までの対象漢字 1951 字＋ 2 級配当漢字 185 字）
※高等学校で習う読みを含む</td></tr>
<tr><td rowspan="2">準 2</td><td rowspan="2">高校在学程度</td><td>○</td><td>○</td><td>○</td><td>○</td><td>○</td><td>○</td><td>○</td><td>○</td><td></td><td>○</td><td rowspan="2">60 分</td><td rowspan="2">3500 円</td></tr>
<tr><td colspan="10">《対象漢字数》
1951 字（3 級までの対象漢字 1623 字＋準 2 級配当漢字 328 字）
※高等学校で習う読みを含む</td></tr>
<tr><td rowspan="2">3</td><td rowspan="2">中学校卒業程度</td><td>○</td><td>○</td><td>○</td><td>○</td><td>○</td><td>○</td><td>○</td><td>○</td><td></td><td>○</td><td rowspan="2">60 分</td><td rowspan="2">3500 円</td></tr>
<tr><td colspan="10">《対象漢字数》
1623 字（4 級までの対象漢字 1339 字＋ 3 級配当漢字 284 字）
※中学校で習う読みを含む
※高等学校で習う読みは含まない</td></tr>
<tr><td rowspan="2">4</td><td rowspan="2">中学校在学程度</td><td>○</td><td>○</td><td>○</td><td>○</td><td>○</td><td>○</td><td>○</td><td>○</td><td></td><td>○</td><td rowspan="2">60 分</td><td rowspan="2">3500 円</td></tr>
<tr><td colspan="10">《対象漢字数》
1339 字（5 級までの対象漢字 1026 字＋ 4 級配当漢字 313 字）
※中学校で習う読みを含む
※高等学校で習う読みは含まない</td></tr>
<tr><td rowspan="2">5</td><td rowspan="2">小学校
6 年生
修了程度</td><td>○</td><td>○</td><td>○</td><td>○</td><td>○</td><td>○</td><td>○</td><td>○</td><td>○</td><td>○</td><td rowspan="2">60 分</td><td rowspan="2">3000 円</td></tr>
<tr><td colspan="10">《対象漢字数》
1026 字（6 級までの対象漢字 835 字＋ 5 級配当漢字 191 字）
※中学校で習う読みは含まない</td></tr>
</table>

※内容は変更されることがありますので、日本漢字能力検定協会のホームページをご確認ください。

本書の特長

特長① 「でる順」×「分野別」で効果的に学習

合格に必要な実力養成のために、過去の検定試験で実際に出題された漢字を約18年分、独自に分析し、ABCの三段階での「でる順」に分け、さらにその中を分野別で構成しました。同じ配当漢字でも、出題用例ごとに頻度を分析しましたので、効果的な学習が可能です。

特長② 実践的な漢字資料付き――別冊付録

「2級配当漢字表」「準2級配当漢字表」「おもな特別な読み、熟字訓・当て字」「高校で習う読み」「部首一覧」を、見やすい形で別冊に収録しています。また配当漢字表では、その漢字がどの分野でねらわれやすいのか、ひと目でわかるように、アイコンを付けてあります。

学習の基礎資料としてはもちろん、別冊に収録しているので持ち運びもしやすく、検定会場での直前チェックにも使えます。

特長③ 本番対策にもしっかり対応

予想問題（3回分）

検定試験の対策として、本番形式の予想問題を3回分収録しています。

ダウンロード特典

模擬試験2回分（解答付き）と原寸大解答用紙を無料でダウンロードできます。

[ダウンロード特典のご利用方法]

以下のURLまたはQRコードからアクセスし、「漢検」カテゴリの該当級をダウンロードしてください。

URL：https://www.obunsha.co.jp/support/tokuten/

※サービスは予告なく終了する場合があります。

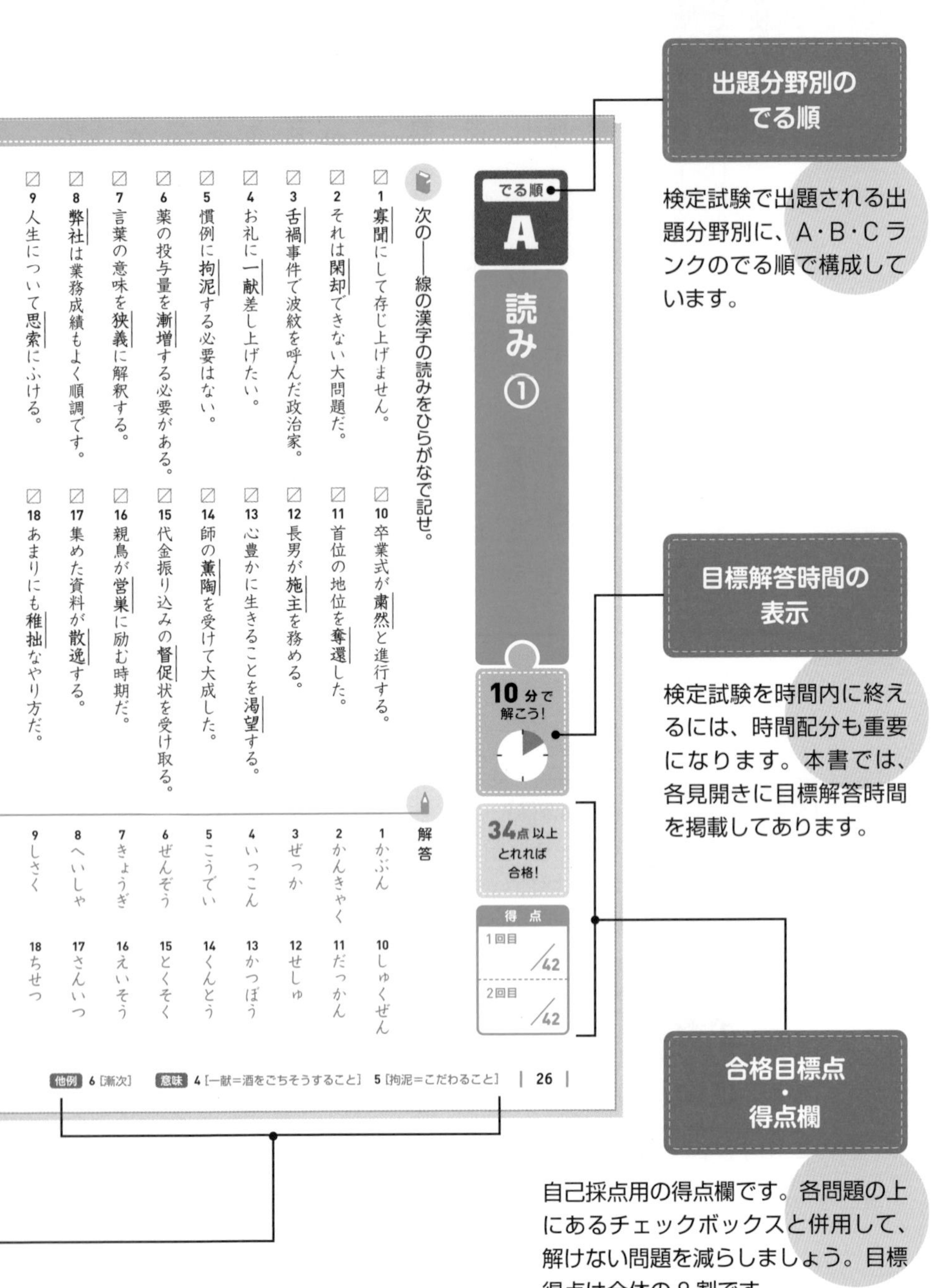

出題分野別のでる順

検定試験で出題される出題分野別に、A・B・Cランクのでる順で構成しています。

目標解答時間の表示

検定試験を時間内に終えるには、時間配分も重要になります。本書では、各見開きに目標解答時間を掲載してあります。

合格目標点・得点欄

自己採点用の得点欄です。各問題の上にあるチェックボックスと併用して、解けない問題を減らしましょう。目標得点は全体の8割です。

Aランク…… 検定試験で必ずといっていいほど出題される最重要問題
Bランク…… 検定試験でよくねらわれる合否を左右する重要問題
Cランク…… 出題される頻度は低いものの実力に差をつける問題

読み ① 部首 熟語の構成 四字熟語 対義語・類義語 同音・同訓異字 誤字訂正 送り仮名 書き取り

19 医学界に顕著に見られる事例。
20 エベレスト登頂の壮図を抱く。
21 業界に一大旋風を巻き起こす。
22 払暁にその地を出発する。
23 父は画壇の俊才といわれていた。
24 背筋に悪寒が走る。
25 一番の弱点が露呈してしまった。
26 手術後二週間で平癒した。
27 廃屋にぺんぺん草が生えている。
28 脚立に登って庭木の手入れをする。
29 懐かしい景色が広がる。
30 全てを前例に倣う必要はない。

31 初孫のために産着を送る。
32 生死の瀬戸際に立つ。
33 彼は世事に疎い。
34 移籍してきた選手を四番に据える。
35 得点に絡む安打を放った。
36 期待を担う若者たちの集まりだ。
37 長患いもようやく全快した。
38 人を陥れるような言動は慎もう。
39 不用意な発言が物議を醸す。
40 ホースの筒先を上に向けて構える。
41 端数を切り捨てる。
42 偽のブランド品を見抜く。

19 けんちょ
20 そうと
21 せんぷう
22 ふつぎょう
23 しゅんさい
24 おかん
25 ろてい
26 へいゆ
27 はいおく
28 きゃたつ
29 なつ
30 なら

31 うぶぎ
32 せとぎわ
33 うと
34 す
35 から
36 にな
37 ながわずら
38 おとしい
39 かも
40 つつさき
41 はすう
42 にせ

27 他例 19［露顕・顕示］ 22［通暁］ 意味 20［壮図＝壮大な計画］ 22［払暁＝明け方］

赤色シートで消える解答

解答は赤い字で書かれており、付属の赤色シートでかくすことができます。このシートを使えば、同じページの中にある解答を気にすることなく学習できます。

充実した解説

学習の手助けになるように解説を充実させました。解答欄はもとより、ページの欄外にも解説を入れてあり、わざわざ辞書を使わなくてもポイントを押さえた学習が可能です。確実な実力を養成するためにも、しっかり確認しておきましょう。

漢字検定を受検する方法は、大きく分けて3つあります。公開会場で受ける「個人受検」と、コンピューターを使って受検する「漢検CBT」、学校や企業・塾などで一定人数以上がまとまって受ける「団体受検」です。それぞれの主な流れを見てみましょう。

公開会場

検定日　原則として毎年、6月・10月・翌年2月の日曜日の年3回。申し込み期間は、検定日の約3か月前から約1か月前。

検定会場　全国主要都市および海外主要都市。

インターネットで申し込み

日本漢字能力検定協会（以下漢検協会）のホームページ（https://www.kanken.or.jp/）の申し込みフォームにアクセスし、必要事項を入力。

コンビニで申し込み

指定のコンビニに設置された端末機で申し込み。

取り扱い書店で申し込み

取り扱い書店で願書を手に入れ、書店で検定料を支払って書店払込証書を入手。

団体受検

（準会場受検）

設置条件を満たしている学校や団体が、自ら団体受検用の会場と責任者を設け実施する受検方法です。2級～10級の準会場での志願者が合計10人以上ならば申し込みが可能で、協会が指定する日程（年間で13日程度）の中から検定日を選択することができます。

※申し込み方法に関する詳しい情報は、日本漢字能力検定協会のホームページをご確認下さい。

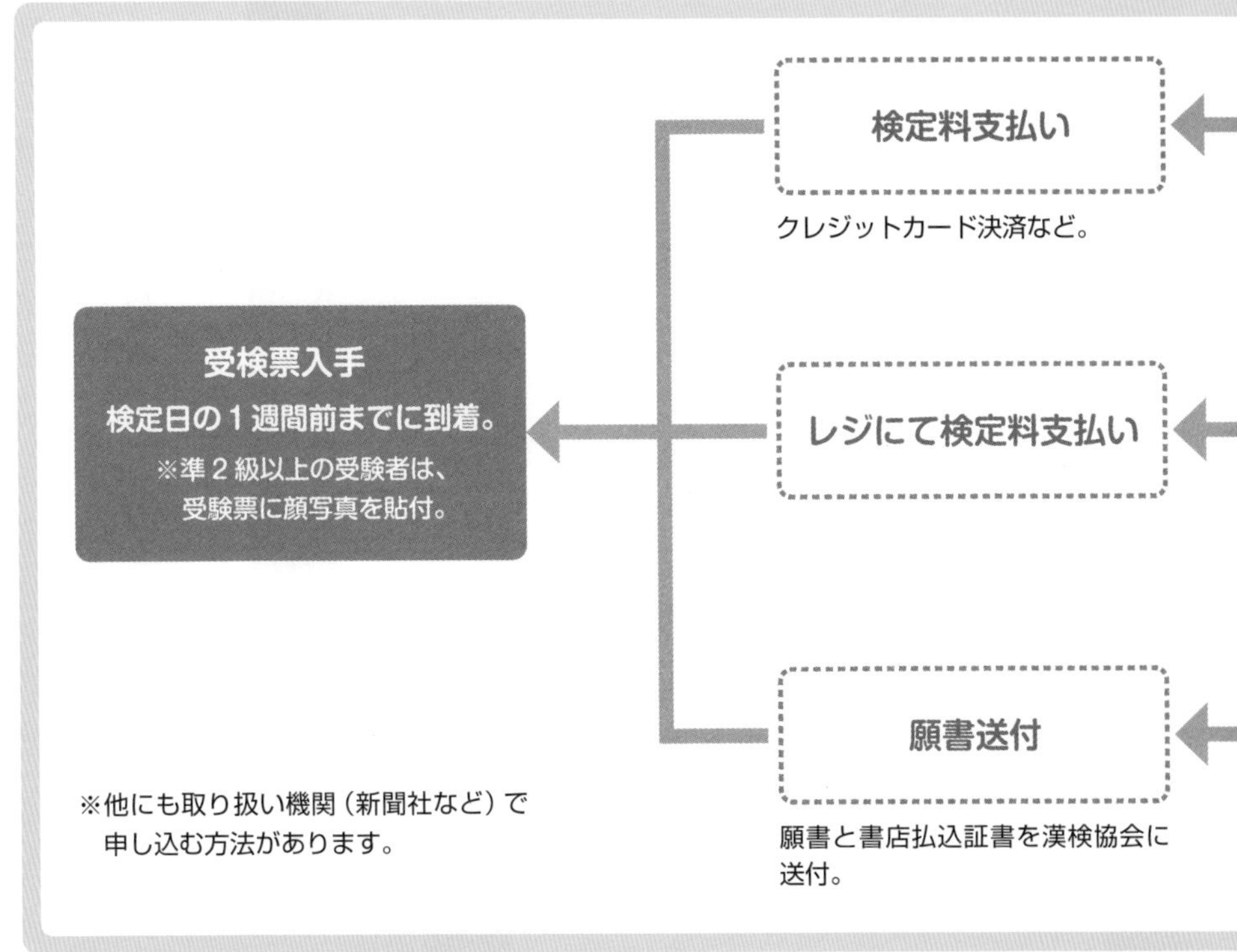

漢検 CBT （コンピューター・ベースド・テスティング）

漢検 CBT は、コンピューターを使って受検するシステムのことです。合格すると従来の検定試験と同じ資格を取得することができます。漢検 CBT で受検できるのは 2 ～ 7 級で、検定料は従来の検定試験と同じ、申し込みはインターネットからのみです。通常の（紙での）検定試験とのちがいは、実施回数です。検定試験が年 3 回であるのに対し、漢検 CBT は、試験会場によっては日曜祝日も実施しており、都合のよい日程で受検できます。試験会場は 47 都道府県、150 箇所以上に設置されています。また、合否の結果が約 10 日でわかるので非常にスピーディといえます。

自分の学習レベルと審査基準を照らし合わせて、受検級を決めましょう。受検日を決めたら、『でる順×分野別　漢検問題集』で勉強を始めましょう！

まずは最低限！

合格に最低限必要とされるＡランクの問題を確実に解けるようにしよう！

受検票をゲット！

一週間前までに受検票が送られてくる。受検会場・検定時間をしっかり確認しておこう！

三か月前

一か月前

一週間前

申し込みを忘れずに！

申し込み期間は三か月前から一か月前。忘れないように、早めに申し込んでおこう！

確かな合格力を！

Ａランクが一通り終わったら、Ｂランク・Ｃランクにステップアップ！

直前で実力チェック！

巻末の予想問題で自分の弱点を確認！　全３回収録されているので、定期的に解いてみよう！　模擬試験（２回分）も無料でダウンロードできるので活用しよう！

合格の通知！

検定日の約30日後から漢検ホームページで合否結果を確認できる。また、約40日後に、合格者には合格証書・合格証明書と検定結果通知が、不合格者には検定結果通知が郵送される。

試験本番は落ち着いて！

別冊を使って最後の確認を。試験本番では今までがんばった自分を信じて、あわてずしっかりと問題を解こう！
とめ・はねなどははっきりと！　時間が余ったら、見直すことも忘れずに。

一か月後　試験当日　前日

次の級へチャレンジ！

合格したら、次の級の受検を考えよう！
今回と同じ方法で勉強すれば、きっと大丈夫!!

忘れ物は厳禁！

試験当日には、
①受検票　②消しゴム　③筆記用具（HB・B・2Bのえんぴつ、またはシャープペンシル）
を必ず持っていこう！
万年筆やボールペンは不可で、腕時計・ルーペは持ち込み可となっている。

合格の目安は8割

漢字検定2級は、200点満点中の80%（160点）程度で合格とされます。

「読み」と「書き取り」を確実におさえる

【資料1】でわかるように、「読み」と「書き取り」の問題の配点が全体の40%を占めており、この2ジャンルをしっかりとおさえることが合格の必須条件です。

その他のジャンルもまんべんなく8割以上の得点を目標として、苦手な分野は集中して学習しましょう。

【資料1】 各ジャンルの配点

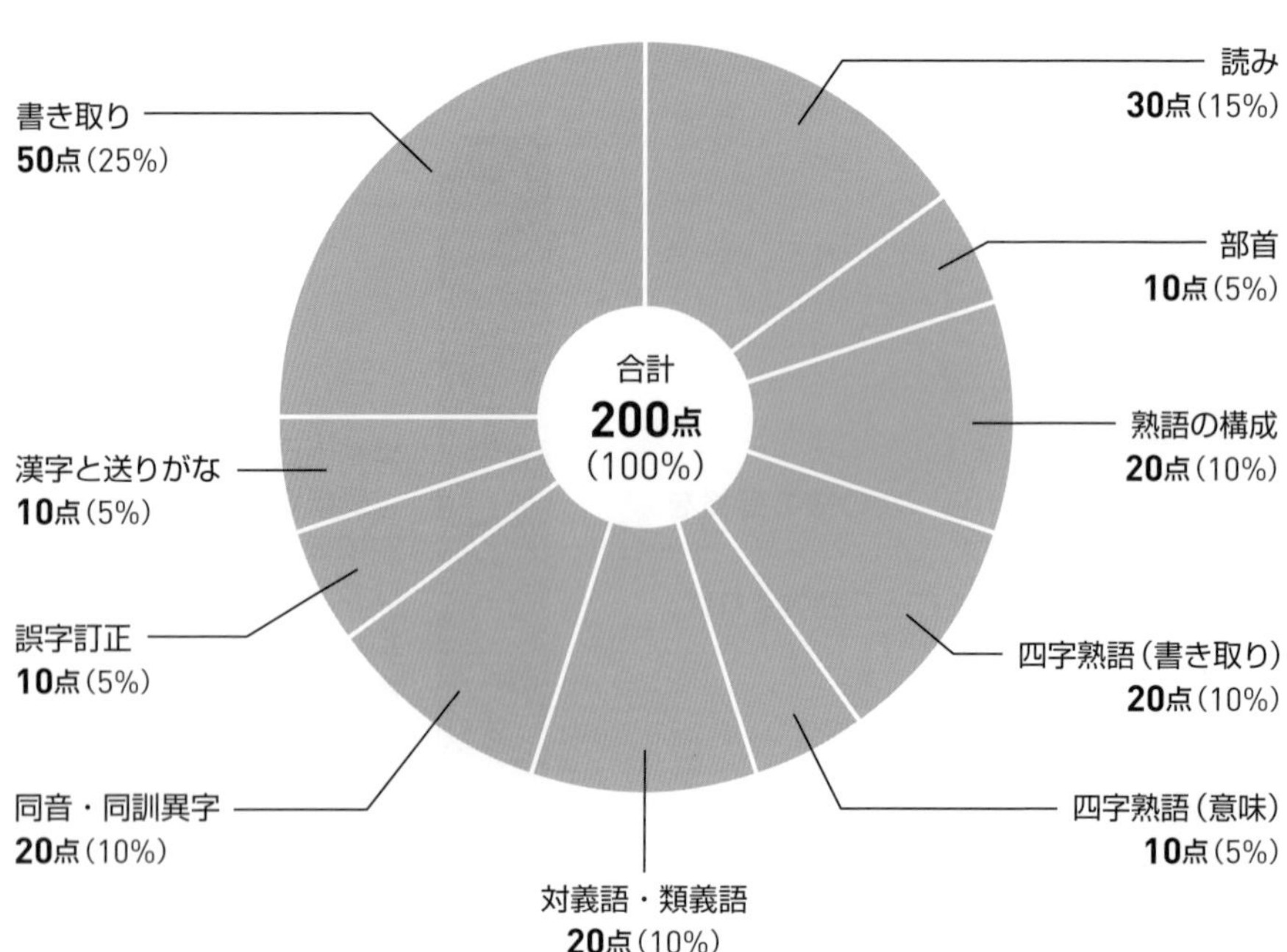

（資料1・2…公益財団法人　日本漢字能力検定協会の2016～2020年刊行資料をもとに作成）

各ジャンルの正答率

【資料2】は合格者と受検者全体の正答率の平均ですが、合格者の平均はあまり偏りなく8割程度となっているのに対して、受検者全体の平均では「四字熟語（書き取り）」や「対義語・類義語」などが大きく落ち込んでおり、合否を分ける大きなポイントとなりそうです。各分野の正答率を参考に、今後の対策をしっかり立てましょう。

時間配分を意識する

全部で120問あるので、時間配分を意識することも大切です。一つの設問に時間をかけすぎないように注意し、わからない設問を飛ばして進める場合は、マークシートの記入欄のズレに注意しましょう。見直しの時間を5～10分程度確保することも忘れずに。

【資料2】 各ジャンルの正答率

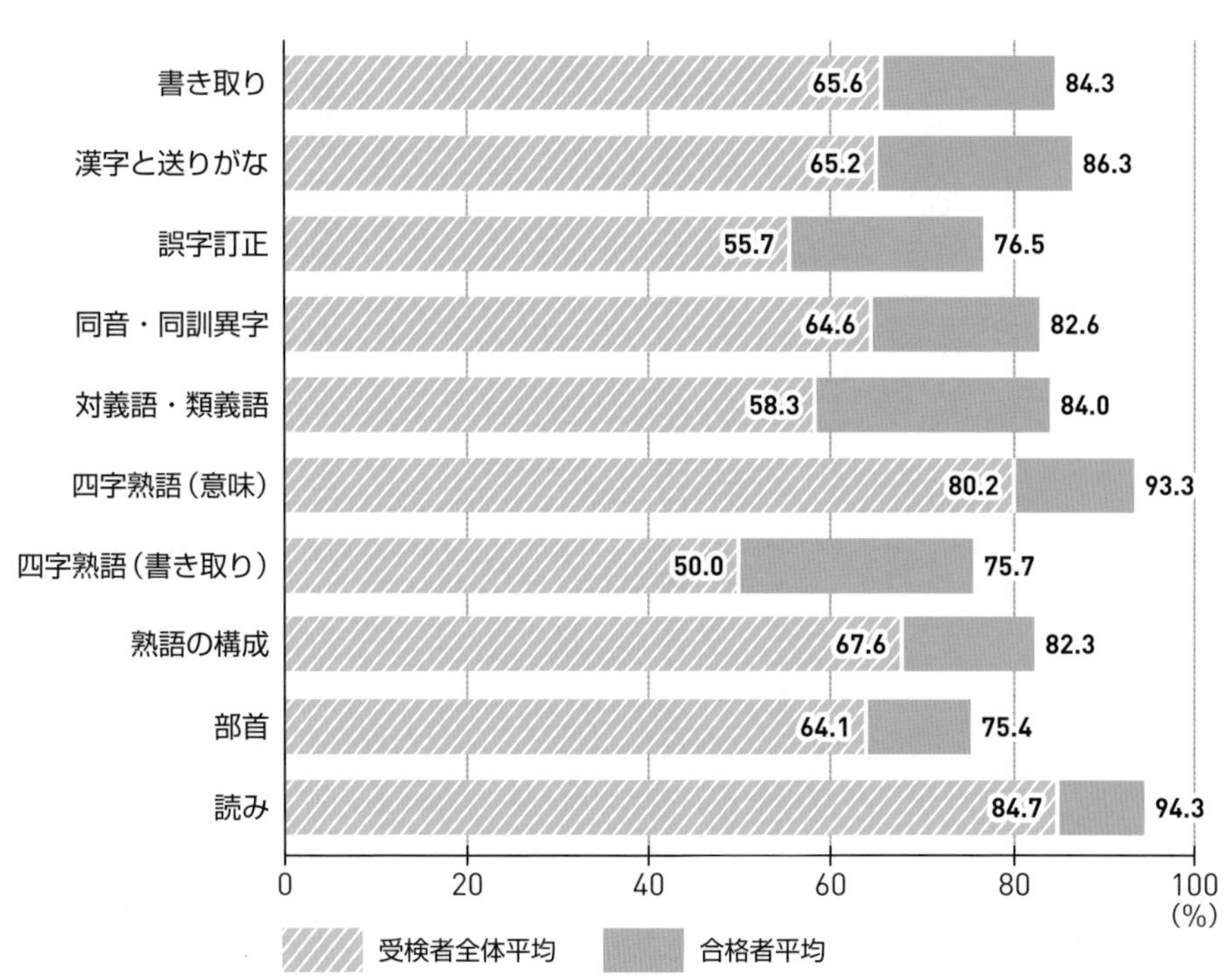

読み

配点　1点×30問

出題傾向

短文中の漢字の読みを答える問題。出題は音読み・訓読みともに、2級配当漢字185字と準2級配当漢字328字が中心です。3級以下の配当漢字では、高校で習う読みに要注意。最近の出題では、音読み（主に二字熟語）が約20問、訓読み（主に一字訓）が約10問出題されるパターンが多いです。

※本書では、問題番号1〜28を音読み、29〜42を訓読みで構成しています。

攻略のポイント

●**2級配当漢字の読みを確実に学習する**

2級配当漢字185字は、用例も含めて確実にチェックしておきましょう。

●**高校で習う読みのチェック**

3級以下の配当漢字といえども、高校で習う読みには、意外に難しくて容易に読めないものがたくさんあります。

例 紺青→（「ジョウ」が高校で習う読み）

●**特別な読み、熟字訓・当て字**

特別な読みや熟字訓・当て字は、数こそ多くはありませんが、よくねらわれる要注意問題です。

例 帰依（きえ）　海女（あま）　息吹（いぶき）

●**現代仮名遣いのルールを守る**

仮名遣いは内閣告示「現代仮名遣い」によります。「じ」と「ぢ」、「ず」と「づ」の使い分けなど、意外に間違って覚えている場合もあります。読みがわかっていても正確に答えられなければ不正解です。

●**複数の読み方がある熟語は文脈を理解する**

複数の読み方を持つ熟語の場合、読み方を変えると意味まで変わるものもあります。文脈を理解して、それに合う読み方をしましょう。

例 気骨─┬（きこつ）…強い気性
　　　　└（きぼね）…気苦労

部首

配点　1点×10問

出題傾向

問題となる漢字の部首を書く問題。2級配当漢字と準2級配当漢字を中心に出題されますが、そのほかの常用漢字で勘違いしやすいものが出題されます。「さんずい」「てへん」などの一般的な部首の漢字よりは、「相」（部首は目）、「窓」（部首は穴）などのように判別の難しい漢字がねらわれます。

攻略のポイント

●部首は『漢検要覧　2～10級対応』に準拠

部首の分類は漢和辞典によって異なる場合があります。漢字検定では、部首の分類は『漢検要覧　2～10級対応』（公益財団法人日本漢字能力検定協会）収録の「部首一覧表と部首別の常用漢字」に従わなければなりません（本書は、この一覧に準拠しています）。

●間違いやすい部首の例

①部首が複数考えられる漢字

例　憲→宀？　心？（心が部首）

②部首の見当がつかない漢字

例　九→乙　背→肉　舎→舌

③漢字自体が部首の漢字

例　骨→骨　鼻→鼻　飛→飛

熟語の構成

配点　2点×10問

出題傾向

二字熟語を構成する上下の漢字が、次にあげる5つのうち、どの関係で結びついているのかを問う問題。**ア**〜**オ**の5つの分類が出題されます。

ア　同じような意味の漢字を重ねたもの
イ　反対または対応の意味を表す字を重ねたもの
ウ　上の字が下の字を修飾しているもの
エ　下の字が上の字の目的語・補語になっているもの
オ　上の字が下の字の意味を打ち消しているもの

攻略のポイント

●**熟語の構成の見分け方**

漢字の意味や熟語の意味をふまえて、簡単な言葉に言い換えるのがポイント。

▼**アとイ**→2つの漢字がそれぞれ並列の関係になっているので、それぞれの漢字の意味がわかれば簡単に解けます。

例　**ア**　暗黒…暗い・黒い
　　イ　開閉…開く・閉じる

▼**ウ**→2種類の組み合わせがありますが、文章の形にすればわかります。

①下の字が名詞の場合
例　幼児…幼い子供　荒地…荒れた土地
②下の字が動詞の場合
例　精読…くわしく読む　激動…激しく動く

▼**エ**→下の字に「を」「に」を付けて文章を作ってみるとよいでしょう。

例　洗顔…顔「を」洗う　従軍…軍「に」従う

▼**オ**→打ち消しを意味する漢字「不・未・無・非」が上に付くので、すぐにわかります。

四字熟語

配点　2点×15問

出題傾向

四字熟語を構成する上の2字または下の2字が空欄になっていて、そこにあてはまる語（ひらがな）を選択肢から選んで漢字に直し、四字熟語を完成させる問題（10問）と、意味を問う問題（5問）の2つが出題されます。四字熟語は典拠のあるものを中心に、「閑話休題」のような一般用語も出題されます。

攻略のポイント

●四字熟語の構成を理解する

①数字が使われているもの
例 一刻千金　四苦八苦

②上の2字と下の2字が似た意味で対応しているもの
例 明朗快活…明朗（明るい）＝快活（元気）

③上の2字と下の2字が反対の意味で対応しているもの
例 質疑応答…質疑（問う）↕応答（答える）

④上の2字も下の2字もそれぞれの漢字が反対語で、さらに上の2字と下の2字が対になっているもの
例 利害得失…「利↕害」―「得↕失」

⑤上の2字と下の2字が主語と述語の関係のもの
例 本末転倒…本末「が」転倒「する」

⑥上の2字と下の2字が修飾・被修飾の関係、または連続しているもの
例 我田引水…我が田へ水を引く

⑦4つの字が対等なもの
例 花鳥風月…花＝鳥＝風＝月

対義語・類義語

配点　2点×10問

対義語は、２つの語が正反対の関係にあるもの（輸入と輸出）と、正反対ではなくても対の関係にあるもの（青年と老人）をいいます。類義語は、２つの語の意味する範囲が同じもの（永遠と永久）と、意味する範囲が一部重なったり近い関係にあったりするもの（先生と教師）をいいます。

出題傾向

問題の熟語に対して、対義語・類義語となる語（ひらがな）を選択肢から選んで漢字に直す問題。問題の熟語を構成するのは２級・準２級配当漢字に限らず、常用漢字すべてから出題されます。

攻略のポイント

●対義語の構成を理解する

①上の字がそれぞれ同じもの

例　最高↕最低　歓迎↕歓送　屋内↕屋外

②下の字がそれぞれ同じもの

例　帰路↕往路　空腹↕満腹　雑然↕整然

③上下の字がそれぞれ対応しているもの

例　邪悪↕善良　上昇↕下降　分離↕統合

④上下の字がどちらも対応していないもの

例　受理↕却下　栄転↕左遷　原則↕例外

●類義語の構成を理解する

①上の字がそれぞれ同じもの

例　改良＝改善　風習＝風俗　発展＝発達

②下の字がそれぞれ同じもの

例　体験＝経験　武器＝兵器　運命＝宿命

③上の字か下の字が同じもの

例　企画＝画策　解説＝説明　先祖＝祖先

④同じ字がないもの

例　非凡＝抜群　介入＝干渉　警戒＝用心

同音・同訓異字

配点　2点×10問

出題傾向

2文1組の短文中にある同じ読みで異なる漢字を、それぞれ書いて答える問題。出題は2級・準2級配当漢字が中心。3級以下の漢字では、高校で習う読みがよくねらわれます。最近の出題では、同音異字が8問（4組）、同訓異字が2問（1組）出題されるパターンが多いです。

※本書では、問題番号1～32を同音異字、33～40を同訓異字で構成しています。

攻略のポイント

●**漢字を使い分ける力が必要**

漢字を使い分けるためには漢字の意味を知ることが近道です。同じ読みの漢字は複数あるので、日頃から同じ読みの漢字には注目して、意味も確認しましょう。問題の短文をしっかり読み、その文脈にあった熟語を選ぶことが必要です。

例　遺憾…残念に思う
　　移管…管轄を他に移す

誤字訂正

配点　2点×5問

出題傾向

問題文中の漢字のうち、間違って使われている漢字1字を正しい漢字に書き直す問題。2級・準2級配当漢字を中心に、常用漢字すべてから出題されます。

攻略のポイント

●**誤字の見つけ方**

誤字を見つけるためには、文章を1字ずつ、じっくり読むことが大切です。あやしいと思う漢字が見つかったときは、漢字の意味と文脈を照らし合わせて考えるようにしましょう。誤字の種類としては次のパターンがあります。

①形が似ている漢字

例　卒・率　噴・墳・憤

②形も意味も違う漢字

例　汁・渋・重・充

送り仮名

配点　2点×5問

出題傾向

問題文中のカタカナを、漢字1字と送り仮名に直して書く問題。2級・準2級配当漢字を書かせる出題が中心であると同時に、常用漢字すべてから出題されます。3級以下の漢字では、高校で習う読みに要注意。

攻略のポイント

●送り仮名の主な原則

送り仮名の付け方は、内閣告示「送り仮名の付け方」によります。主な原則を頭に入れておきましょう。

①活用のある語は、活用語尾を送る

例　従う→従わない　従います　従えば　従え

【例外】

▼語幹が「し」で終わる形容詞は「し」から送ります

例　厳しい　激しい　難しい

▼活用語尾の前に「か」「やか」「らか」を含む形容動詞は、その音節から送ります

例　暖かだ　健やかだ　明らかだ

②副詞・連体詞・接続詞は、最後の音節を送る

例　必ず　少し　再び　全く　最も

●字数の多い語はねらわれやすい

字数の多い語や先述した高校で習う読みは、特にねらわれやすいのでチェックしておきましょう。

例　忍ばせる　恭しい　免れる　脅かす
芳しい　甚だしい　煩わしい　陥れる
唆す　承る

書き取り

配点　2点×25問

出題傾向

問題文中のカタカナを漢字で書く問題。2級・準2級配当漢字を中心に常用漢字すべてから、音読み、訓読み、熟字訓・当て字、特別な読みなど、すべての読みに対応して出題されます。最近の出題では、音読み（主に二字熟語）が約13問、訓読み（主に一字訓）が約12問出題されるパターンが多いです。

※本書では、問題番号1～24を音読み、25～42を訓読みで構成しています。

攻略のポイント

●正しく明確に書く

「とめる・はねる」「突き出す・突き出さない」「つける・はなす」「画の長短」など、正しい筆画で明確に書くことが求められます。くずした字や乱雑な書き方は採点の対象外です。

例
- 牛…とめる（平　車）
- 京…はねる（守　可）
- 令…つける（全　命）
- 分…はなす（穴　公）
- 君…突き出す（事　書）
- 急…突き出さない（当　雪）
- 末…上が長い（士　志）
- 未…上が短い（土　夫）

●高校で習う読みは要注意

3級以下の配当漢字でも高校で新たに習う読みは、よくねらわれます。別冊の一覧で確認しておきましょう。

例　荘厳（そうごん）→（「ゴン」が高校で習う読み）

許容の範囲

印刷物は一般的に明朝活字と呼ばれる字体のものが多く、楷書体とは活字デザイン上若干の違いがあります。検定試験では、画数の変わってしまう書き方は不正解ですが、「とめる・はねる」「つける・はなす」など、解答として許容されるものがあります。これは「常用漢字表」の「(付) 字体についての解説」に取り上げられており、「明朝活字の形と筆写の楷書の形との間には、いろいろな点で違いがある。それらは、印刷上と手書き上のそれぞれの習慣の相違に基づく表現の差とみるべきもの」と記されています。

以下、明朝体と楷書体の差異に関する例の一部を抜粋します。検定試験ではどちらで書いても正解となります。

①長短に関する例

無→無＝無

②方向に関する例

主→主＝主

③つけるか、はなすかに関する例

月→月＝月

④はらうか、とめるかに関する例

骨→骨＝骨

⑤はねるか、とめるかに関する例

糸→糸＝糸

⑥その他

令→令＝令

●2級配当漢字の許容字体

漢字検定では、「常用漢字表」に示された字体で書くことが定められていますが、例外として2級配当漢字の一部のみ、許容字体も正答とされます。詳しくは、別冊の配当漢字表を確認してください。

例 塡→填 と書いても正解

頰→頬 と書いても正解

でる順 A ランク

検定試験で必ずといっていいほど
出題される最重要問題

読み ①

10分で解こう!

34点以上とれれば合格!

次の——線の漢字の読みをひらがなで記せ。

1 寡聞にして存じ上げません。
2 それは閑却できない大問題だ。
3 舌禍事件で波紋を呼んだ政治家。
4 お礼に一献差し上げたい。
5 慣例に拘泥する必要はない。
6 薬の投与量を漸増する必要がある。
7 言葉の意味を狭義に解釈する。
8 弊社は業務成績もよく順調です。
9 人生について思索にふける。
10 卒業式が粛然と進行する。
11 首位の地位を奪還した。
12 長男が施主を務める。
13 心豊かに生きることを渇望する。
14 師の薫陶を受けて大成した。
15 代金振り込みの督促状を受け取る。
16 親鳥が営巣に励む時期だ。
17 集めた資料が散逸する。
18 あまりにも稚拙なやり方だ。

解答

1 かぶん
2 かんきゃく
3 ぜっか
4 いっこん
5 こうでい
6 ぜんぞう
7 きょうぎ
8 へいしゃ
9 しさく
10 しゅくぜん
11 だっかん
12 せしゅ
13 かつぼう
14 くんとう
15 とくそく
16 えいそう
17 さんいつ
18 ちせつ

他例 6［漸次］　意味 4［一献＝酒をごちそうすること］ 5［拘泥＝こだわること］

19 医学界に**顕著**に見られる事例。
20 エベレスト登頂の**壮図**を抱く。
21 業界に一大**旋風**を巻き起こす。
22 **払暁**にその地を出発する。
23 父は画壇の**俊才**といわれていた。
24 背筋に**悪寒**が走る。
25 一番の弱点が**露呈**してしまった。
26 手術後二週間で**平癒**した。
27 **廃屋**にぺんぺん草が生えている。
28 **脚立**に登って庭木の手入れをする。
29 **懐**かしい景色が広がる。
30 全てを前例に**倣**う必要はない。

31 初孫のために**産着**を送る。
32 生死の**瀬戸際**に立つ。
33 彼は世事に**疎**い。
34 移籍してきた選手を四番に**据**える。
35 得点に**絡**む安打を放った。
36 期待を**担**う若者たちの集まりだ。
37 **長患**いもようやく全快した。
38 人を**陥**れるような言動は慎もう。
39 不用意な発言が物議を**醸**す。
40 ホースの**筒先**を上に向けて構える。
41 **端数**を切り捨てる。
42 **偽**のブランド品を見抜く。

19 けんちょ
20 そうと
21 せんぷう
22 ふつぎょう
23 しゅんさい
24 おかん
25 ろてい
26 へいゆ
27 はいおく
28 きゃたつ
29 なつ
30 なら

31 うぶぎ
32 せとぎわ
33 うと
34 す
35 から
36 にな
37 ながわずら
38 おとしい
39 かも
40 つつさき
41 はすう
42 にせ

他例 19［露顕・顕示］ 22［通暁］ 意味 20［壮図＝壮大な計画］ 22［払暁＝明け方］

読み②

10分で解こう!

34点以上とれれば合格!

得点	
1回目	/42
2回目	/42

次の――線の漢字の読みをひらがなで記せ。

1 強敵を一挙に粉砕した。
2 資金集めに狂奔する。
3 しの笛の清澄な音色が流れる。
4 情勢が目まぐるしく変遷する。
5 吟味してそろえた食材です。
6 敵を懐柔する。
7 空疎な水掛け論は時間の無駄だ。
8 軽く会釈して別れた。
9 神事を荘厳に執り行う。
10 均斉のとれた体をつくる。
11 伝染病を媒介する害虫だ。
12 春宵の一刻は千金に値する。
13 由緒ある建築の多い町です。
14 発展途上国への借款を行う。
15 お力添えの件、幸甚に存じます。
16 漆器は日本の代表的な工芸品だ。
17 冷徹な目で論評する。
18 昨年来の懸案を解決する。

解答

1 ふんさい
2 きょうほん
3 せいちょう
4 へんせん
5 ぎんみ
6 かいじゅう
7 くうそ
8 えしゃく
9 そうごん
10 きんせい
11 ばいかい
12 しゅんしょう
13 ゆいしょ
14 しゃっかん
15 こうじん
16 しっき
17 れいてつ
18 けんあん

他例 1［砕石］ 6［懐郷］ 8［会得］ 9［荘重］ 12［徹宵］ 15［激甚］

19 レギュラーの座をめぐる角逐。
20 功績が認められて褒賞をもらう。
21 凡庸な君主は国を滅ぼす。
22 眼前に広がる紺青の海。
23 諸国を巡って幾星霜を重ねる。
24 醜聞に事欠かない芸能人。
25 疑惑を糾明する。
26 世界の傑物と呼ばれた財界人。
27 大規模な紡織工場を新設する。
28 昨日はとんだ厄日だった。
29 紅葉が湖面を赤く彩る。
30 法医学の礎を築いた人です。

31 余暇を読書に充てる。
32 火事騒ぎがやっと鎮まった。
33 肉食を忌む宗教もある。
34 遠来の友を懇ろにもてなした。
35 この体験を心の糧としたい。
36 客が欲する情報を提供する。
37 排気ガスが草木の生育を阻む。
38 代表の名を辱めない試合だった。
39 戯れに言われた言葉が胸を刺す。
40 軟らかいボールが頭に当たる。
41 語学の才に秀でた学生がいる。
42 鳥籠の水を交換する。

19 かくちく
20 ほうしょう
21 ぼんよう
22 こんじょう
23 せいそう
24 しゅうぶん
25 きゅうめい
26 けつぶつ
27 ぼうしょく
28 やくび
29 いろど
30 いしずえ

31 あ
32 しず
33 い
34 ねんご
35 かて
36 ほっ
37 はば
38 はずかし
39 たわむ
40 やわ
41 ひい
42 とりかご

意味 19［角逐＝互いに争うこと］ 23［星霜＝年月］ 34［懇ろ＝真心を尽くすさま］

でる順 A

読み ③

10分で解こう!

34点以上とれれば合格!

得点 1回目 /42 2回目 /42

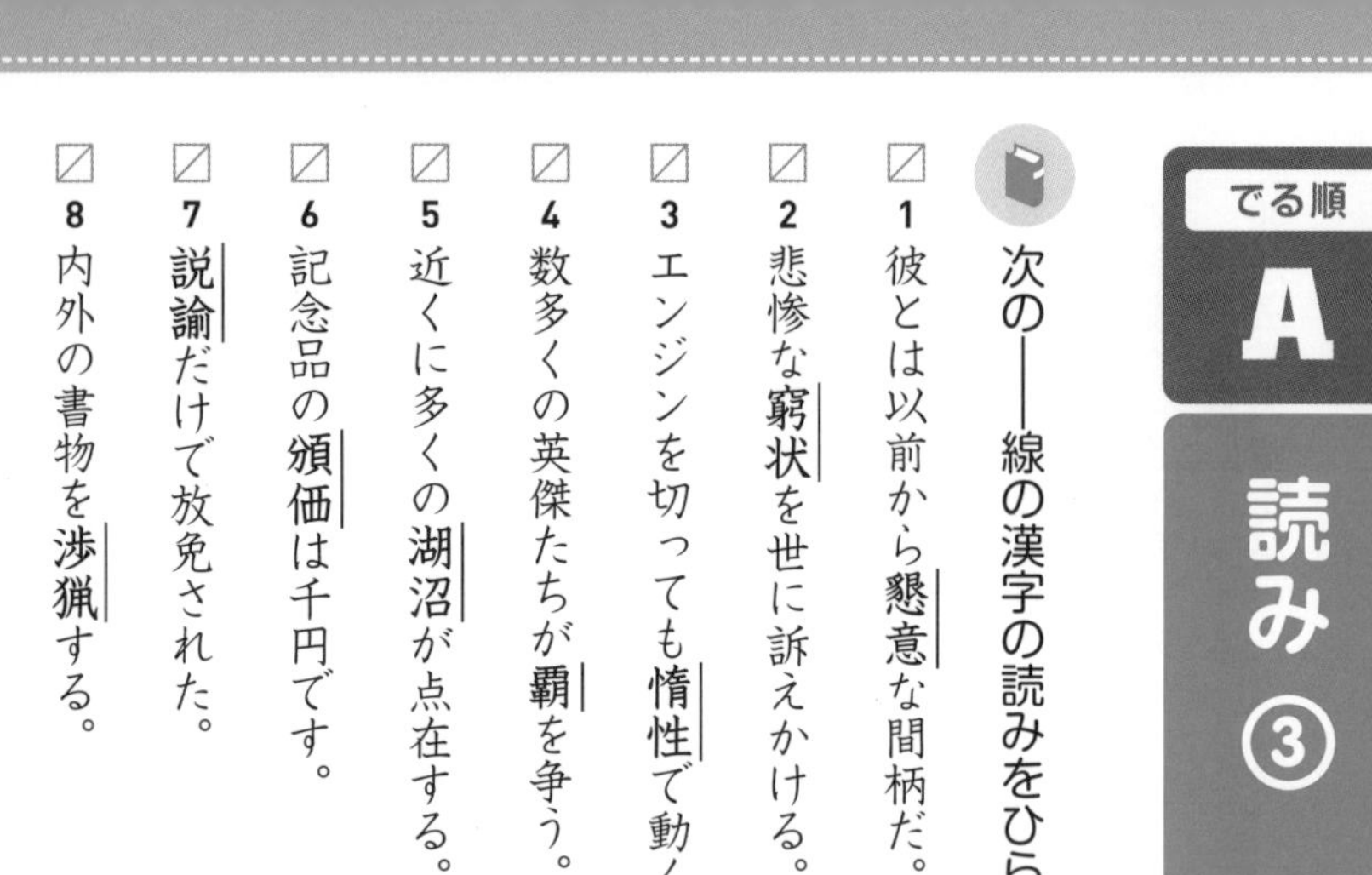

次の――線の漢字の読みをひらがなで記せ。

1 彼とは以前から**懇意**な間柄だ。
2 悲惨な**窮状**を世に訴えかける。
3 エンジンを切っても**惰性**で動く。
4 数多くの英傑たちが**覇**を争う。
5 近くに多くの**湖沼**が点在する。
6 記念品の**頒価**は千円です。
7 **説諭**だけで放免された。
8 内外の書物を**渉猟**する。
9 君の考えは**偏狭**に過ぎる。
10 **法被**を着てみこしを担ぐ。
11 **寛大**な措置に感謝する。
12 大いに青春を**享楽**する。
13 布巾を**煮沸**消毒してください。
14 町には和洋**折衷**の家屋が多い。
15 新語を**網羅**した辞書だ。
16 **碁盤**じまが人目を引く。
17 **市井**の声を政治に生かすべきだ。
18 かつての**富裕**ぶりがしのばれる。

解答

1 こんい
2 きゅうじょう
3 だせい
4 は
5 こしょう
6 はんか
7 せつゆ
8 しょうりょう
9 へんきょう
10 はっぴ
11 かんだい
12 きょうらく
13 しゃふつ
14 せっちゅう
15 もうら
16 ごばん
17 しせい
18 ふゆう

意味 6［頒価＝頒布する物の価格］ 8［渉猟＝広く書物をあさり読むこと］

読み ③

19 散らかった部屋を整頓する。

20 まだ頑是ない顔をしている。

21 社会の安寧が保たれる。

22 戸籍抄本を添付して提出する。

23 堪忍袋の緒が切れる。

24 お使いをして母から駄賃をもらう。

25 幕府直轄の地であった。

26 立身出世の煩悩を断ち切る。

27 悠揚たる物腰で来客と接する。

28 空漠とした荒野を車で走る。

29 宵の街をぶらぶら歩く。

30 ビルの建坪を計算する。

31 とれたての魚を競りに掛ける。

32 手持ちのお金で賄う。

33 瞬く間の一週間だった。

34 天下を統べる野望を抱く。

35 それは甚だしい誤解だ。

36 緑滴る公園を散策する。

37 甘い言葉を使って相手を唆す。

38 上っ面だけの言葉だ。

39 芳しい成果は得られなかった。

40 即興で詩を詠む。

41 公徳心を培うことが大切である。

42 何より倹約を旨としている。

---

19 せいとん
20 がんぜ
21 あんねい
22 しょうほん
23 かんにん
24 だちん
25 ちょっかつ
26 ぼんのう
27 ゆうよう
28 くうばく
29 よい
30 たてつぼ

31 せ
32 まかな
33 またた
34 す
35 はなは
36 したた
37 そその
38 つら
39 かんば
40 よ
41 つちか
42 むね

意味 20［頑是ない＝あどけないさま。無邪気だ］ 22［抄本＝文書の一部分の写し］

でる順 A

読み ④

次の——線の漢字の読みをひらがなで記せ。

1 大臣を罷免する権限を持つ。
2 契約書に押印する。
3 参考書で満遍なく学習した。
4 成仏を願って手を合わせた。
5 武術の秘奥を究める。
6 媒酌の労をお執りいただく。
7 らちが明かずに業を煮やす。
8 葬式で弔辞を述べる。
9 疫病神に取りつかれる。
10 浄化槽で汚水を処理する。
11 データから個人情報を抹消する。
12 解毒剤の効果がようやく現れる。
13 今までの横柄な態度を改めた。
14 昼休みに煎茶をいれる。
15 猫は平衡感覚が優れている。
16 古老の滋味あふれる話を聞いた。
17 国家の安泰を祈願する。
18 税金の配偶者控除を受ける。

10分で解こう！

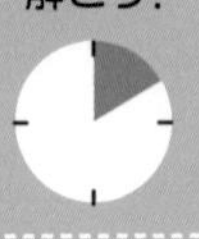

34点以上とれれば合格！

得点	
1回目	/42
2回目	/42

解答

1 ひめん
2 おういん
3 まんべん
4 じょうぶつ
5 ひおう
6 ばいしゃく
7 ごう
8 ちょうじ
9 やくびょうがみ
10 じょうか
11 まっしょう
12 げどくざい
13 おうへい
14 せんちゃ
15 へいこう
16 じみ
17 あんたい
18 こうじょ

他例 7［罪業］　意味 6［媒酌＝結婚の仲立ちをすること］ 16［滋味＝深い味わい］

読み ④ 部首 熟語の構成 四字熟語 対義語・類義語 同音・同訓異字 誤字訂正 送り仮名 書き取り

□ 19 開設は時期**尚早**だ。

□ 20 催しの**宰領**を委ねる。

□ 21 **適宜**、帰ってよろしい。

□ 22 天皇陛下に**拝謁**する。

□ 23 会議で出た意見を**概括**する。

□ 24 医療費は年々**逓増**している。

□ 25 代表作に**比肩**する小説を執筆した。

□ 26 **圧搾**空気を送る。

□ 27 **摩天楼**が林立している。

□ 28 相互**扶助**の志を持つ。

□ 29 **厳**かに誓いの言葉を述べた。

□ 30 **升目**の中にきちんと書く。

□ 31 司会の役を**仰**せつかる。

□ 32 **栄**えある優勝を手中にする。

□ 33 風邪に**因**る欠席ということです。

□ 34 敵の策略にまんまと**謀**られた。

□ 35 **泥縄**式で勉強しても身に付かない。

□ 36 観光船で**渦潮**を見に行く。

□ 37 隣町を**併**せて市制を敷く。

□ 38 新緑の**薫**りを全身で感じる。

□ 39 海外進出が現地の経済を**脅**かす。

□ 40 一人暮らしをして食事が**偏**る。

□ 41 決して対戦相手を**侮**るな。

□ 42 休日に**窯元**を訪れる。

---

19 しょうそう
20 さいりょう
21 てきぎ
22 はいえつ
23 がいかつ
24 ていぞう
25 ひけん
26 あっさく
27 まてんろう
28 ふじょ
29 おごそ
30 ますめ

31 おお
32 は
33 よ
34 はか
35 どろなわ
36 うずしお
37 あわ
38 かお
39 おびや
40 かたよ
41 あなど
42 かまもと

意味 20［宰領＝取り仕切ること］ 35［泥縄＝事が起こってから慌てて行動を起こすこと］

でる順 A

読み⑤

10分で解こう!

34点以上とれれば合格!

得点
1回目 /42
2回目 /42

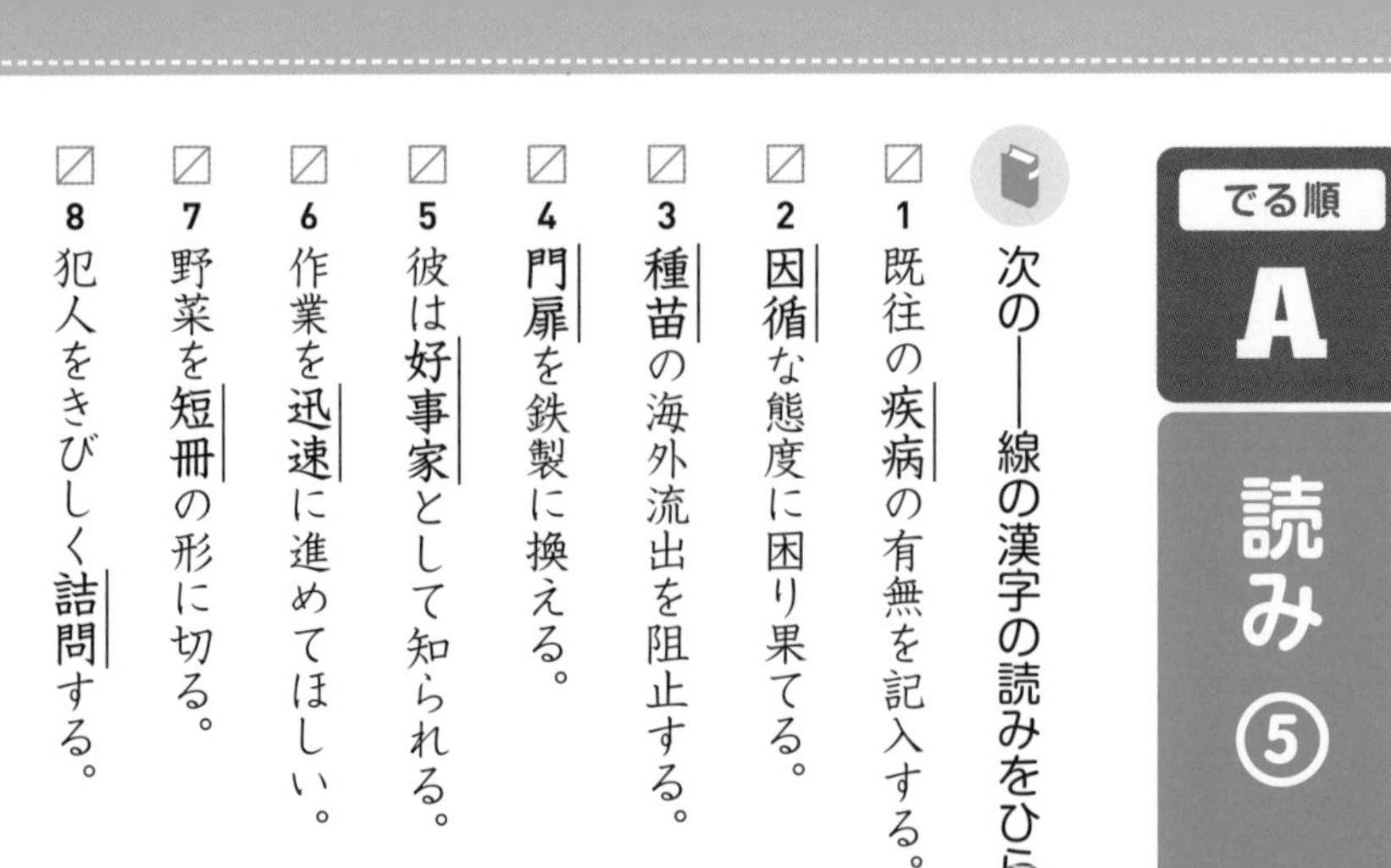

次の――線の漢字の読みをひらがなで記せ。

1 既往の疾病の有無を記入する。
2 因循な態度に困り果てる。
3 種苗の海外流出を阻止する。
4 門扉を鉄製に換える。
5 彼は好事家として知られる。
6 作業を迅速に進めてほしい。
7 野菜を短冊の形に切る。
8 犯人をきびしく詰問する。
9 根も葉もないうわさが流布する。
10 納屋には道具や収穫物を入れる。
11 一週間の稼働日数は五日である。
12 窓には格子が入っている。
13 穴をあけ火薬を充塡する。
14 師の講話に感銘を受ける。
15 巨額の累積赤字を抱えている。
16 警官が一人殉職した。
17 愚痴も言わずに頑張っている。
18 墨汁をすずりに入れる。

解答

1 しっぺい
2 いんじゅん
3 しゅびょう
4 もんぴ
5 こうずか
6 じんそく
7 たんざく
8 きつもん
9 るふ
10 なや
11 かどう
12 こうし
13 じゅうてん
14 かんめい
15 るいせき
16 じゅんしょく
17 ぐち
18 ぼくじゅう

意味 2［因循＝思い切りが悪くぐずぐずしているさま］ 5［好事家＝物好きな人］

19 夜空に下弦の月が浮かぶ。
20 胸襟を開いて語り明かす。
21 渦中の人物に取材する。
22 人員不足で機材の撤収に手間取る。
23 試験に頻出する単語を暗記する。
24 東西の文化が融合する。
25 擬人法を使って表現する。
26 天皇賜杯を争う一戦だ。
27 政治家の旧悪が露見した。
28 ガン撲滅は世界の人々の願いだ。
29 はやりの服がすっかり廃れる。
30 装いを新たにして開店した。

31 奮起して会社を興す。
32 息子と酒を酌み交わすのが夢だ。
33 祖母は天寿を全うした。
34 愛読書を友人に薦める。
35 国産の綿で紡ぐ。
36 先輩にいろいろ教えを請う。
37 愁いを含んだ顔。
38 義兄弟の契りを結ぶ。
39 蚕の繭は生糸の原料になる。
40 恥ずかしさで顔が火照る。
41 漆の樹液は塗料に使われる。
42 初陣を勝利で飾った。

19 かげん
20 きょうきん
21 かちゅう
22 てっしゅう
23 ひんしゅつ
24 ゆうごう
25 ぎじん
26 しはい
27 ろけん
28 ぼくめつ
29 すた
30 よそお

31 おこ
32 く
33 まっと
34 すす
35 つむ
36 こ
37 うれ
38 ちぎ
39 まゆ
40 ほて
41 うるし
42 ういじん

他例 20［開襟］ 21［渦紋］ 意味 20［胸襟を開く＝胸のうちをすっかり打ち明ける］

読み⑥

10分で解こう!

次の――線の漢字の読みをひらがなで記せ。

1 ついに物資が払底してしまった。
2 辞書の凡例を参照する。
3 昨日の実験が如実に物語っている。
4 海沿いに線路を敷設する。
5 愛猫家のサークルに参加する。
6 修行のために断食する。
7 友達と釣果を競う。
8 購買部で学用品をそろえる。
9 崇高な理想を目指す。
10 従来の誤った説を喝破した。
11 教唆の罪で処罰された。
12 真偽のほどを確かめる。
13 新人の作品を酷評する。
14 渓流で魚を捕まえる。
15 期待に背かぬ殊勲を立てた。
16 皆の前で宣誓する。
17 座禅はつらい修行だ。
18 船が岩礁に乗り上げる。

解答

1 ふってい
2 はんれい
3 にょじつ
4 ふせつ
5 あいびょう
6 だんじき
7 ちょうか
8 こうばい
9 すうこう
10 かっぱ
11 きょうさ
12 しんぎ
13 こくひょう
14 けいりゅう
15 しゅくん
16 せんせい
17 ざぜん
18 がんしょう

34点以上とれれば合格!

意味 1［払底＝すっかりなくなること］ 10［喝破＝間違いを正し、真実を明らかにすること］

読み ⑥ 部首 熟語の構成 四字熟語 対義語・類義語 同音・同訓異字 誤字訂正 送り仮名 書き取り

19 時間を浪費して自己嫌悪に陥る。
20 俗世間を離れて仙境に分け入る。
21 日々、己を錬磨してきた。
22 久しぶりに質朴な若者と出会った。
23 行政機関が聴聞会を開く。
24 初めは沖天の勢いだった。
25 大仏が建立された時期を調べる。
26 布団にくるまって寝る。
27 寸暇を惜しんで勉強する。
28 長年ゲーテに私淑している。
29 お神酒を神棚に捧げる。
30 草花を慈しむ心を持つ。
31 過ちを繰り返すな。
32 家業の傍らボランティアもする。
33 明るい兆しが見えてきた。
34 契約書に但し書きを添付する。
35 神前に供物を奉る。
36 夜が更けて辺りが静まり返る。
37 華やかに踊る女性の衣装が翻る。
38 机の引き出しに書類が挟まった。
39 大きな声で歌って憂さを晴らす。
40 留守中に泥棒が入った。
41 亡くなった方を心から悼む。
42 祖父は野良仕事に精を出す。

19 けんお
20 せんきょう
21 れんま
22 しつぼく
23 ちょうもん
24 ちゅうてん
25 こんりゅう
26 ふとん
27 すんか
28 ししゅく
29 みき
30 いつく
31 あやま
32 かたわ
33 きざ
34 ただ
35 たてまつ
36 ふ
37 ひるがえ
38 はさ
39 う
40 どろぼう
41 いた
42 のら

意味 28［私淑＝直接教えは受けないが、ひそかに尊敬して手本とすること］

でる順 A

読み ⑦

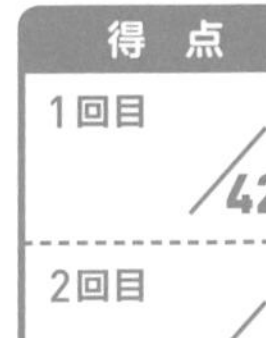

得点
1回目 /42
2回目 /42

次の——線の漢字の読みをひらがなで記せ。

1 **行脚**するお坊さんに出会う。
2 あえない**最期**を遂げた。
3 **閉塞**した経済を打開する。
4 眼鏡をかけて視力を**矯正**する。
5 金庫の**施錠**を確認する。
6 **軽侮**の目で見られる。
7 その案はとても**首肯**し難い。
8 彼はしなやかな**肢体**の持ち主だ。
9 数奇な運命に**翻弄**される。
10 現代人の**倫理**感の欠如を嘆く。
11 **軟水**は洗濯や染色などに適する。
12 **既往症**は何かありますか。
13 地方路線を大幅に**拡充**する。
14 情勢が変わり株価が**急騰**した。
15 姉は修道院の**尼僧**になった。
16 十年来の念願が**成就**した。
17 大臣の全国**遊説**がスタートした。
18 麻薬密売人の**巣窟**に踏み込む。

解答

1 あんぎゃ
2 さいご
3 へいそく
4 きょうせい
5 せじょう
6 けいぶ
7 しゅこう
8 したい
9 ほんろう
10 りんり
11 なんすい
12 きおうしょう
13 かくじゅう
14 きゅうとう
15 にそう
16 じょうじゅ
17 ゆうぜい
18 そうくつ

意味 7［首肯＝承知してうなずくこと］ 12［既往症＝以前かかったことのある病気］

☐ 19 塀を乗り越えて侵入した。
☐ 20 多くの志士が凶刃に倒れた。
☐ 21 部署により繁閑の差がある。
☐ 22 繊細で感受性に富む人だ。
☐ 23 枢要な地位に推された。
☐ 24 憤然として席を立つ。
☐ 25 祝いの席で忌み言葉は御法度だ。
☐ 26 謹啓はつつしんで申し上げるの意。
☐ 27 公金を拐帯した罪に問われる。
☐ 28 実力伯仲の対戦相手だ。
☐ 29 種まきの前に畝作りをする。
☐ 30 稼いだ金を彼女に貢いだ。

☐ 31 春の息吹に触れる。
☐ 32 八百長試合が発覚する。
☐ 33 垂れ幕の裾からのぞき込む。
☐ 34 霜柱を踏みしめながら歩く。
☐ 35 外出先で鼻緒が切れて困った。
☐ 36 脇目も振らずに走り去った。
☐ 37 貧しい人のために日夜心を砕く。
☐ 38 人間関係が煩わしい。
☐ 39 母親が穏やかな声で子供に諭す。
☐ 40 来年の予算の枠組みをつくる。
☐ 41 セラミックを使って骨を接ぐ。
☐ 42 恩師に恭しくおじぎをする。

---

19 へい
20 きょうじん
21 はんかん
22 せんさい
23 すうよう
24 ふんぜん
25 ごはっと
26 きんけい
27 かいたい
28 はくちゅう
29 うね
30 みつ

31 いぶき
32 やおちょう
33 すそ
34 しもばしら
35 はなお
36 わきめ
37 くだ
38 わずら
39 さと
40 わく
41 つ
42 うやうや

読み ⑦ / 部首 / 熟語の構成 / 四字熟語 / 対義語・類義語 / 同音・同訓異字 / 誤字訂正 / 送り仮名 / 書き取り

意味 27［拐帯＝預かった金品を持ち逃げすること］ 29［畝＝畑の土を細長く盛り上げた所］

でる順 A

部首 ①

10分で解こう!

39点以上とれれば合格!

得点　1回目 /48　2回目 /48

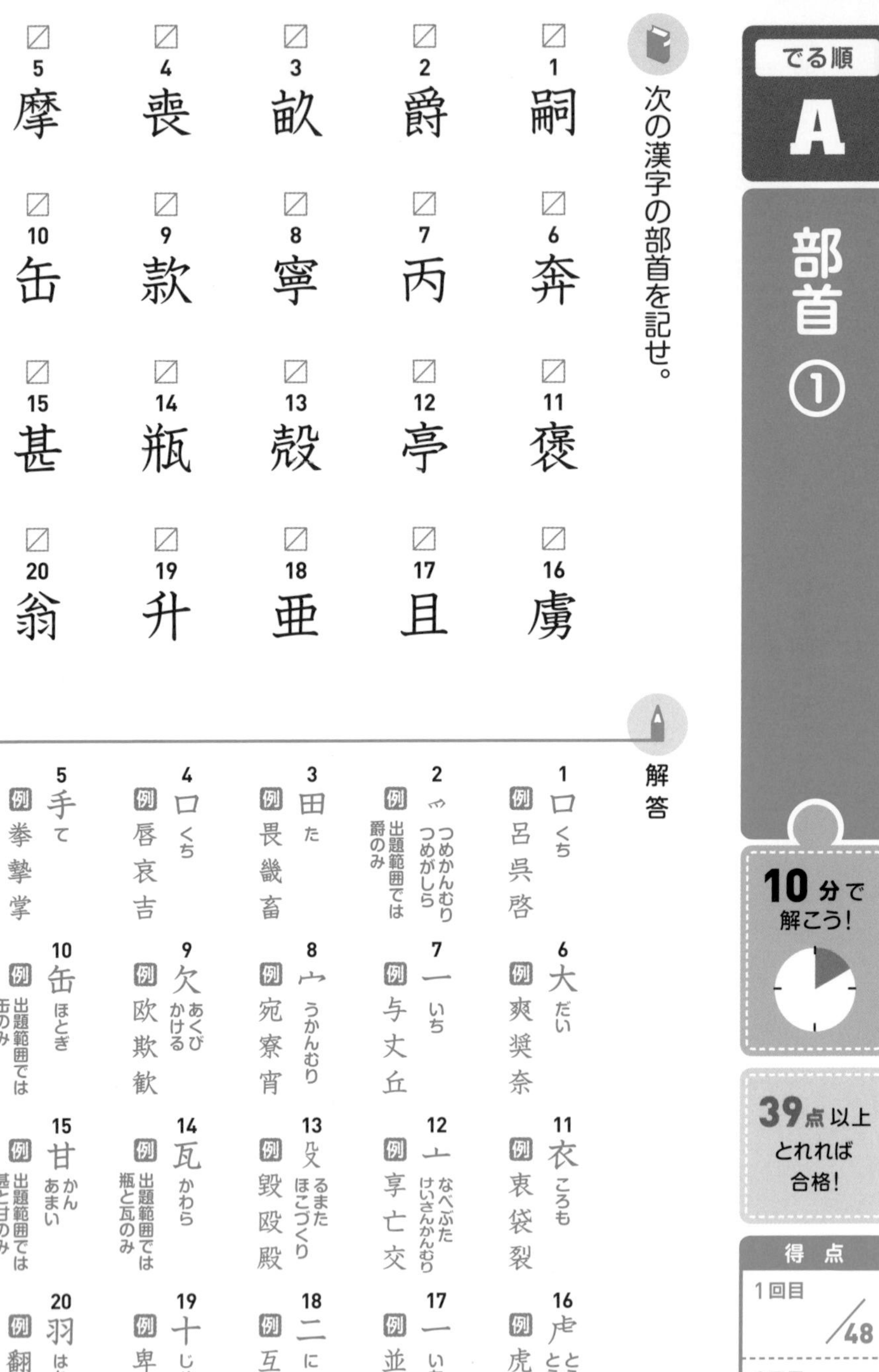

次の漢字の部首を記せ。

1 嗣	2 爵	3 畝	4 喪	5 摩
6 奔	7 丙	8 寧	9 款	10 缶
11 褒	12 亭	13 殻	14 瓶	15 甚
16 虜	17 且	18 亜	19 升	20 翁

解答

1 口 くち　例 呂 呉 啓

2 爫 つめかんむり つめがしら　出題範囲では爵のみ

3 田 た　例 畏 畿 畜

4 口 くち　例 唇 哀 吉

5 手 て　例 拳 摯 掌

6 大 だい　例 爽 奨 奈

7 一 いち　例 与 丈 丘

8 宀 うかんむり　例 宛 寮 宵

9 欠 あくび かける　例 欧 欺 歓

10 缶 ほとぎ　出題範囲では缶のみ

11 衣 ころも　例 衷 袋 裂

12 亠 なべぶた けいさんかんむり　例 享 亡 交

13 殳 るまた ほこづくり　例 毀 殴 殿

14 瓦 かわら　出題範囲では瓶と瓦のみ

15 甘 かん あまい　出題範囲では甚と甘のみ

16 虍 とらがしら とらかんむり　例 虎 虞 虚

17 一 いち　例 並 不 両

18 二 に　例 互 井 五

19 十 じゅう　例 卑 卓 博

20 羽 はね　例 翻 翼 翌

注意　5［摩の部首は「广」ではない］　11［褒の部首は「亠」ではない］

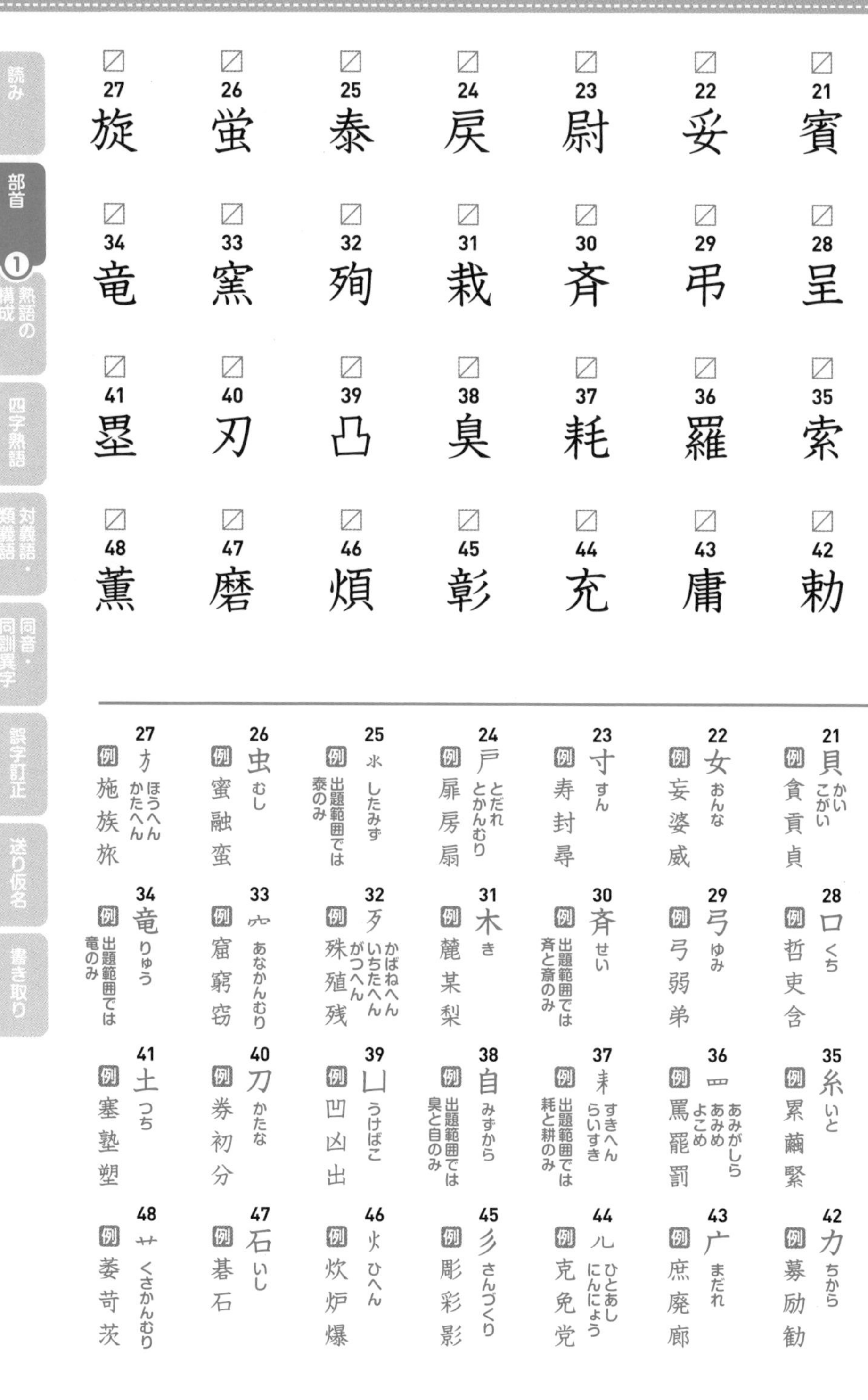

読み　部首 ①　熟語の構成　四字熟語　対義語・類義語　同音・同訓異字　誤字訂正　送り仮名　書き取り

21 賓　22 妥　23 尉　24 戻　25 泰　26 蛍　27 旋

28 呈　29 弔　30 斉　31 栽　32 殉　33 窯　34 竜

35 索　36 羅　37 耗　38 臭　39 凸　40 刃　41 塁

42 勅　43 庸　44 充　45 彰　46 煩　47 磨　48 薫

---

21 貝 かい こがい 例 貪 貢 貞

22 女 おんな 例 妄 婆 威

23 寸 すん 例 寿 封 尋

24 戸 とだれ とかんむり 例 扉 房 扇

25 氺 したみず 例 出題範囲では泰のみ

26 虫 むし 例 蜜 融 蛮

27 方 ほうへん かたへん 例 施 族 旅

28 口 くち 例 哲 吏 含

29 弓 ゆみ 例 弓 弱 弟

30 斉 せい 例 出題範囲では斉と斎のみ

31 木 き 例 麓 某 梨

32 歹 かばねへん いちたへん がつへん 例 殊 殖 残

33 穴 あなかんむり 例 窟 窮 窃

34 竜 りゅう 例 出題範囲では竜のみ

35 糸 いと 例 累 繭 緊

36 罒 あみがしら あみめ よこめ 例 罵 罷 罰

37 耒 すきへん らいすき 例 出題範囲では耗と耕のみ

38 自 みずから 例 出題範囲では臭と自のみ

39 凵 うけばこ 例 凹 凶 出

40 刀 かたな 例 券 初 分

41 土 つち 例 塞 塾 塑

42 力 ちから 例 募 励 勧

43 广 まだれ 例 庶 廃 廊

44 儿 ひとあし にんにょう 例 克 免 党

45 彡 さんづくり 例 彫 彩 影

46 火 ひへん 例 炊 炉 爆

47 石 いし 例 碁 石

48 艹 くさかんむり 例 萎 苛 茨

注意 21［賓の部首は「宀」ではない］ 41［塁の部首は「田」ではない］

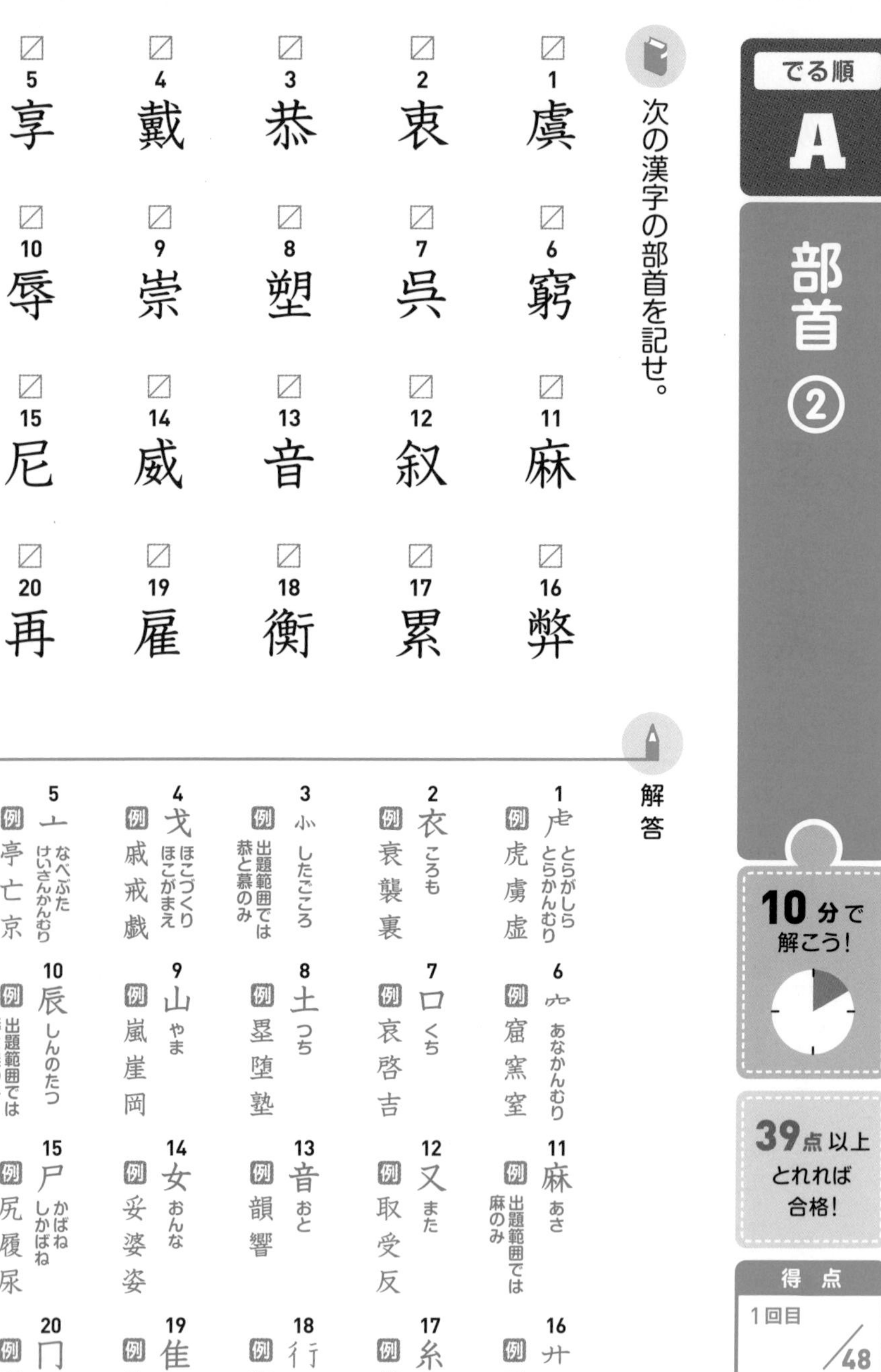

でる順 **A**

部首 ②

10分で解こう!

39点以上とれれば合格!

得点	
1回目	/48
2回目	/48

次の漢字の部首を記せ。

1 虞	2 衷	3 恭	4 戴	5 享
6 窮	7 呉	8 塑	9 崇	10 辱
11 麻	12 叙	13 音	14 威	15 尼
16 弊	17 累	18 衡	19 雇	20 再

解答

1 虍 とらがしら とらかんむり　例 虎 虜 虚

2 衣 ころも　例 衰 襲 裏

3 ⺗ したごころ　出題範囲では恭と慕のみ

4 戈 ほこづくり ほこがまえ　例 戚 戒 戯

5 亠 なべぶた けいさんかんむり　例 亭 亡 京

6 穴 あなかんむり　例 窟 窯 窒

7 口 くち　例 哀 啓 吉

8 土 つち　例 塁 堕 塾

9 山 やま　例 嵐 崖 岡

10 辰 しんのたつ　出題範囲では辱と農のみ

11 麻 あさ　出題範囲では麻のみ

12 又 また　例 取 受 反

13 音 おと　例 韻 響

14 女 おんな　例 妥 婆 姿

15 尸 かばね しかばね　例 尻 履 尿

16 廾 こまぬき にじゅうあし　例 弄 弁

17 糸 いと　例 紫 繁 系

18 行 ぎょうがまえ ゆきがまえ　例 術 衛 街

19 隹 ふるとり　例 隻 雅 離

20 冂 どうがまえ けいがまえ まきがまえ　例 冊 円

注意 19［雇の部首は「戸」ではない］ 20［再の部首は「一」ではない］

21 窃
22 韻
23 般
24 吏
25 宵
26 面
27 義
28 叔
29 唇
30 昆
31 献
32 癒
33 督
34 虐
35 斬
36 靴
37 魔
38 克
39 剖
40 徹
41 死
42 戒
43 斤
44 朱
45 準
46 矛
47 致
48 誓

---

21 穴 あなかんむり 例 突 窓 究
22 音 おと 例 響 音
23 舟 ふねへん 例 艦 艇 航
24 口 くち 例 可 句 周
25 宀 うかんむり 例 寡 寛 宜
26 面 めん 例 出題範囲では面のみ
27 羊 ひつじ 例 羞 羨 美
28 又 また 例 双 及 収
29 口 くち 例 司 史 告
30 日 ひ 例 旨 是 旬
31 犬 いぬ 例 獣 状 犬
32 疒 やまいだれ 例 痴 痢 症
33 目 め 例 盲 盾 看
34 虍 とらがしら とらかんむり 例 虎 虜 虚
35 斤 おのづくり 例 断 新
36 革 かわへん 例 出題範囲では靴のみ
37 鬼 おに 例 魂 鬼
38 儿 ひとあし にんにょう 例 充 免 党
39 刂 りっとう 例 剛 剰 削
40 彳 ぎょうにんべん 例 循 徐 徴
41 歹 かばねへん いちたへん がつへん 例 殉 殊 残
42 戈 ほこづくり ほこがまえ 例 我 成 戦
43 斤 きん 例 出題範囲では斥と斤のみ
44 木 き 例 架 柔 染
45 氵 さんずい 例 浦 泡 涼
46 矛 ほこ 例 出題範囲では矛のみ
47 至 いたる 例 出題範囲では致と至のみ
48 言 げん 例 謄 誉 警

注意 29［唇の部首は「辰」ではない］ 47［致の部首は「夂」ではない］

でる順 **A**

熟語の構成 ①

10分で解こう!

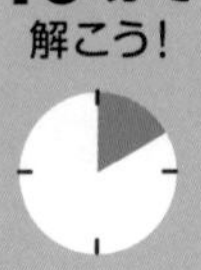

29点以上とれれば合格!

得点	
1回目	/36
2回目	/36

◎ 熟語の構成のしかたには次のようなものがある。

ア 同じような意味の漢字を重ねたもの……………（岩石）
イ 反対または対応の意味を表す字を重ねたもの……（高低）
ウ 上の字が下の字を修飾しているもの……………（洋画）
エ 下の字が上の字の目的語・補語になっているもの…（着席）
オ 上の字が下の字の意味を打ち消しているもの……（非常）

次の熟語は右の**ア**～**オ**のどれにあたるか、一つ選び、記号を記せ。

☑ 1 禍福

☑ 2 繁閑

☑ 3 争覇

☑ 4 多寡

☑ 5 媒介

☑ 6 巧拙

解答

1 **イ** 禍福(かふく) 「わざわい」↔「幸い」と解釈。
2 **イ** 繁閑(はんかん) 「繁忙」↔「閑暇」と解釈。
3 **エ** 争覇(そうは) 「争う」←「優勝を」と解釈。
4 **イ** 多寡(たか) 「多い」↔「少ない」と解釈。
5 **ア** 媒介(ばいかい) どちらも「なかだち」の意。
6 **イ** 巧拙(こうせつ) 「上手」↔「下手」と解釈。
7 **ウ** 酪農(らくのう) 「乳製品の→農業」と解釈。
8 **イ** 雅俗(がぞく) 「上品」↔「下品」と解釈。
9 **ウ** 弔辞(ちょうじ) 「弔う→言葉」と解釈。
10 **イ** 去就(きょしゅう) 「去る」↔「とどまる」と解釈。
11 **イ** 抑揚(よくよう) 「抑える」↔「たかめる」と解釈。
12 **エ** 贈賄(ぞうわい) 「贈る←賄賂を」と解釈。
13 **イ** 点滅(てんめつ) 「つける」↔「消す」と解釈。
14 **イ** 親疎(しんそ) 「親しい」↔「疎い」と解釈。
15 **エ** 叙情(じょじょう) 「述べしるす←感情を」と解釈。
16 **イ** 慶弔(けいちょう) 「祝う」↔「弔う」と解釈。

注意 [未・不・無・非が一字目にきたら、意味の打ち消し]

☐ 7 酪農
☐ 8 雅俗
☐ 9 弔辞
☐ 10 去就
☐ 11 抑揚
☐ 12 贈賄
☐ 13 点滅
☐ 14 親疎
☐ 15 叙情
☐ 16 慶弔

☐ 17 早晩
☐ 18 妄想
☐ 19 露顕
☐ 20 長幼
☐ 21 存廃
☐ 22 漆黒
☐ 23 寛厳
☐ 24 未遂
☐ 25 扶助
☐ 26 往還

☐ 27 凡庸
☐ 28 需給
☐ 29 旋回
☐ 30 検疫
☐ 31 逸脱
☐ 32 経緯
☐ 33 搭乗
☐ 34 赴任
☐ 35 抹茶
☐ 36 玩弄

---

17 イ　早晩（そうばん）「早い」↔「遅い」と解釈。
18 ウ　妄想（もうそう）「むやみに→想う」と解釈。
19 ア　露顕（ろけん）どちらも「あらわれる」の意。
20 イ　長幼（ちょうよう）「年長者」↔「年少者」と解釈。
21 イ　存廃（そんぱい）「存続」↔「廃止」と解釈。
22 ウ　漆黒（しっこく）「漆のような→黒」と解釈。
23 イ　寛厳（かんげん）「寛大」↔「厳格」と解釈。
24 オ　未遂（みすい）「まだ成し遂げていない」と解釈。
25 ア　扶助（ふじょ）どちらも「たすける」の意。
26 イ　往還（おうかん）「行く」↔「帰る」と解釈。
27 ア　凡庸（ぼんよう）どちらも「ふつう」の意。
28 イ　需給（じゅきゅう）「需要」↔「供給」と解釈。
29 ア　旋回（せんかい）どちらも「まわる」の意。
30 エ　検疫（けんえき）「検査する←感染症を」と解釈。
31 ア　逸脱（いつだつ）どちらも「それる」の意。
32 イ　経緯（けいい）「縦の糸」↔「横の糸」と解釈。
33 ア　搭乗（とうじょう）どちらも「のる」の意。
34 エ　赴任（ふにん）「赴く←任地に」と解釈。
35 ウ　抹茶（まっちゃ）「粉にした→お茶」と解釈。
36 ア　玩弄（がんろう）どちらも「もてあそぶ」の意。

でる順 A

熟語の構成 ②

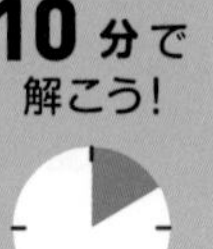

得点
1回目　／36
2回目　／36

◎ 熟語の構成のしかたには次のようなものがある。

ア 同じような意味の漢字を重ねたもの……（岩石）
イ 反対または対応の意味を表す字を重ねたもの……（高低）
ウ 上の字が下の字を修飾しているもの……（洋画）
エ 下の字が上の字の目的語・補語になっているもの……（着席）
オ 上の字が下の字の意味を打ち消しているもの……（非常）

次の熟語は右の**ア**～**オ**のどれにあたるか、一つ選び、記号を記せ。

☐ 1 衆寡
☐ 2 叙勲
☐ 3 懇望
☐ 4 遵法
☐ 5 疎密
☐ 6 上棟

解答

	解答	熟語	解説
1	イ	衆寡（しゅうか）	「多数」↔「少数」と解釈。
2	エ	叙勲（じょくん）	「与える」←「勲章を」と解釈。
3	ウ	懇望（こんぼう）	「心から」→「望む」と解釈。
4	エ	遵法（じゅんぽう）	「従う」←「法に」と解釈。
5	イ	疎密（そみつ）	「粗い」↔「細かい」と解釈。
6	エ	上棟（じょうとう）	「上げる」←「棟木を」と解釈。
7	ア	把握（はあく）	どちらも「つかむ」の意。
8	エ	徹宵（てっしょう）	「徹する」←「夜を」と解釈。
9	ウ	脚韻（きゃくいん）	「後ろにある」→「韻」と解釈。
10	エ	懐古（かいこ）	「懐かしむ」←「昔を」と解釈。
11	イ	及落（きゅうらく）	「及第」↔「落第」と解釈。
12	ア	隠蔽（いんぺい）	どちらも「かくす」の意。
13	ウ	環礁（かんしょう）	「輪の形をした」→「岩」と解釈。
14	エ	罷業（ひぎょう）	「やめる」←「業務を」と解釈。
15	イ	順逆（じゅんぎゃく）	「素直」↔「逆らう」と解釈。
16	エ	叙事（じょじ）	「述べる」←「事実を」と解釈。

意味 6［上棟＝家を建てる際、組み立てた骨組みの上に棟木を上げること］

☐ 7 把握
☐ 8 徹宵
☐ 9 脚韻
☐ 10 懐古
☐ 11 及落
☐ 12 隠蔽
☐ 13 環礁
☐ 14 罷業
☐ 15 順逆
☐ 16 叙事

☐ 17 不肖
☐ 18 遮光
☐ 19 出没
☐ 20 享楽
☐ 21 任免
☐ 22 威嚇
☐ 23 功罪
☐ 24 収賄
☐ 25 懇請
☐ 26 弾劾

☐ 27 施錠
☐ 28 旅愁
☐ 29 添削
☐ 30 来賓
☐ 31 随時
☐ 32 浄財
☐ 33 雲泥
☐ 34 遷都
☐ 35 謹呈
☐ 36 喪失

---

17 オ　不肖（ふしょう）「（親に）似ていない」と解釈。
18 エ　遮光（しゃこう）「遮る←光を」と解釈。
19 イ　出没（しゅつぼつ）「出る」↔「隠れる」と解釈。
20 エ　享楽（きょうらく）「味わう←快楽を」と解釈。
21 イ　任免（にんめん）「任す」↔「やめさせる」と解釈。
22 ア　威嚇（いかく）どちらも「おどす」の意。
23 イ　功罪（こうざい）「てがら」↔「罪」と解釈。
24 エ　収賄（しゅうわい）「受けとる←賄賂を」と解釈。
25 ウ　懇請（こんせい）「心をこめて→頼む」と解釈。
26 ア　弾劾（だんがい）どちらも「罪を問う」の意。
27 エ　施錠（せじょう）「かける←かぎを」と解釈。
28 ウ　旅愁（りょしゅう）「旅の→愁い」と解釈。
29 イ　添削（てんさく）「加える」↔「削る」と解釈。
30 ウ　来賓（らいひん）「招かれて来た→客」と解釈。
31 エ　随時（ずいじ）「したがう←時に」と解釈。
32 ウ　浄財（じょうざい）「汚れのない→お金」と解釈。
33 イ　雲泥（うんでい）「雲」↔「泥」と解釈。
34 エ　遷都（せんと）「移す←首都を」と解釈。
35 ウ　謹呈（きんてい）「謹んで→差し上げる」と解釈。
36 ア　喪失（そうしつ）どちらも「なくす」の意。

意味 32［浄財＝寺・慈善事業などに寄付する金］

でる順 **A**

熟語の構成 ③

10分で解こう!

29点以上とれれば合格!

◎熟語の構成のしかたには次のようなものがある。

ア 同じような意味の漢字を重ねたもの……(岩石)
イ 反対または対応の意味を表す字を重ねたもの……(高低)
ウ 上の字が下の字を修飾しているもの……(洋画)
エ 下の字が上の字の目的語・補語になっているもの……(着席)
オ 上の字が下の字の意味を打ち消しているもの……(非常)

次の熟語は右の**ア**～**オ**のどれにあたるか、一つ選び、記号を記せ。

☐ 1 叙景
☐ 2 頒価
☐ 3 不遇
☐ 4 享受
☐ 5 克己
☐ 6 危惧

解答

1 **エ** 叙景（じょけい）「詩文に表す←景色を」と解釈。
2 **ウ** 頒価（はんか）「配るときの→値段」と解釈。
3 **オ** 不遇（ふぐう）「ふさわしい境遇でない」と解釈。
4 **ア** 享受（きょうじゅ）どちらも「うけとる」の意。
5 **エ** 克己（こっき）「かつ←己に」と解釈。
6 **ア** 危惧（きぐ）どちらも「あやぶむ」の意。
7 **ウ** 公僕（こうぼく）「おおやけの→しもべ」と解釈。
8 **ア** 禁錮（きんこ）どちらも「とじこめる」の意。
9 **エ** 出廷（しゅってい）「出る←法廷に」と解釈。
10 **オ** 未詳（みしょう）「まだつまびらかでない」と解釈。
11 **エ** 折衷（せっちゅう）「わけて選ぶ←真ん中を」と解釈。
12 **ア** 寡少（かしょう）どちらも「少ない」の意。
13 **エ** 忍苦（にんく）「耐える←苦しみを」と解釈。
14 **ウ** 財閥（ざいばつ）「金銭のある→家柄」と解釈。
15 **イ** 緩急（かんきゅう）「おそい」↔「はやい」と解釈。
16 **エ** 渉外（しょうがい）「交渉する←外部と」と解釈。

7 公僕
8 禁錮
9 出廷
10 未詳
11 折衷
12 寡少
13 忍苦
14 財閥
15 緩急
16 渉外

17 擬似
18 未聞
19 河畔
20 災禍
21 興廃
22 奇遇
23 分析
24 不偏
25 併記
26 俊秀

27 懐郷
28 堕落
29 不慮
30 岐路
31 推奨
32 座礁
33 憂患
34 挑戦
35 不祥
36 枢要

---

17 **ア** 擬似（ぎじ） どちらも「まねる」の意。
18 **オ** 未聞（みもん） 「まだ聞いたことがない」と解釈。
19 **ウ** 河畔（かはん） 「川の→ほとり」と解釈。
20 **ア** 災禍（さいか） どちらも「悪いできごと」の意。
21 **イ** 興廃（こうはい） 「栄える」↔「衰える」と解釈。
22 **ウ** 奇遇（きぐう） 「思いがけず→会う」と解釈。
23 **ア** 分析（ぶんせき） どちらも「わける」の意。
24 **オ** 不偏（ふへん） 「偏らない」と解釈。
25 **ウ** 併記（へいき） 「並べて→記す」と解釈。
26 **ア** 俊秀（しゅんしゅう） どちらも「すぐれる」の意。
27 **エ** 懐郷（かいきょう） 「懐かしむ←故郷を」と解釈。
28 **ア** 堕落（だらく） どちらも「おちる」の意。
29 **オ** 不慮（ふりょ） 「思いがけない」と解釈。
30 **ウ** 岐路（きろ） 「分かれ→道」と解釈。
31 **ア** 推奨（すいしょう） どちらも「すすめる」の意。
32 **エ** 座礁（ざしょう） 「乗り上げる←暗礁に」と解釈。
33 **ア** 憂患（ゆうかん） どちらも「うれえる」の意。
34 **エ** 挑戦（ちょうせん） 「挑む←戦いを」と解釈。
35 **オ** 不祥（ふしょう） 「めでたくない」と解釈。
36 **ア** 枢要（すうよう） どちらも「たいせつなところ」の意。

でる順 A

熟語の構成 ④

29点以上
とれれば
合格!

得点
1回目 /36
2回目 /36

◎熟語の構成のしかたには次のようなものがある。

ア 同じような意味の漢字を重ねたもの……(岩石)
イ 反対または対応の意味を表す字を重ねたもの……(高低)
ウ 上の字が下の字を修飾しているもの……(洋画)
エ 下の字が上の字の目的語・補語になっているもの……(着席)
オ 上の字が下の字の意味を打ち消しているもの……(非常)

次の熟語は右のア～オのどれにあたるか、一つ選び、記号を記せ。

1 模擬
2 未了
3 殉教
4 赦免
5 渉猟
6 義憤

解答

1 ア 模擬(もぎ) どちらも「まねる」の意。
2 オ 未了(みりょう) 「まだ終わっていない」と解釈。
3 エ 殉教(じゅんきょう) 「命を投げ出す←宗教に」と解釈。
4 ア 赦免(しゃめん) どちらも「ゆるす」の意。
5 ウ 渉猟(しょうりょう) 「歩きまわる→猟」と解釈。
6 ウ 義憤(ぎふん) 「正義の→怒り」と解釈。
7 オ 無謀(むぼう) 「考えをめぐらさない」と解釈。
8 ア 献呈(けんてい) どちらも「さしあげる」の意。
9 ウ 余韻(よいん) 「残った→音」と解釈。
10 ウ 繊毛(せんもう) 「非常に細い→毛」と解釈。
11 オ 未踏(みとう) 「まだ踏み入れていない」と解釈。
12 ウ 貴賓(きひん) 「貴い→客人」と解釈。
13 ア 嫌忌(けんき) どちらも「きらう」の意。
14 エ 納涼(のうりょう) 「とりこむ←涼しさを」と解釈。
15 エ 破戒(はかい) 「破る←戒めを」と解釈。
16 イ 貸借(たいしゃく) 「貸す」↔「借りる」と解釈。

☐ 7 無謀
☐ 8 献呈
☐ 9 余韻
☐ 10 繊毛
☐ 11 未踏
☐ 12 貴賓
☐ 13 嫌忌
☐ 14 納涼
☐ 15 破戒
☐ 16 貸借

☐ 17 輪禍
☐ 18 閑職
☐ 19 防疫
☐ 20 逓減
☐ 21 隠顕
☐ 22 釣果
☐ 23 未来
☐ 24 離礁
☐ 25 画趣
☐ 26 乗除

☐ 27 不浄
☐ 28 剰余
☐ 29 吉凶
☐ 30 併用
☐ 31 勧奨
☐ 32 免租
☐ 33 哀歓
☐ 34 土壌
☐ 35 不穏
☐ 36 報酬

---

17 ウ 輪禍（りんか） 「車による→災難」と解釈。
18 ウ 閑職（かんしょく） 「ひまな→職務」と解釈。
19 エ 防疫（ぼうえき） 「防ぐ←感染症を」と解釈。
20 ウ 逓減（ていげん） 「しだいに→減る」と解釈。
21 イ 隠顕（いんけん） 「隠れる」↔「あらわれる」と解釈。
22 ウ 釣果（ちょうか） 「釣りの→成果」と解釈。
23 オ 未来（みらい） 「まだ来ていない」と解釈。
24 エ 離礁（りしょう） 「離れる←暗礁を」と解釈。
25 ウ 画趣（がしゅ） 「絵になる→趣」と解釈。
26 イ 乗除（じょうじょ） 「掛け算」↔「割り算」と解釈。
27 オ 不浄（ふじょう） 「清浄ではない」と解釈。
28 ア 剰余（じょうよ） どちらも「あまり」の意。
29 イ 吉凶（きっきょう） （縁起の）「よい」↔「悪い」と解釈。
30 ウ 併用（へいよう） 「併せて→用いる」と解釈。
31 ア 勧奨（かんしょう） どちらも「すすめる」の意。
32 エ 免租（めんそ） 「免除する←税を」と解釈。
33 イ 哀歓（あいかん） 「悲しみ」↔「喜び」と解釈。
34 ア 土壌（どじょう） どちらも「つち」の意。
35 オ 不穏（ふおん） 「穏やかでない」と解釈。
36 ア 報酬（ほうしゅう） どちらも「むくいる」の意。

でる順 A

熟語の構成 ⑤

10分で解こう!

29点以上とれれば合格!

◎熟語の構成のしかたには次のようなものがある。

ア 同じような意味の漢字を重ねたもの……（岩石）
イ 反対または対応の意味を表す字を重ねたもの……（高低）
ウ 上の字が下の字を修飾しているもの……（洋画）
エ 下の字が上の字の目的語・補語になっているもの……（着席）
オ 上の字が下の字の意味を打ち消しているもの……（非常）

次の熟語は右の**ア**～**オ**のどれにあたるか、一つ選び、記号を記せ。

☐ 1 謙遜
☐ 2 奔流
☐ 3 無尽
☐ 4 暗礁
☐ 5 迎賓
☐ 6 放逐

解答

1 **ア** 謙遜（けんそん） どちらも「へりくだる」の意。
2 **ウ** 奔流（ほんりゅう） 「激しい→流れ」と解釈。
3 **オ** 無尽（むじん） 「尽きることがない」と解釈。
4 **ウ** 暗礁（あんしょう） 「見えない→岩場」と解釈。
5 **エ** 迎賓（げいひん） 「迎える←客を」と解釈。
6 **ア** 放逐（ほうちく） どちらも「おいはらう」の意。
7 **ア** 広漠（こうばく） どちらも「ひろい」の意。
8 **ウ** 廃屋（はいおく） 「荒れはてた→家」と解釈。
9 **エ** 崇仏（すうぶつ） 「あがめる←仏を」と解釈。
10 **ア** 打撲（だぼく） どちらも「打つ」の意。
11 **オ** 未刊（みかん） 「まだ刊行されていない」と解釈。
12 **エ** 徹夜（てつや） 「とおす←夜を」と解釈。
13 **ア** 悠久（ゆうきゅう） どちらも「はるかに続く」の意。
14 **エ** 懐疑（かいぎ） 「身にもつ←疑いを」と解釈。
15 **ア** 捜索（そうさく） どちらも「さがす」の意。
16 **オ** 無償（むしょう） 「報償がない」と解釈。

☑ 7 広漠
☑ 8 廃屋
☑ 9 崇仏
☑ 10 打撲
☑ 11 未刊
☑ 12 徹夜
☑ 13 悠久
☑ 14 懐疑
☑ 15 捜索
☑ 16 無償

☑ 17 諭旨
☑ 18 明滅
☑ 19 廉価
☑ 20 抗菌
☑ 21 紡績
☑ 22 押韻
☑ 23 撤去
☑ 24 施肥
☑ 25 未然
☑ 26 渋滞

☑ 27 旋風
☑ 28 棋譜
☑ 29 核心
☑ 30 殉難
☑ 31 疾患
☑ 32 漸減
☑ 33 還元
☑ 34 無窮
☑ 35 独酌
☑ 36 納棺

---

17 エ 諭旨(ゆし) 「さとす」←「趣旨を」と解釈。

18 イ 明滅(めいめつ) 「明るくなる」↔「暗くなる」と解釈。

19 ウ 廉価(れんか) 「安い」→「値段」と解釈。

20 エ 抗菌(こうきん) 「防ぐ」←「細菌を」と解釈。

21 ア 紡績(ぼうせき) どちらも「糸をつむぐ」の意。

22 エ 押韻(おういん) 「そろえる」←「韻を」と解釈。

23 ア 撤去(てっきょ) どちらも「取りのぞく」の意。

24 エ 施肥(せひ) 「与える」←「肥料を」と解釈。

25 オ 未然(みぜん) 「まだ起こっていない」と解釈。

26 ア 渋滞(じゅうたい) どちらも「とどこおる」の意。

27 ウ 旋風(せんぷう) 「めぐる」→「風」と解釈。

28 ウ 棋譜(きふ) 「対局の」→「記録」と解釈。

29 ア 核心(かくしん) どちらも「中心」の意。

30 エ 殉難(じゅんなん) 「命をなげうつ」←「災難に」と解釈。

31 ア 疾患(しっかん) どちらも「病気」の意。

32 ウ 漸減(ぜんげん) 「少しずつ」→「減る」と解釈。

33 エ 還元(かんげん) 「もどる」←「元に」と解釈。

34 オ 無窮(むきゅう) 「果てがない」と解釈。

35 ウ 独酌(どくしゃく) 「一人で」→「酒をついで飲む」と解釈。

36 エ 納棺(のうかん) 「納める」←「棺に」と解釈。

でる順 A

熟語の構成 ⑥

10分で解こう!

29点以上とれれば合格!

得点
1回目 /36
2回目 /36

◎ 熟語の構成のしかたには次のようなものがある。

ア 同じような意味の漢字を重ねたもの……………（岩石）
イ 反対または対応の意味を表す字を重ねたもの……（高低）
ウ 上の字が下の字を修飾しているもの……………（洋画）
エ 下の字が上の字の目的語・補語になっているもの…（着席）
オ 上の字が下の字の意味を打ち消しているもの……（非常）

次の熟語は右のア〜オのどれにあたるか、一つ選び、記号を記せ。

☐ 1 違背
☐ 2 玩具
☐ 3 紛糾
☐ 4 無銘
☐ 5 叙任
☐ 6 賠償

解答

1 ア 違背（いはい） どちらも「そむく」の意。
2 ウ 玩具（がんぐ） 「あそぶ→道具」と解釈。
3 ア 紛糾（ふんきゅう） どちらも「みだれる」の意。
4 オ 無銘（むめい） 「作者の名が入っていない」と解釈。
5 エ 叙任（じょにん） 「授ける←任務を」と解釈。
6 ア 賠償（ばいしょう） どちらも「つぐなう」の意。
7 ウ 禍根（かこん） 「わざわいの→もと」と解釈。
8 エ 献杯（けんぱい） 「差し出す←杯を」と解釈。
9 ア 解剖（かいぼう） どちらも「きりわける」の意。
10 ウ 尚早（しょうそう） 「なおまだ→早い」と解釈。
11 ア 逝去（せいきょ） どちらも「死ぬ」の意。
12 エ 遭難（そうなん） 「遭う←災難に」と解釈。
13 ア 糾弾（きゅうだん） どちらも「誤りをただす」の意。
14 ア 閑静（かんせい） どちらも「しずか」の意。
15 イ 首尾（しゅび） 「初め」↔「終わり」と解釈。
16 ア 陥没（かんぼつ） どちらも「おちこむ」の意。

☐ 7 禍根
☐ 8 献杯
☐ 9 解剖
☐ 10 尚早
☐ 11 逝去
☐ 12 遭難
☐ 13 糾弾
☐ 14 閑静
☐ 15 首尾
☐ 16 陥没

☐ 17 不屈
☐ 18 雪渓
☐ 19 霊魂
☐ 20 頻発
☐ 21 無双
☐ 22 伸縮
☐ 23 具備
☐ 24 免疫
☐ 25 出納
☐ 26 儒教

☐ 27 不朽
☐ 28 徹底
☐ 29 墨汁
☐ 30 合併
☐ 31 向背
☐ 32 喫茶
☐ 33 妄信
☐ 34 営巣
☐ 35 不粋
☐ 36 塁審

---

17 **オ** 不屈（ふくつ） 「屈服しない」と解釈。
18 **ウ** 雪渓（せっけい） 「雪の→谷間」と解釈。
19 **ア** 霊魂（れいこん） どちらも「たましい」の意。
20 **ウ** 頻発（ひんぱつ） 「しきりに→おこる」と解釈。
21 **オ** 無双（むそう） 「二つとないこと」と解釈。
22 **イ** 伸縮（しんしゅく） 「伸びる」↔「縮む」と解釈。
23 **ア** 具備（ぐび） どちらも「そなえる」の意。
24 **エ** 免疫（めんえき） 「免れる←病気を」と解釈。
25 **イ** 出納（すいとう） 「支出」↔「収入」と解釈。
26 **ウ** 儒教（じゅきょう） 「孔子の→教え」と解釈。
27 **オ** 不朽（ふきゅう） 「朽ちることのない」と解釈。
28 **エ** 徹底（てってい） 「貫き通す←底まで」と解釈。
29 **ウ** 墨汁（ぼくじゅう） 「墨色の→液」と解釈。
30 **ア** 合併（がっぺい） どちらも「あわせる」の意。
31 **イ** 向背（こうはい） 「従う」↔「背く」と解釈。
32 **エ** 喫茶（きっさ） 「飲む←お茶を」と解釈。
33 **ウ** 妄信（もうしん） 「むやみに→信じる」と解釈。
34 **エ** 営巣（えいそう） 「つくる←巣を」と解釈。
35 **オ** 不粋（ぶすい） 「風流でない」と解釈。
36 **ウ** 塁審（るいしん） 「塁の→審判」と解釈。

でる順 A

四字熟語 ①

15分で解こう！

20点以上とれれば合格！

得点 1回目 /24 2回目 /24

次の四字熟語の（　）に入る適切な語を左の［　］の中から選び、漢字二字で記せ。

1 （　　）孤独
2 （　　）自重
3 精進（　　）
4 （　　）自若
5 安寧（　　）
6 （　　）玉条
7 疾風（　　）
8 （　　）末節
9 快刀（　　）
10 巧遅（　　）

いんにん・きんか・けっさい・しょう・じんらい・せっそく・たいぜん・ちつじょ・てんがい・らんま

解答 ※○つき番号は意味を問われやすい問題

① 天涯孤独（てんがいこどく） この広い世間にひとりぼっちであること。
② 隠忍自重（いんにんじちょう） 堪え忍んで軽々しい行動を慎むこと。
③ 精進潔斎（しょうじんけっさい） 肉食を断ち、慎んで心身を清めること。
④ 泰然自若（たいぜんじじゃく） 事が起きても落ちついて動じないさま。
⑤ 安寧秩序（あんねいちつじょ） 安全で不安がなく、秩序が保たれた状態。
⑥ 金科玉条（きんかぎょくじょう） 自分の主張などの重要なよりどころ。
⑦ 疾風迅雷（しっぷうじんらい） 動きがすばやく激しいさま。
⑧ 枝葉末節（しようまっせつ） 取るに足りない細かい事柄。
⑨ 快刀乱麻（かいとうらんま） こじれた物事を手際よく解決するさま。
10 巧遅拙速（こうちせっそく） 上手で遅いよりは、下手でも速い方がよい。

他例 5［安寧秩序は「安寧」を書かせることもある］

11 合従（　　）
12 勢力（　　）
13 （　　）妄動
14 綱紀（　　）
15 竜頭（　　）
16 （　　）烈日
17 （　　）万象

18 粉骨（　　）
19 （　　）充棟
20 片言（　　）
21 （　　）自縛
22 （　　）有閑
23 （　　）外親
24 （　　）実直

かんぎゅう・きんげん・けいきょ・さいしん・じじょう・しゅうそう・しゅくせい・しんら・せきご・だび・ないそ・はくちゅう・ぼうちゅう・れんこう

---

⑪ 合従連衡（がっしょうれんこう） 各勢力が権力争いのために手を組むこと。
⑫ 勢力伯仲（せいりょくはくちゅう） 互いの力が同じようで優劣がつけがたいこと。
⑬ 軽挙妄動（けいきょもうどう） 深い考えのない軽はずみな行動。
⑭ 綱紀粛正（こうきしゅくせい） 規律を厳しく正すこと。
⑮ 竜頭蛇尾（りゅうとうだび） 最初は盛んで終わりがふるわないこと。
⑯ 秋霜烈日（しゅうそうれつじつ） 権威・刑罰などがきわめて厳しいさま。
⑰ 森羅万象（しんらばんしょう） 天地の間に存在する全ての現象のこと。
⑱ 粉骨砕身（ふんこつさいしん） 骨身を惜しまず力の限り努力すること。
⑲ 汗牛充棟（かんぎゅうじゅうとう） 蔵書がたいへん多いことのたとえ。
⑳ 片言隻語（へんげんせきご） ちょっとした短いことば。
㉑ 自縄自縛（じじょうじばく） 自分の言動で自分がしばられ苦しむこと。
㉒ 忙中有閑（ぼうちゅうゆうかん） 忙しい中にも、わずかな暇はあること。
23 内疎外親（ないそがいしん） 内心で疎んじ、外見では親しげにすること。
㉔ 謹厳実直（きんげんじっちょく） つつしみ深くまじめで正直・律義なさま。

他例 17［森羅万象は「万象」を書かせることもある］

でる順 A

四字熟語 ②

15分で解こう!

20点以上とれれば合格!

得点 1回目 /24 2回目 /24

次の四字熟語の（　）に入る適切な語を左の[　]の中から選び、漢字二字で記せ。

1 （　）潔白

2 会者（　）

3 （　）果断

4 （　）亡羊

5 （　）同舟

6 （　）妥当

7 内憂（　）

8 温厚（　）

9 放歌（　）

10 （　）顕正

がいかん・こうぎん・ごえつ・じょうり・じんそく・せいれん・たき・とくじつ・はじゃ・ふへん

解答 ※○つき番号は意味を問われやすい問題

① 清廉潔白（せいれんけっぱく） 心が清く澄み、不正など全くないさま。

② 会者定離（えしゃじょうり） 会えば必ず別れはくるということ。

③ 迅速果断（じんそくかだん） すばやく判断し大胆に物事を行うこと。

④ 多岐亡羊（たきぼうよう） 方針がいろいろあって選択に迷うこと。

⑤ 呉越同舟（ごえつどうしゅう） 仲の悪い者同士が同じ行動をとったりすること。

⑥ 普遍妥当（ふへんだとう） どんな場合にも真理として認められること。

7 内憂外患（ないゆうがいかん） 心配事や悩みの種が内にも外にもあること。

⑧ 温厚篤実（おんこうとくじつ） 人柄が穏やかで情が深く誠実なこと。

9 放歌高吟（ほうかこうぎん） あたりかまわず歌い吟じること。

10 破邪顕正（はじゃけんしょう（けんせい）） 邪説を否定し正しい道理を表すこと。

他例 7［内憂外患は「内憂」を書かせることもある］

☐ 11 （　　）不党

☐ 12 読書（　　）

☐ 13 （　　）心小

☐ 14 （　　）西走

☐ 15 （　　）扇動

☐ 16 大言（　　）

☐ 17 （　　）不抜

☐ 18 （　　）協同

☐ 19 （　　）環視

☐ 20 大願（　　）

☐ 21 （　　）割拠

☐ 22 面目（　　）

☐ 23 （　　）休題

☐ 24 （　　）落日

かんわ・きょうさ・ぐんゆう・けんにん・こじょう・しゅうじん・じょうじゅ・そうご・たんだい・とうほん・ひゃっぺん・ふへん・やくじょ・わちゅう

---

11 不偏不党（ふへんふとう）　どちらにもかたよらず公正中立を守ること。

12 読書百遍（どくしょひゃっぺん）　難しい文も繰り返し読めば、意味がわかること。

13 胆大心小（たんだいしんしょう）　大胆でしかも細心の注意を払うこと。

14 東奔西走（とうほんせいそう）　あちこち忙しく走りまわること。

15 教唆扇動（きょうさせんどう）　教えそそのかして人心をあおること。

16 大言壮語（たいげんそうご）　実力以上におおげさに言うこと。

17 堅忍不抜（けんにんふばつ）　じっと耐え忍んで動じないこと。

18 和衷協同（わちゅうきょうどう）　心を合わせてともに協力し合うこと。

19 衆人環視（しゅうじんかんし）　多くの人が周りを取り囲んで見ていること。

20 大願成就（たいがんじょうじゅ）　大きな願い事がかなえられること。

21 群雄割拠（ぐんゆうかっきょ）　多くの実力者が互いに対立し合うこと。

22 面目躍如（めんもく（めんぼく）やくじょ）　名誉や評価がいっそう高まるさま。

23 閑話休題（かんわきゅうだい）　それはさておき。「間話」とも書く。

24 孤城落日（こじょうらくじつ）　勢いが衰えて、ひどく心細いさま。

他例　21［群雄割拠は「割拠」を書かせることもある］

でる順 A

四字熟語 ③

20点以上とれれば合格!

得点
1回目 /24
2回目 /24

次の四字熟語の（　）に入る適切な語を左の□の中から選び、漢字二字で記せ。

1 質実（　　）
2 自由（　　）
3 粒粒（　　）
4 （　　）円蓋
5 泰山（　　）
6 暖衣（　　）
7 高論（　　）
8 心頭（　　）
9 （　　）落葉
10 （　　）無援

ごうけん・こりつ・しんく・たくせつ・ほうしょく・ほうてい・ほくと・ほんぽう・めっきゃく・ひか

解答 ※○つき番号は意味を問われやすい問題

① 質実剛健（しつじつごうけん） 飾り気がなくまじめで健やかで強いこと。
2 自由奔放（じゆうほんぽう） 思いのまま自由勝手に振る舞うこと。
③ 粒粒辛苦（りゅうりゅうしんく） 努力を積み重ね物事の実現を目ざすこと。
④ 方底円蓋（ほうていえんがい） 物事が食い違って、お互いに合わないこと。
⑤ 泰山北斗（たいざんほくと） その道での第一人者。
⑥ 暖衣飽食（だんいほうしょく） 衣食にことかかない、ぜいたくな暮らし。
⑦ 高論卓説（こうろんたくせつ） 非常にすぐれた意見のこと。
⑧ 心頭滅却（しんとうめっきゃく） 心の持ち方で困難を感じなくなること。
⑨ 飛花落葉（ひからくよう） 絶えず移り変わるこの世の、無常なこと。
⑩ 孤立無援（こりつむえん） 誰の援助もなく、ただ一人でいること。

11 （　　　）努力

12 （　　　）勃勃

13 四分（　　　）

14 勧善（　　　）

15 初志（　　　）

16 （　　　）無人

17 （　　　）一菜

18 （　　　）諾諾

19 円転（　　　）

20 （　　　）止水

21 （　　　）奪胎

22 （　　　）無恥

23 （　　　）塞源

24 進取（　　　）

いい・いちじゅう・かかん・かつだつ・かんこつ・かんてつ・こうがん・ごれつ・ちょうあく・ばっぽん・ふんれい・ぼうじゃく・めいきょう・ゆうしん

---

11 奮励努力（ふんれいどりょく）　気力を奮い起こして物事に努め励むこと。

⑫ 雄心勃勃（ゆうしんぼつぼつ）　雄々しい勇気が盛んにわいてくること。

⑬ 四分五裂（しぶんごれつ）　ちりぢりばらばらになること。

14 勧善懲悪（かんぜんちょうあく）　善行をすすめ、悪行をこらしめること。

⑮ 初志貫徹（しょしかんてつ）　初めの志を最後まで貫き通すこと。

⑯ 傍若無人（ぼうじゃくぶじん）　人前をはばからず無礼な行動をすること。

⑰ 一汁一菜（いちじゅういっさい）　おかずも汁もそれぞれ一種類の質素な食事。

⑱ 唯唯諾諾（いいだくだく）　他人の言いなりになるさま。

⑲ 円転滑脱（えんてんかつだつ）　すらすらと物事を処理していくこと。

20 明鏡止水（めいきょうしすい）　心に邪念がなく澄みきっている状態。

㉑ 換骨奪胎（かんこつだったい）　他人の作品に手を加え自分のものとすること。

㉒ 厚顔無恥（こうがんむち）　あつかましくて、恥知らずなさま。

㉓ 抜本塞源（ばっぽんそくげん）　災いの原因を徹底的に取り除くこと。

㉔ 進取果敢（しんしゅかかん）　積極的に新しい物事に取り組むこと。

他例 20［明鏡止水は「止水」を書かせることもある］

でる順 A

四字熟語 ④

次の四字熟語の（　）に入る適切な語を左の［　］の中から選び、漢字二字で記せ。

1 詩歌（　　）
2 眉目（　　）
3 深山（　　）
4 （　　）転変
5 時期（　　）
6 （　　）一刻
7 天衣（　　）
8 良風（　　）
9 前代（　　）
10 （　　）冬扇

うい・かろ・かんげん・しゅうれい・しゅんしょう・しょうそう・びぞく・みもん・むほう・ゆうこく

20点以上とれれば合格！

解答

※○つき番号は意味を問われやすい問題

1 詩歌管弦（しいかかんげん）　漢詩や和歌を詠んだり楽器を演奏したりすること。
② 眉目秀麗（びもくしゅうれい）　顔だちが美しく整っている様子。
③ 深山幽谷（しんざんゆうこく）　奥深く静かな自然のこと。
④ 有為転変（ういてんぺん）　世の中のうつろいやすいこと。
5 時期尚早（じきしょうそう）　あることを行うにはまだ早いこと。
6 春宵一刻（しゅんしょういっこく）　春の夜の何ものにもかえがたい価値のこと。
⑦ 天衣無縫（てんいむほう）　純粋で無邪気な性格であること。
8 良風美俗（りょうふうびぞく）　健康的で美しい風習・風俗のこと。
⑨ 前代未聞（ぜんだいみもん）　今までに聞いたこともない珍しいこと。
⑩ 夏炉冬扇（かろとうせん）　時季はずれで役に立たないもののたとえ。

他例　10［夏炉冬扇は「冬扇」を書かせることもある］

11 （　）千里（　）
12 （　）妄想（　）
13 英俊（　）（　）
14 盛者（　）（　）
15 気宇（　）（　）
16 （　）衝天（　）
17 外柔（　）（　）
18 冷汗（　）（　）
19 （　）禍福（　）
20 二律（　）（　）
21 （　）馬食（　）
22 雲水（　）（　）
23 （　）自在（　）
24 （　）奇策（　）

あんぎゃ・かんきゅう・きっきょう・げいいん・ごうけつ・こだい・さんと・そうだい・どはつ・ないごう・はいはん・ひっすい・みょうけい・よくや

---

11 沃野千里（よくやせんり）　広々とした肥えて豊かな土地のこと。
12 誇大妄想（こだいもうそう）　自分の現状を大げさに考え事実と思い込むこと。
13 英俊豪傑（えいしゅんごうけつ）　特に資質に優れ、大胆で力の強い人。
14 盛者必衰（じょうしゃひっすい）　全盛にある者もいつか必ず衰えること。
15 気宇壮大（きうそうだい）　度量や構想などが大きいさま。
16 怒髪衝天（どはつしょうてん）　大いに怒るさま。
17 外柔内剛（がいじゅうないごう）　外見は柔和そうだが意志は強いこと。
18 冷汗三斗（れいかんさんと）　恐ろしさや恥ずかしさで冷や汗をかくさま。
19 吉凶禍福（きっきょうかふく）　縁起のよいことと悪いこと。
20 二律背反（にりつはいはん）　二つのことが互いに矛盾して両立しないこと。
21 鯨飲馬食（げいいんばしょく）　大酒を飲み、大食いをすること。
22 雲水行脚（うんすいあんぎゃ）　僧が諸国をめぐって修行すること。
23 緩急自在（かんきゅうじざい）　物事を自由自在に操ること。
24 妙計奇策（みょうけいきさく）　非常に優れたはかりごと。

他例 19［吉凶禍福は「禍福」を書かせることもある］

でる順 A

四字熟語 ⑤

15分で解こう!

20点以上とれれば合格!

次の四字熟語の（　）に入る適切な語を左の□の中から選び、漢字二字で記せ。

1 （　　）夢死
2 空空（　　）
3 （　　）得喪
4 （　　）虎皮
5 百八（　　）
6 気炎（　　）
7 （　　）連理
8 当意（　　）
9 正真（　　）
10 （　　）明瞭

かふく・かんたん・しょうめい・すいせい・そくみょう・ばくばく・ばんじょう・ひよく・ぼんのう・ようしつ

解答

※○つき番号は意味を問われやすい問題

① 酔生夢死（すいせいむし）　何もせずに無駄に一生を過ごすこと。
2 空空漠漠（くうくうばくばく）　何物もなく果てしなく広いさま。
③ 禍福得喪（かふくとくそう）　幸福と不幸、得ることと失うこと。
④ 羊質虎皮（ようしつこひ）　外見は立派だが、それに伴う実質がないこと。
⑤ 百八煩悩（ひゃくはちぼんのう）　仏教で、人間がもつという一〇八種類の欲望。
⑥ 気炎万丈（きえんばんじょう）　意気盛んなさま。
⑦ 比翼連理（ひよくれんり）　男女の愛が深いことのたとえ。
⑧ 当意即妙（とういそくみょう）　その場に当たり即座に機転をきかすこと。
9 正真正銘（しょうしんしょうめい）　うそいつわりが全くないこと。
⑩ 簡単明瞭（かんたんめいりょう）　物事や表現がやさしく、わかりやすいこと。

11 （　）曲直（　）

12 意気（　）

13 当代（　）

14 （　）令色（　）

15 春日（　）

16 （　）強記（　）

17 襲名（　）

18 旧態（　）

19 （　）奮闘

20 熱願（　）

21 刻苦（　）

22 面従（　）

23 支離（　）

24 白砂（　）

いぜん・こうげん・こぐん・しょうてん・ずいいち・せいしょう・ぜひ・ちち・はくらん・ひろう・ふくはい・べんれい・めつれつ・れいてい

---

11 是非曲直（ぜひきょくちょく）　物事の善悪、正・不正のこと。

12 意気衝天（いきしょうてん）　意気込みが天をつくほど盛んなこと。

13 当代随一（とうだいずいいち）　その時代で最もすぐれていること。

14 巧言令色（こうげんれいしょく）　言葉を飾り、顔つきをやわらげてこびること。

15 春日遅遅（しゅんじつちち）　春の日がうららかでのどかなさま。

16 博覧強記（はくらんきょうき）　広く書物を読み、物事をよく記憶していること。

17 襲名披露（しゅうめいひろう）　代々の芸名などを継いだと公表すること。

18 旧態依然（きゅうたいいぜん）　昔のままで進歩のないさま。

19 孤軍奮闘（こぐんふんとう）　助ける者もなくただ一人でがんばること。

20 熱願冷諦（ねつがんれいてい）　熱心に願うことと、冷静に本質を見極めること。

21 刻苦勉励（こっくべんれい）　苦労しながらひたすら努力すること。

22 面従腹背（めんじゅうふくはい）　服従するかに見せかけ、内心で背くこと。

23 支離滅裂（しりめつれつ）　物事がばらばらで筋道が立たないさま。

24 白砂青松（はくしゃ（はくさ）せいしょう）　白い砂浜と青い松が続く海辺の美しい景色。

他例 22［面従腹背は「面従」を書かせることもある］

でる順 A

四字熟語 ⑥

15分で解こう!

20点以上とれれば合格!

得点 1回目 /24 2回目 /24

次の四字熟語の（　）に入る適切な語を左の［　］の中から選び、漢字二字で記せ。

1（　）万紅
2 周知（　）
3（　）弄法
4 勇猛（　）
5 一陽（　）
6（　）万里
7（　）集散
8（　）千万
9 遠慮（　）
10 要害（　）

いかん・うんでい・えしゃく・かかん・けんご・せんし・てってい・ぶぶん・らいふく・りごう

解答　※○つき番号は意味を問われやすい問題

① 千紫万紅（せんしばんこう）　さまざまな色の花が咲き乱れるさま。
2 周知徹底（しゅうちてってい）　多くの人に知れわたるようにすること。
③ 舞文弄法（ぶぶんろうほう）　法を都合よく解釈して乱用すること。
4 勇猛果敢（ゆうもうかかん）　勇ましく強くて、決断力に富むこと。
5 一陽来復（いちようらいふく）　不運が続いた後、幸運が向いてくること。
⑥ 雲泥万里（うんでいばんり）　比較にならないほど大きな違い。
7 離合集散（りごうしゅうさん）　離れたり集まったりすること。
⑧ 遺憾千万（いかんせんばん）　非常に残念なこと。
⑨ 遠慮会釈（えんりょえしゃく）　他人に対する心づかい。
10 要害堅固（ようがいけんご）　地勢が険しく守りやすく攻められにくいさま。

他例 5［一陽来復は「一陽」を書かせることもある］

11 西方（　　）
12 附和（　　）
13 自暴（　　）
14 （　　）夜行
15 異端（　　）
16 （　　）非才
17 朝令（　　）
18 月下（　　）
19 新進（　　）
20 文人（　　）
21 （　　）丁寧
22 情状（　　）
23 盲亀（　　）
24 （　　）満面

きえい・きしょく・こんせつ・じき・しゃくりょう・じゃせつ・じょうど・せんがく・ひゃっき・ひょうじん・ふぼく・ぼかい・ぼっかく・らいどう

---

11 西方浄土（さいほうじょうど） 西のほうにあるという極楽浄土のこと。
12 附和雷同（ふわらいどう） 明確な考えがなく他人の説にすぐ同意すること。
⑬ 自暴自棄（じぼうじき） 思いどおりにならずやけになるさま。
⑭ 百鬼夜行（ひゃっきやこう（やぎょう）） 多くの悪人がはびこること。
15 異端邪説（いたんじゃせつ） 正統でない思想や信仰。
16 浅学非才（せんがくひさい） 学識や才能の劣っていること。
⑰ 朝令暮改（ちょうれいぼかい） 命令がたびたび変わってあてにならないこと。
⑱ 月下氷人（げっかひょうじん） 男女の縁をとりもつ人。
19 新進気鋭（しんしんきえい） 新人で意気込みや活躍が目覚ましいこと。
20 文人墨客（ぶんじんぼっかく（ぼっきゃく）） 詩文や書画などに親しむ風流な人。
21 懇切丁寧（こんせつていねい） 細部に至るまで礼儀正しく親切なこと。
22 情状酌量（じょうじょうしゃくりょう） 同情すべき事情をくみとって刑罰を軽くすること。
㉓ 盲亀浮木（もうきふぼく） 会うことが非常に難しいこと。
㉔ 喜色満面（きしょくまんめん） 喜びを顔いっぱいに表すこと。

でる順 **A**

四字熟語 ⑦

15分で解こう!

20点以上とれれば合格!

得点	
1回目	/24
2回目	/24

次の四字熟語の（　　）に入る適切な語を左の□の中から選び、漢字二字で記せ。

□ 1 国士（　　）

□ 2 妖言（　　）

□ 3 （　　）漢才

□ 4 籠鳥（　　）

□ 5 （　　）存亡

□ 6 （　　）一紅

□ 7 優勝（　　）

□ 8 犬牙（　　）

□ 9 （　　）一徹

□ 10 南船（　　）

がんこ・ききゅう・そうせい・ばんりょく・ほくば・むそう・れっぱい・れんうん・わくしゅう・わこん

解答　※○つき番号は意味を問われやすい問題

① 国士無双（こくしむそう）　その国で並ぶ者がいないほどの優れた人。

2 妖言惑衆（ようげんわくしゅう）　怪しげな言説で世の人々を惑わすこと。

3 和魂漢才（わこんかんさい）　日本固有の精神と中国の学問・知識。

4 籠鳥恋雲（ろうちょうれんうん）　自由な境遇にあこがれること。

⑤ 危急存亡（ききゅうそんぼう）　危険がせまって生きるか死ぬかのせとぎわ。

⑥ 万緑一紅（ばんりょくいっこう）　多くの同じ物の中でただ一つだけ違う物。

7 優勝劣敗（ゆうしょうれっぱい）　優れた者が栄え、劣った者は脱落すること。

⑧ 犬牙相制（けんがそうせい）　隣り合う二国が互いに牽制（けんせい）し合うこと。

⑨ 頑固一徹（がんこいってつ）　かたくなで意地っぱりなさま。

⑩ 南船北馬（なんせんほくば）　あちこち忙しく旅すること。

他例 10［南船北馬は「南船」を書かせることもある］

□ 11 （　　）整然

□ 12 （　　）牛後

□ 13 （　　）満満

□ 14 （　　）肉林

□ 15 （　　）実実

□ 16 （　　）水明

□ 17 空中（　　）

□ 18 （　　）絶佳

□ 19 生者（　　）

□ 20 （　　）徒食

□ 21 （　　）飛語

□ 22 （　　）禁断

□ 23 栄枯（　　）

□ 24 時代（　　）

きょきょ・けいこう・さくご・さんし・しゅち・せいすい・せっしょう・ちょうぼう・とうし・ひつめつ・むい・りゅうげん・りろ・ろうかく

---

11 理路整然（りろせいぜん）　話や考えの筋道がよく通っていること。

⑫ 鶏口牛後（けいこうぎゅうご）　大組織の末端より小さな組織の長がいいということ。

13 闘志満満（とうしまんまん）　闘おうとする意志がみなぎっていること。

⑭ 酒池肉林（しゅちにくりん）　非常にぜいたくな酒宴。

⑮ 虚虚実実（きょきょじつじつ）　互いに知恵を尽くして必死に戦うこと。

16 山紫水明（さんしすいめい）　自然の風景が清浄で美しいこと。

⑰ 空中楼閣（くうちゅうろうかく）　根拠も現実性もないことのたとえ。

⑱ 眺望絶佳（ちょうぼうぜっか）　素晴らしい見晴らしや、絶景のこと。

19 生者必滅（しょうじゃひつめつ）　生きているものは必ず死ぬということ。

⑳ 無為徒食（むいとしょく）　仕事もしないでぶらぶら暮らすこと。

㉑ 流言飛語（りゅうげんひご）　世間に広まった根拠のないうわさ。

22 殺生禁断（せっしょうきんだん）　生き物を殺すことを禁じること。

23 栄枯盛衰（えいこせいすい）　栄えることと、衰えること。

24 時代錯誤（じだいさくご）　考え方や方法が古く、その時代とずれること。

でる順 A

対義語・類義語 ①

15分で解こう!

39点 以上とれれば合格!

得点
1回目 /48
2回目 /48

次の対義語・類義語を後の□の中から選び、漢字で記せ。□の中の語は一度だけ使うこと。

対義語

1 巧妙
2 進出
3 粗雑
4 極端
5 多弁
6 横柄
7 下落
8 慶賀
9 獲得
10 反逆

あいとう・かもく・きょうじゅん・けんきょ・せつれつ・そうしつ・ちみつ・ちゅうよう・てったい・とうき

類義語

11 推移
12 回復
13 功名
14 心配
15 死角
16 脅迫
17 永遠
18 譲歩
19 猛者
20 解雇

いかく・けねん・ごうけつ・しゅくん・だきょう・ちゆ・ひめん・へんせん・もうてん・ゆうきゅう

解答

1 巧妙(こうみょう)—拙劣(せつれつ)
2 進出(しんしゅつ)—撤退(てったい)
3 粗雑(そざつ)—緻密(ちみつ)
4 極端(きょくたん)—中庸(ちゅうよう)
5 多弁(たべん)—寡黙(かもく)
6 横柄(おうへい)—謙虚(けんきょ)
7 下落(げらく)—騰貴(とうき)
8 慶賀(けいが)—哀悼(あいとう)
9 獲得(かくとく)—喪失(そうしつ)
10 反逆(はんぎゃく)—恭順(きょうじゅん)
11 推移(すいい)—変遷(へんせん)
12 回復(かいふく)—治癒(ちゆ)
13 功名(こうみょう)—殊勲(しゅくん)
14 心配(しんぱい)—懸念(けねん)
15 死角(しかく)—盲点(もうてん)
16 脅迫(きょうはく)—威嚇(いかく)
17 永遠(えいえん)—悠久(ゆうきゅう)
18 譲歩(じょうほ)—妥協(だきょう)
19 猛者(もさ)—豪傑(ごうけつ)
20 解雇(かいこ)—罷免(ひめん)

意味 8［慶賀＝めでたいことを喜び祝うこと］ 13［功名＝手柄を立て、名をあげること］

対義語

21 名誉
22 粗略
23 明瞭
24 隆起
25 凡才
26 潤沢
27 軽侮
28 狭量
29 新奇
30 率先
31 愛護
32 個別
33 覚醒
34 欠乏

あいまい・いつざい・いっせい・かんぼつ・かんだい・ぎゃくたい・こかつ・さいみん・じゅうそく・すうはい・ちじょく・ちんぷ・ついずい・ていねい

類義語

35 辛抱
36 歳月
37 全治
38 阻害
39 調和
40 混乱
41 面倒
42 互角
43 対価
44 湯船
45 奮戦
46 貧苦
47 漂泊
48 来歴

かんとう・きんこう・こういん・こんきゅう・じゃま・にんたい・はくちゅう・ふんきゅう・へいゆ・ほうしゅう・やっかい・ゆいしょ・よくそう・るろう

---

21 名誉（めいよ）―恥辱（ちじょく）
22 粗略（そりゃく）―丁寧（ていねい）
23 明瞭（めいりょう）―曖昧（あいまい）
24 隆起（りゅうき）―陥没（かんぼつ）
25 凡才（ぼんさい）―逸材（いつざい）
26 潤沢（じゅんたく）―枯渇（こかつ）
27 軽侮（けいぶ）―崇拝（すうはい）
28 狭量（きょうりょう）―寛大（かんだい）
29 新奇（しんき）―陳腐（ちんぷ）
30 率先（そっせん）―追随（ついずい）
31 愛護（あいご）―虐待（ぎゃくたい）
32 個別（こべつ）―一斉（いっせい）
33 覚醒（かくせい）―催眠（さいみん）
34 欠乏（けつぼう）―充足（じゅうそく）

35 辛抱（しんぼう）―忍耐（にんたい）
36 歳月（さいげつ）―光陰（こういん）
37 全治（ぜんち）―平癒（へいゆ）
38 阻害（そがい）―邪魔（じゃま）
39 調和（ちょうわ）―均衡（きんこう）
40 混乱（こんらん）―紛糾（ふんきゅう）
41 面倒（めんどう）―厄介（やっかい）
42 互角（ごかく）―伯仲（はくちゅう）
43 対価（たいか）―報酬（ほうしゅう）
44 湯船（ゆぶね）―浴槽（よくそう）
45 奮戦（ふんせん）―敢闘（かんとう）
46 貧苦（ひんく）―困窮（こんきゅう）
47 漂泊（ひょうはく）―流浪（るろう）
48 来歴（らいれき）―由緒（ゆいしょ）

意味 28［狭量＝人を受け入れる心の狭いこと］

でる順 **A**

対義語・類義語 ②

15分で解こう!

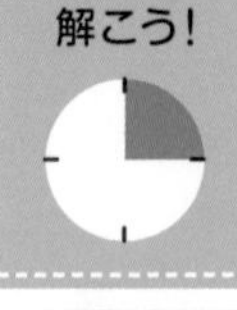

39点以上とれれば合格!

次の対義語・類義語を後の□の中から選び、漢字で記せ。□の中の語は一度だけ使うこと。

対義語

1 決裂
2 純白
3 威圧
4 禁欲
5 富裕
6 陳腐
7 緩慢
8 任命
9 汚濁
10 末端

かいじゅう・きょうらく・ざんしん・しっこく・じんそく・せいちょう・だけつ・ちゅうすう・ひめん・ひんきゅう

類義語

11 残念
12 考慮
13 堪忍
14 無口
15 平穏
16 困苦
17 反逆
18 昼寝
19 折衝
20 祝福

あんねい・いかん・かもく・かんべん・けいが・こうしょう・ごすい・しゃくりょう・しんさん・むほん

解答

1 決裂（けつれつ）―妥結（だけつ）
2 純白（じゅんぱく）―漆黒（しっこく）
3 威圧（いあつ）―懐柔（かいじゅう）
4 禁欲（きんよく）―享楽（きょうらく）
5 富裕（ふゆう）―貧窮（ひんきゅう）
6 陳腐（ちんぷ）―斬新（ざんしん）
7 緩慢（かんまん）―迅速（じんそく）
8 任命（にんめい）―罷免（ひめん）
9 汚濁（おだく）―清澄（せいちょう）
10 末端（まったん）―中枢（ちゅうすう）
11 残念（ざんねん）―遺憾（いかん）
12 考慮（こうりょ）―酌量（しゃくりょう）
13 堪忍（かんにん）―勘弁（かんべん）
14 無口（むくち）―寡黙（かもく）
15 平穏（へいおん）―安寧（あんねい）
16 困苦（こんく）―辛酸（しんさん）
17 反逆（はんぎゃく）―謀反（むほん）
18 昼寝（ひるね）―午睡（ごすい）
19 折衝（せっしょう）―交渉（こうしょう）
20 祝福（しゅくふく）―慶賀（けいが）

意味 3［懐柔＝他人をうまく扱い、自分の思う通りに従わせること］

対義語

21 偉大
22 病弱
23 国産
24 永遠
25 尊敬
26 特殊
27 概略
28 繁忙
29 褒賞
30 悪臭
31 定住
32 固辞
33 分割
34 釈放

いさい・いっかつ・かいだく・かんさん・けいぶ・こうそく・せつな・そうけん・ちょうばつ・はくらい・ふへん・ほうこう・ぼんよう・るろう

類義語

35 難点
36 降格
37 卓抜
38 歴然
39 豊富
40 根絶
41 公表
42 抜粋
43 気分
44 順次
45 中核
46 屋敷
47 寄与
48 不意

きげん・けっかん・けっしゅつ・けんちょ・こうけん・させん・じゅんたく・しょうろく・すうじく・ちくじ・ていたく・とうとつ・ひろう・ぼくめつ

---

21 偉大(いだい)―凡庸(ぼんよう)
22 病弱(びょうじゃく)―壮健(そうけん)
23 国産(こくさん)―舶来(はくらい)
24 永遠(えいえん)―刹那(せつな)
25 尊敬(そんけい)―軽侮(けいぶ)
26 特殊(とくしゅ)―普遍(ふへん)
27 概略(がいりゃく)―委細(いさい)
28 繁忙(はんぼう)―閑散(かんさん)
29 褒賞(ほうしょう)―懲罰(ちょうばつ)
30 悪臭(あくしゅう)―芳香(ほうこう)
31 定住(ていじゅう)―流浪(るろう)
32 固辞(こじ)―快諾(かいだく)
33 分割(ぶんかつ)―一括(いっかつ)
34 釈放(しゃくほう)―拘束(こうそく)

35 難点(なんてん)―欠陥(けっかん)
36 降格(こうかく)―左遷(させん)
37 卓抜(たくばつ)―傑出(けっしゅつ)
38 歴然(れきぜん)―顕著(けんちょ)
39 豊富(ほうふ)―潤沢(じゅんたく)
40 根絶(こんぜつ)―撲滅(ぼくめつ)
41 公表(こうひょう)―披露(ひろう)
42 抜粋(ばっすい)―抄録(しょうろく)
43 気分(きぶん)―機嫌(きげん)
44 順次(じゅんじ)―逐次(ちくじ)
45 中核(ちゅうかく)―枢軸(すうじく)
46 屋敷(やしき)―邸宅(ていたく)
47 寄与(きよ)―貢献(こうけん)
48 不意(ふい)―唐突(とうとつ)

意味 24［刹那＝きわめて短い時間。瞬間］ 42［抄録＝必要な部分だけを抜き書きすること］

でる順 A

対義語・類義語 ③

15分で解こう！

39点以上とれれば合格！

得点　1回目　/48　2回目　/48

次の対義語・類義語を後の□の中から選び、漢字で記せ。□の中の語は一度だけ使うこと。

対義語

1 老巧
2 設置
3 栄転
4 蓄積
5 高遠
6 諮問
7 不足
8 没落
9 暴露
10 寛容

かじょう・きょうりょう・させん・しょうもう・ちせつ・てっきょ・とうしん・ひきん・ひとく・ぼっこう

類義語

11 永眠
12 筋道
13 指揮
14 平穏
15 工事
16 熟知
17 学識
18 是認
19 妨害
20 傑出

あんたい・こうてい・さいはい・しゅういつ・せいきょ・ぞうけい・そし・つうぎょう・ふしん・みゃくらく

解答

1 老巧（ろうこう）―稚拙（ちせつ）
2 設置（せっち）―撤去（てっきょ）
3 栄転（えいてん）―左遷（させん）
4 蓄積（ちくせき）―消耗（しょうもう）
5 高遠（こうえん）―卑近（ひきん）
6 諮問（しもん）―答申（とうしん）
7 不足（ふそく）―過剰（かじょう）
8 没落（ぼつらく）―勃興（ぼっこう）
9 暴露（ばくろ）―秘匿（ひとく）
10 寛容（かんよう）―狭量（きょうりょう）
11 永眠（えいみん）―逝去（せいきょ）
12 筋道（すじみち）―脈絡（みゃくらく）
13 指揮（しき）―采配（さいはい）
14 平穏（へいおん）―安泰（あんたい）
15 工事（こうじ）―普請（ふしん）
16 熟知（じゅくち）―通暁（つうぎょう）
17 学識（がくしき）―造詣（ぞうけい）
18 是認（ぜにん）―肯定（こうてい）
19 妨害（ぼうがい）―阻止（そし）
20 傑出（けっしゅつ）―秀逸（しゅういつ）

意味　5［高遠＝高く抜きん出ているさま］　16［通暁＝非常にくわしく知りぬいていること］

読み
部首
熟語の構成
四字熟語
対義語・類義語 3
同音・同訓異字
誤字訂正
送り仮名
書き取り

対義語

21 賢明
22 凡百
23 更生
24 自生
25 虚弱
26 理論
27 圧勝
28 侵害
29 暫時
30 拡散
31 祝辞
32 拒絶
33 炎暑
34 裕福

あんぐ・おうだく・がんけん・ぎょうしゅく・こうきゅう・こっかん・さいばい・ざんぱい・じっせん・だらく・ちょうじ・びんぼう・ゆいいつ・ようご

類義語

35 勘案
36 忘我
37 中枢
38 遺恨
39 監禁
40 固執
41 翼下
42 献上
43 荘重
44 制約
45 一瞬
46 比肩
47 省略
48 心酔

おんねん・かくしん・かつあい・きんてい・けいとう・げんしゅく・こうりょ・さんか・せつな・そくばく・とうすい・ひってき・ぼくしゅ・ゆうへい

---

21 賢明(けんめい)―暗愚(あんぐ)
22 凡百(ぼんびゃく)―唯一(ゆいいつ)
23 更生(こうせい)―堕落(だらく)
24 自生(じせい)―栽培(さいばい)
25 虚弱(きょじゃく)―頑健(がんけん)
26 理論(りろん)―実践(じっせん)
27 圧勝(あっしょう)―惨敗(ざんぱい)
28 侵害(しんがい)―擁護(ようご)
29 暫時(ざんじ)―恒久(こうきゅう)
30 拡散(かくさん)―凝縮(ぎょうしゅく)
31 祝辞(しゅくじ)―弔辞(ちょうじ)
32 拒絶(きょぜつ)―応諾(おうだく)
33 炎暑(えんしょ)―酷寒(こっかん)
34 裕福(ゆうふく)―貧乏(びんぼう)

35 勘案(かんあん)―考慮(こうりょ)
36 忘我(ぼうが)―陶酔(とうすい)
37 中枢(ちゅうすう)―核心(かくしん)
38 遺恨(いこん)―怨念(おんねん)
39 監禁(かんきん)―幽閉(ゆうへい)
40 固執(こしつ(こしゅう))―墨守(ぼくしゅ)
41 翼下(よくか(よっか))―傘下(さんか)
42 献上(けんじょう)―謹呈(きんてい)
43 荘重(そうちょう)―厳粛(げんしゅく)
44 制約(せいやく)―束縛(そくばく)
45 一瞬(いっしゅん)―刹那(せつな)
46 比肩(ひけん)―匹敵(ひってき)
47 省略(しょうりゃく)―割愛(かつあい)
48 心酔(しんすい)―傾倒(けいとう)

意味 35［勘案＝事情などを考え合わせること］ 40［墨守＝旧習や自説などを固く守ること］

でる順 A

同音・同訓異字 ①

15分で解こう!

32点以上とれれば合格!

得点
1回目 /40
2回目 /40

次の——線のカタカナを漢字に直せ。

1 野次のオウシュウは品位に欠ける。
2 事件の証拠品をオウシュウした。
3 彼にはフヨウ家族が多い。
4 政府は景気フヨウ策を発表した。
5 センパクな知識を振り回す。
6 大型のセンパクは入港できない。
7 山のケイコクには雪が残っている。
8 急流下りは危険だとケイコクした。
9 軍事上のキンコウを保つ。
10 都市キンコウに家を新築した。
11 カンヨウな精神で人に接する。
12 英語のカンヨウ表現を覚える。
13 幼友達と久しくコウショウがない。
14 コウショウな趣味を持っている。
15 物価のボウトウは生活を脅かす。
16 ボウトウから激しい口調だった。

解答

1 応酬
2 押収
3 扶養
4 浮揚
5 浅薄
6 船舶
7 渓谷
8 警告
9 均衡
10 近郊
11 寛容
12 慣用
13 交渉
14 高尚
15 暴騰
16 冒頭

他例 1［欧州］ 13［考証］ 意味 3［扶養＝生活の面倒を見ること］

17 フシンな物音が聞こえる。
18 寺社をフシンする。
19 旅行代をイッカツで支払う。
20 不届き者をイッカツする。
21 大手食品会社のサンカに入る。
22 戦争のサンカを映像に残した。
23 国王にエッケンする栄誉に浴した。
24 部下のエッケン行為をとがめる。
25 議論の末、ダトウな結論を得た。
26 今年こそ強敵をダトウしたい。
27 ショウガイ物競走は苦手な種目だ。
28 医学研究にショウガイをささげる。

29 大きなスイソウに金魚を放つ。
30 スイソウ楽部に入部する。
31 昨日から体のヒロウが抜けない。
32 ヒロウ宴の司会を頼まれた。
33 ハきなれた靴で歩こう。
34 玄関前をハくのが日課だ。
35 子は一年間、亡き父のモに服した。
36 船底のスクリューにモがからまる。
37 祖母はスミ絵を習っている。
38 庭の片スミに花が咲いている。
39 救助隊に人手をサく。
40 落雷で大木が二つにサけた。

---

17 不審　18 普請　19 一括　20 一喝　21 傘下　22 惨禍　23 謁見　24 越権　25 妥当　26 打倒　27 障害　28 生涯
29 水槽　30 吹奏　31 疲労　32 披露　33 履　34 掃　35 喪　36 藻　37 墨　38 隅　39 割　40 裂

他例　17［不振］　33［刃・吐く・端］
意味　18［普請＝建物を築いたり修繕すること］

読み / 部首 / 熟語の構成 / 四字熟語 / 対義語・類義語 / 同音・同訓異字 1 / 誤字訂正 / 送り仮名 / 書き取り

でる順 A

同音・同訓異字 ②

15分で解こう!

32点以上とれれば合格!

得点
1回目 /40
2回目 /40

次の――線のカタカナを漢字に直せ。

1 物価が急激にトウキする。
2 会社設立のトウキをする。
3 ヘイコウ感覚に優れている。
4 工事の騒音にはヘイコウする。
5 リーグのハケン争いに勝った。
6 外交使節をハケンする。
7 遺産をジョウヨされる。
8 ジョウヨ金は次期に繰り越す。
9 人々の善意のこもったジョウザイ。
10 病院で出されたジョウザイを飲む。
11 毎日のうがいをショウレイする。
12 その病気のショウレイを示す。
13 不祥事で官僚がコウテツされた。
14 コウテツのように鍛えた体だ。
15 利益を社会にカンゲンする。
16 店員のカンゲンに乗せられた。

解答

1 騰貴
2 登記
3 平衡
4 閉口
5 覇権
6 派遣
7 譲与
8 剰余
9 浄財
10 錠剤
11 奨励
12 症例
13 更迭
14 鋼鉄
15 還元
16 甘言

他例 1 [投棄]　意味 2 [登記＝一定の事項を公の帳簿に記載すること]

17 彼のホンポウな考えに影響される。
18 ホンポウ初公開の映画だ。
19 ユウカイ犯人が捕まった。
20 氷は零度を超えるとユウカイする。
21 カイコンして畑を広げる。
22 自省してカイコンの涙を流す。
23 交通ジュウタイに巻き込まれる。
24 生徒を二列ジュウタイに並べる。
25 特別委員会で法案をシンギした。
26 いまだにシンギのほどは不明だ。
27 人の話はケンキョに聞こう。
28 犯人をようやくケンキョした。

29 一族の運命をソウケンに担う。
30 年はとってもますますソウケンだ。
31 野球大会の選手センセイをする。
32 勝利につながるセンセイ点だった。
33 飾り付けに様々な工夫をコらす。
34 近所のいたずらっ子をコらしめる。
35 海上で船のホが見え隠れしている。
36 黄金色のホ波が揺れる。
37 新茶をツむ。
38 暮らしを切りツめる。
39 庭の雑草をカり取る。
40 公園で腕と足をカに刺された。

---

17 奔放
18 本邦
19 誘拐
20 融解
21 開墾
22 悔恨
23 渋滞
24 縦隊
25 審議
26 真偽
27 謙虚
28 検挙
29 双肩
30 壮健
31 宣誓
32 先制
33 凝
34 懲
35 帆
36 穂
37 摘
38 詰
39 刈
40 蚊

読み　部首　熟語の構成　四字熟語　対義語・類義語　同音・同訓異字 2　誤字訂正　送り仮名　書き取り

他例 17［本俸］ 31［占星］ 39［香］　意味 18［本邦＝この国。我が国］

でる順 A

同音・同訓異字 ③

15分で解こう!

32点以上とれれば合格!

得点
1回目 /40
2回目 /40

次の――線のカタカナを漢字に直せ。

1 火事はいまだエンショウしている。
2 患部がエンショウを起こしている。
3 交渉でケンエキを獲得する。
4 空港でケンエキを受ける。
5 食品テンカ物の使用を控える。
6 責任を他人にテンカするな。
7 カビンに白菊を生ける。
8 神経がカビンになっている。
9 冬の山はコウリョウとした風景だ。
10 化粧品にコウリョウが入っている。
11 実力ハクチュウの碁敵だ。
12 ハクチュウ堂々と盗みに入る。
13 オカした誤りを正す。
14 風波をオカして出港する。
15 犯人の足どりをソウサする。
16 工場の機械をソウサする。

解答

1 延焼
2 炎症
3 権益
4 検疫
5 添加
6 転嫁
7 花瓶
8 過敏
9 荒涼
10 香料
11 伯仲
12 白昼
13 犯
14 冒
15 捜査
16 操作

意味 9［荒涼＝精神的・物質的に満たされず、荒れすさんでいるさま］

17 旅は心のセンタクになる。
18 住民のセンタクによって決める。

19 センサイな感受性を持った人だ。
20 センサイで家を失う。

21 窓を閉めてシャオンする。
22 卒業生がシャオン会を開く。

23 犯行現場でシモンを採取する。
24 改革案を審議会にシモンする。

25 生活援助の申し出をキョヒする。
26 市は体育館建設にキョヒを投じた。

27 水面下でカイジュウ策を講じる。
28 カイジュウのおもちゃで遊ぶ子供。

29 カンセイ塔から飛行機を眺める。
30 彼はカンセイな住宅街に住む。

31 開業準備金のユウシを申し込む。
32 町内でユウシを募って旅行する。

33 ご飯を茶わんにモる。
34 屋根が傷んで雨がモる。

35 大雨で百ムネが水につかった。
36 出席できないムネを幹事に伝えた。

37 自立心をウえつける教育をする。
38 親の愛情にウえている。

39 相手とがっぷり四つにクむ。
40 他人の厚意をクむ。

---

17 洗濯 18 選択
19 繊細 20 戦災
21 遮音 22 謝恩
23 指紋 24 諮問
25 拒否 26 巨費
27 懐柔 28 怪獣
29 管制 30 閑静
31 融資 32 有志
33 盛 34 漏
35 棟 36 旨
37 植 38 飢
39 組 40 酌

他例 31［有史］ 意味 24［諮問＝専門家や機関に意見を求めること］

でる順 A

誤字訂正 ①

得点
1回目 /28
2回目 /28

次の各文にまちがって使われている同じ読みの漢字が一字ある。その誤字と正しい漢字を記せ。

☐ 1 規制換和を軸にした構造改革と内需拡大中心の経済成長が求められる。

☐ 2 地区開発が進む一方、人口増加により折盗などの犯罪も増加した。

☐ 3 山岳地帯の天候は急変することが多く、しばしば捜策活動が難航した。

☐ 4 野生の鳥たちの中には繁嘱地が狭められ絶滅寸前のものもある。

☐ 5 国立公園に指定された地域は厳重に保護されたが、密猟が往行していた。

☐ 6 援助物資を登載した航空機が被災地に向け離陸した。

☐ 7 勤急配備中の警察官が事件現場の近くで犯人の車を発見した。

☐ 8 時差式信号機を設置してから、賓発していた交差点での事故が減少した。

☐ 9 社内で不要となった書類はそのまま廃規せず細かく裁断して処分する。

☐ 10 社会人として常に尽速且つ正確な情報の収集と処理能力が要求される。

☐ 11 新聞各紙は資金提供など武力行使以外の更献は可能だと主張した。

☐ 12 長年の克使に耐えた発動機も部品が摩耗してきたので修理した。

解答

1 換→緩(緩和)
2 折→窃(窃盗)
3 策→索(捜索)
4 嘱→殖(繁殖地)
5 往→横(横行)
6 登→搭(搭載)
7 勤→緊(緊急)
8 賓→頻(頻発)
9 規→棄(廃棄)
10 尽→迅(迅速)
11 更→貢(貢献)
12 克→酷(酷使)

他例 3［摸索］ 7［緊張］ 12［過酷］

13 河口部の干型には多数の生物が生息しており、価値が再認識されている。

14 何が益になり害になるかを自覚することが健康依持の秘けつだ。

15 原油が枯滑する前に環境を汚さない代替エネルギーの開発を促進する。

16 才能豊かな演奏者として知られる彼女は線細な神経の持ち主でもある。

17 事態の収束に向けて政府は状況を的確に派握して全力を注入してほしい。

18 経験の深い医師によって、看者の病状に適したすぐれた治療を受けられた。

19 最新のコンピューターを苦使して台風の今後の進路と勢力を予想する。

20 市としても健康増進のために高齢者の参加を積極的に償励していきたい。

21 介護保険を受ける前に調査員が申制者の自宅を訪問する。

22 深夜の高架下に散乱した大量の落下物の徹去には半日程度の時間を要した。

23 大型の野生動物の多くは人間に遭遇すると偉嚇するような身構えをする。

24 世界的な気候不順のため農作物がとれず危餓に苦しむ国が多い。

25 二十世紀は悲惨な民族憤争・宗教対立などが続いた受難の時代だった。

26 屋上からの頂望はすばらしく、宿泊客は一斉に歓声を上げた。

27 掘り起こした土状の中に眠っていた種が自然発芽し、ハスの花が咲いた。

28 この海域は近年貨物船と漁民の舟との障突事故が多発する場所である。

---

13 型→潟（干潟）
14 依→維（維持）
15 滑→渇（枯渇）
16 線→繊（繊細）
17 派→把（把握）
18 看→患（患者）
19 苦→駆（駆使）
20 償→奨（奨励）
21 制→請（申請者）
22 徹→撤（撤去）
23 偉→威（威嚇）
24 危→飢（飢餓）
25 憤→紛（紛争）
26 頂→眺（眺望）
27 状→壌（土壌）
28 障→衝（衝突）

他例 20［奨学金］ 21［請け負う］

でる順 A

誤字訂正 ②

得点 1回目 /28 2回目 /28

次の各文にまちがって使われている同じ読みの漢字が一字ある。その誤字と正しい漢字を記せ。

1 景気の停待が長引けば失業者が増加するので早めの公共投資を促したい。

2 旧敵国と平和条約を提結し、友好関係構築の一歩を踏み出した。

3 治療薬の投与を続けたことで患者の症状には堅著な改善が見られた。

4 高齢者向けの大きな活字本の出版がようやく基道に乗り始めた。

5 銀行融資抑制の通達の効果で地価の高投は一転下落に向かった。

6 会社側の威圧的な態度にも決してひるまず弁護団は粘り強く交衝を続けた。

7 胸の内に期待が占めていた分だけ、ぽっかりとした虚無の空堂が残った。

8 既成の該念を超越した意匠が海外で注目されている若手のデザイナー。

9 高血圧は糖尿や肝臓疾患などの生活習慣病を合柄しやすい。

10 美しい風景と全編に流れる甘美で哀愁漂う線律が心を打つ映画だ。

11 専門家からの指的を受けて食品の加工設備の改善を早急に行うことにした。

12 首相は現場で遺花すると黙とうをささげ、遺族と抱擁する姿が報道された。

解答

1 待→滞（停滞）
2 提→締（締結）
3 堅→顕（顕著）
4 基→軌（軌道）
5 投→騰（高騰）
6 衝→渉（交渉）
7 堂→洞（空洞）
8 該→概（概念）
9 柄→併（合併）
10 線→旋（旋律）
11 的→摘（指摘）
12 遺→献（献花）

他例 1［渋滞］ 2［取り締まる］ 3［顕微鏡］ 11［摘み取る］

13 常に最善を尽くして行動することを深く心に命記して努力してほしい。

14 駅に自動券売機が設置されておらず、切符を控入できなくて戸惑った。

15 医師の管理下で服用した薬でも、重督な副作用を引き起こす危険性がある。

16 有害物質の浸透による土壌汚染の問題の解決には一刻の悠予もない。

17 事故原因の分積をするために調査団が現地に派遣された。

18 国連食糧農業機関は飢餓に襲われている地域への支縁を求めている。

19 菊の間で開かれた秘露宴では花嫁の大学の恩師が乾杯の挨拶をした。

20 巡環器専門の医師立ち会いの上で患部の手術が行われることになった。

21 冷涼な気候を生かした抑制栽媒のおかげで夏でも白菜が店頭に並ぶ。

22 遺跡を調査中、完全な塑像が出土し一役学界の注目を浴びた。

23 資料館に保管してある研究誌の棒大な専門用語を採録した。

24 テロ包囲網への参画を余技なくされた国では過激派勢力へ厳戒態勢を敷く。

25 土砂災害を防ぐ森林が、開発により抜採され少なくなっている。

26 非難の応襲に終始している両国だけに停戦の合意に至るのは困難な事態だ。

27 長い年月にわたって慈善事業に貢建してきたことが認められ表彰された。

28 先日の台風では、老旧化した家屋の多くが被害を受けた。

---

13 命→銘（銘記）
21 媒→培（栽培）
14 控→購（購入）
22 役→躍（一躍）
15 督→篤（重篤）
23 棒→膨（膨大）
16 悠→猶（猶予）
24 技→儀（余儀）
17 積→析（分析）
25 抜→伐（伐採）
18 縁→援（支援）
26 襲→酬（応酬）
19 秘→披（披露宴）
27 建→献（貢献）
20 巡→循（循環）
28 旧→朽（老朽化）

他例 14［購買］　意味 13［銘記＝心に刻み込むこと］

でる順 A

誤字訂正 ③

次の各文にまちがって使われている同じ読みの漢字が一字ある。その誤字と正しい漢字を記せ。

1 市は銀行から多額の誘資を受け、体育館や公園などをつくった。

2 増築を重ねた結果、迷路のような施設内は消火線や避難設備に不備があった。

3 抑制採培のおかげで四季を通して多様な野菜が入手可能になった。

4 日本各地で産業敗棄物が土壌を広範囲に汚染し社会問題となっている。

5 文献資料との矛盾点が多数見つかり、調査結果を徹回する事態になった。

6 各種の実験器具を搭催した有人宇宙船は予定通り大気圏内に突入した。

7 外食に関する最新の消費者動向をつかむため全国的に市場調査を実仕する。

8 昨年からの住宅減税により新規の着工件数が大きく延びる運びとなった。

9 熱や騒音などを効率的に斜断する建築材が開発された。

10 梅雨時の健康法としては、室内の湿気をうまく処理することが慣要だ。

11 半世紀ぶりに起きた噴火は周辺の市街地に尽大な被害をもたらした。

12 停泊中の船が一勢に汽笛を鳴らすと野太い響きが夜空に吸い込まれた。

23点以上とれれば合格!

解答

1 誘→融（融資）
2 線→栓（消火栓）
3 採→栽（栽培）
4 敗→廃（廃棄物）
5 徹→撤（撤回）
6 催→載（搭載）
7 仕→施（実施）
8 延→伸（伸びる）
9 斜→遮（遮断）
10 慣→肝（肝要）
11 尽→甚（甚大）
12 勢→斉（一斉）

他例 1［金融］　意味 5［撤回＝一度出した意見や案を取り下げること］

☐ **13** 増税と反乱が繰り返された結果、帝国は財政破担の危機に瀕（ひん）した。

☐ **14** 精巧に欺造された品が大量に出回り摘発が極めて困難になった。

☐ **15** 系列店を含めた一万人以上の雇客データが盗まれる非常事態が起きた。

☐ **16** 定期的な健康審断を行うことで疾病要因の早期の発見と治療につなげたい。

☐ **17** 米国との貿易問題が深刻化すると製造各社は輸出を自縮する措置をとった。

☐ **18** 大型貨客船が台風の直撃を受け島の東海岸に座床したとの通信を傍受した。

☐ **19** 遺跡で発屈された壁画は、現存する人類最古の絵画だと言われている。

☐ **20** この新素材は断熱効果がある上に空気中の有害物質も剰化する作用がある。

☐ **21** 不正を糾弾されても、政治家たちは漫然として古い手法を健持している。

☐ **22** 起伏に富む日本において、丘陵を含む山地の面積は国土の大半を締める。

☐ **23** 原価・経費の大幅な搾減によって、今期の営業利益を確保した。

☐ **24** 経済界にも多大な影響力をもつ与党の重珍が急死したとの報道が駆け巡る。

☐ **25** 豪雨による裏山の崩壊が懸念され付近の住民に一時否難勧告が発令された。

☐ **26** 再建を図るためには新たな経営陣の方針を社員に浸到させる必要がある。

☐ **27** 年末恒例の歌謡祭では華麗な衣匠を身にまとった女性が舞台に上がった。

☐ **28** 再開発に伴う地元政治家と建設業界との油着の実態が明らかになった。

---

13 担→綻（破綻）
21 健→堅（堅持）

14 欺→偽（偽造）
22 締→占（占める）

15 雇→顧（顧客）
23 搾→削（削減）

16 審→診（診断）
24 珍→鎮（重鎮）

17 縮→粛（自粛）
25 否→避（避難）

18 床→礁（座礁）
26 到→透（浸透）

19 屈→掘（発掘）
27 匠→装（衣装）

20 剰→浄（浄化）
28 油→癒（癒着）

意味 24［重鎮＝ある方面やグループなどで、非常に重んじられる人］

でる順 A

誤字訂正 ④

15分で解こう!

23点以上とれれば合格!

得点 1回目 /28 2回目 /28

次の各文にまちがって使われている同じ読みの漢字が一字ある。その誤字と正しい漢字を記せ。

1 新聞に投稿した一文が全国の働く女性たちに大きな反況を呼び起こした。

2 万一の事態が発生した場合、従業員は宿泊客を速やかに避難優導する。

3 過剰な清潔志向は雑菌や寄生虫による人体の免益システムを阻害する。

4 周辺地区では車両の混雑や渋滞が賓繁に発生し、交通規制に頭を悩ませた。

5 傾谷沿いを散策しながら紅葉の織り成す美しい景色を楽しんだ。

6 派遣社員が事業を立案し、部署内では今や中格を担いつつある。

7 新型車は燃料電池のパックを交歓するだけで継続した走行が可能になった。

8 冬山での遭難者掃索のため、特別に訓練を受けた救助隊員が出動した。

9 地震によって住居や家財に損害があったが、保険によって補障された。

10 棚に転投防止器具を取り付けたり非常食を用意したりして地震に備える。

11 図書館の越覧室が広くなり、調べものが楽になったと好評だ。

12 高額景品付きでの般売などに対しては排除勧告することができる。

解答

1 況→響（反響）

2 優→誘（誘導）

3 益→疫（免疫）

4 賓→頻（頻繁）

5 傾→渓（渓谷）

6 格→核（中核）

7 歓→換（交換）

8 掃→捜（捜索）

9 障→償（補償）

10 投→倒（転倒）

11 越→閲（閲覧）

12 般→販（販売）

他例 2［誘因］ 8［捜査］

読み
部首
熟語の構成
四字熟語
対義語・類義語
同音・同訓異字
誤字訂正④
送り仮名
書き取り

☐ 13 知事としての長年の功績に対して栄誉ある如勲が決定した。

☐ 14 首相は与野党で哲底した討論を尽くして法案の成立を期したい旨を述べた。

☐ 15 差欺が増加する背景には不況の深刻化など社会的な問題がある。

☐ 16 学校でのいじめにより苦痛を負ったので市に慰謝料請求の訴証を起こした。

☐ 17 工場の責任者が収支の均恒を保つよう生産にかかる費用の点検を行う。

☐ 18 欧米では動物逆待への罰則が厳しく、日本でも検討の機運が高まっている。

☐ 19 古い家屋が密集していたこの街も今は人がいなくなり広廃している。

☐ 20 未知の生物と相遇する映画を見て、子供たちは想像力が刺激されたようだ。

☐ 21 仏像彫刻発承の地であるガンダーラで遺跡の調査が行われた。

☐ 22 急激な砂漠化の進行は地球の環境を損ない人類の生存基板を脅かす。

☐ 23 天賦の才能に恵まれた工芸家だが晩年には凡悩のとりことなった。

☐ 24 寄生虫病を二十一世紀中に僕滅する運動を日本主導で推進する。

☐ 25 事実無根のデマが新聞に契載されて彼は非常に憤慨した。

☐ 26 消費者の好みや行動を解積することで、より効果的な宣伝をうてる。

☐ 27 海外への留学生の減少は我が国の将来にとって非常に悠慮される事態だ。

☐ 28 画期的な新薬の発売は内臓疾看で苦しむ人には何よりの朗報である。

---

13 如→叙（叙勲）
14 哲→徹（徹底）
15 差→詐（詐欺）
16 証→訟（訴訟）
17 恒→衡（均衡）
18 逆→虐（虐待）
19 広→荒（荒廃）
20 相→遭（遭遇）
21 承→祥（発祥）
22 板→盤（基盤）
23 凡→煩（煩悩）
24 僕→撲（撲滅）
25 契→掲（掲載）
26 積→析（解析）
27 悠→憂（憂慮）
28 看→患（疾患）

他例 13［自叙伝］ 14［透徹］

でる順 A

誤字訂正 ⑤

次の各文にまちがって使われている同じ読みの漢字が一字ある。その誤字と正しい漢字を記せ。

1 ユーロ導入で各国は通貨主権を放軌して新たな体制を構築した。

2 女性の社会進出を背景に、幼児の保育施設の増加が活望されている。

3 取材で訪問した企業の社長は、偉厳に満ちあふれていた。

4 捕虜収容所には脱走を措止するために有刺鉄線が張り巡らされている。

5 効率的に仕事を進められるよう、模策しながら業務に励んでいる。

6 外国人への犯罪やテロが増加し、外務省も旅行者に対して注意を緩起した。

7 景気の減速により過状な在庫を抱えたメーカー各社は悪戦苦闘している。

8 巡業では、趣向を凝らした舞台で華麗な踊りを披露して観客を魅良した。

9 我が家に伝わる古文書の筆跡を観定したところ偽物だと判明した。

10 ここでは個性ある地ビールが蒸造されていて旅行者を喜ばせている。

11 廃寺から鮮やかな色合いの塑像の破片や書画などの偉物が発見された。

12 どんな状況下でも準備を怠らずに余猶を持って取り組むことは至難の業だ。

15分で解こう!

23点以上とれれば合格!

解答

1 軌→棄（放棄）
2 活→渇（渇望）
3 偉→威（威厳）
4 措→阻（阻止）
5 策→索（模索）
6 緩→喚（喚起）
7 状→剰（過剰）
8 良→了（魅了）
9 観→鑑（鑑定）
10 蒸→醸（醸造）
11 偉→遺（遺物）
12 猶→裕（余裕）

意味 10［醸造＝発酵作用により酒・みそなどをつくること］

13 優雅な感覚と洗練された筆知に特色があり、幻想的な詩風を確立した。

14 古くから山岳信仰の対象で、麓の神社では江戸城守護の寄願が行われた。

15 高性能の設備と対震型の頑丈な構造を持つ住宅に関心が高まる。

16 不意をついた盗塁が見事に成功したので監督は上気嫌だった。

17 病後の体力回復のために滋養のある食物を効率よく節取するよう心掛ける。

18 電子部門で最先端技術を開発している外資系会社との提契業務が始まった。

19 電子検微鏡の発明により、細胞膜が二重膜構造であることが確認できた。

20 彼は裁判所が提示した和解案を被告企業に有利だとして居絶した。

21 検察官が容疑者の自宅と関連する建物から多くの証拠物件を応収した。

22 温暖化を欲制するため、地熱利用のポンプを試験的に導入する。

23 彼は市会議員の辞職を表明したが、まわりの仲間から維留された。

24 足の大きさに合った柔らかい革の靴を掃くと比較的歩きやすく疲れにくい。

25 少子化現象は女性の高学歴、晩婚、社会進出などに寄ると分析された。

26 困難な時に動揺しないことこそ賞賛すべき択越した人物の明証である。

27 美術館では前衛絵画の巨将の展覧会が好評を博し、大勢の人でにぎわった。

28 悪天候の中捜索を強行すれば二次災害の危険を犯す可能性が更に高まる。

---

13 知→致（筆致）
14 寄→祈（祈願）
15 対→耐（耐震）
16 気→機（機嫌）
17 節→摂（摂取）
18 契→携（提携）
19 検→顕（顕微鏡）
20 居→拒（拒絶）
21 応→押（押収）
22 欲→抑（抑制）
23 維→慰（慰留）
24 掃→履（履く）
25 寄→因（因る）
26 択→卓（卓越）
27 将→匠（巨匠）
28 犯→冒（冒す）

意味 13［筆致＝書画や文章の書きぶり］ 23［慰留＝なだめ思いとどまらせること］

でる順 A

送り仮名 ①

次の――線のカタカナを漢字一字と送り仮名（ひらがな）に直せ。

1 誤解もハナハダシイ。
2 ポケットに武器をシノバセル。
3 ナツカシイ音楽を耳にする。
4 兄弟であるのにウトイ間柄だ。
5 対戦相手をアナドル。
6 満天の星をナガメル。
7 牛の群れが行く手をサエギル。
8 罪をツグナウに足る労働をする。
9 彼の態度にイキドオリを覚える。
10 忙しくてマタタク間に時が過ぎた。
11 キュウリとナスをツケル。
12 マギラワシイ手続きに悩む。
13 アツカマシイ客に我慢ならない。
14 社長の地位をオビヤカス。
15 時間が足りず気持ちがアセル。
16 身なりを若々しくヨソオウ。
17 目撃した証言をイツワル。
18 浜辺に停泊した小舟が風でユラグ。

15分で解こう！

34点以上とれれば合格！

得点
1回目 /42
2回目 /42

解答

1 甚だしい
2 忍ばせる
3 懐かしい
4 疎い
5 侮る
6 眺める
7 遮る
8 償う
9 憤り
10 瞬く
11 漬ける
12 紛らわしい
13 厚かましい
14 脅かす
15 焦る
16 装う
17 偽る
18 揺らぐ

意味 2［忍ばせる＝他に知られないように目立たなくする］

19 母親は息子を手放しでホメル。
20 流行語はスタレルのも早い。
21 ウヤウヤシイ態度で応対する。
22 五か国語をアヤツル。
23 一度や二度の失敗にコリルな。
24 罪をマヌカレルことはできない。
25 彼の発言が物議をカモス。
26 少年に悪事をソソノカスな。
27 常識をクツガエス提案だ。
28 電車の扉にかばんがハサマル。
29 克己心をツチカウ努力をする。
30 職人のタクミナ技に見ほれる。

31 ナゲカワシイにもほどがある。
32 難事業を成しトゲルことができた。
33 人と会うのがワズラワシイ。
34 血のシタタルようなステーキだ。
35 親子兄弟の争いはミニクイ。
36 無分別な言動をクイル。
37 後輩に心得違いをサトス。
38 秘密を知られてアワテル。
39 急に態度をヤワラゲル。
40 一か月の食費を三万円でマカナウ。
41 生魚を触った手がクサイ。
42 意見をヒルガエス可能性がある。

---

19 褒める
20 廃れる
21 恭しい
22 操る
23 懲りる
24 免れる
25 醸す
26 唆す
27 覆す
28 挟まる
29 培う
30 巧みな

31 嘆かわしい
32 遂げる
33 煩わしい
34 滴る
35 醜い
36 悔いる
37 諭す
38 慌てる
39 和らげる
40 賄う
41 臭い
42 翻す

読み / 部首 / 熟語の構成 / 四字熟語 / 対義語・類義語 / 同音・同訓異字 / 誤字訂正 / 送り仮名 1 / 書き取り

意味 21 [恭しい＝敬いつつしむ様子]

でる順 A

送り仮名②

15分で解こう!

34点以上とれれば合格!

得点
1回目 /42
2回目 /42

次の――線のカタカナを漢字一字と送り仮名(ひらがな)に直せ。

1 雨で草木がウルオウ。
2 雑事をさせておくにはオシイ男だ。
3 ユルヤカナ坂を下る。
4 空を飛べる鳥がウラヤマシイ。
5 二人の間には何のヘダタリもない。
6 松の枝を針金でタメル。
7 戦争で亡くなった人をトムラウ。
8 彼は事件とはマッタク関係がない。
9 食べ過ぎて吐き気をモヨオス。
10 人ナツコイ子猫を拾った。
11 二人の夢がどんどんフクラム。
12 猛攻の末やっと城をオトシイレル。
13 水面に木の葉がタダヨウ。
14 ツタのカラマル古い洋館。
15 祖母は綿を糸にツムグ仕事をした。
16 強引な要求をコバム。
17 闇から闇にホウムル。
18 人ごみにマギレて立ち去る。

解答

1 潤う
2 惜しい
3 緩やかな
4 羨ましい
5 隔たり
6 矯める
7 弔う
8 全く
9 催す
10 懐こい
11 膨らむ
12 陥れる
13 漂う
14 絡まる
15 紡ぐ
16 拒む
17 葬る
18 紛れ

意味 6 [矯める＝悪い性質やくせを改める]

19 他人をイヤシメルことはするな。
20 最年少の役員を社長にスエル。
21 あの人の言うことはアヤシイ。
22 シブイ柄の着物がよく似合う。
23 ウルワシイ女性と出会った。
24 よそ見をして魚をコガス。
25 とてもカシコイ子供だ。
26 一芸にヒイデル者は多芸に通ず。
27 夜がフケルにつれて寒さが増す。
28 初志をツラヌクのは難しい。
29 売上目標の達成をチカウ。
30 柿はウレルルと赤味を帯びる。

31 気の毒でナグサメル言葉もない。
32 手で顔をオオッて大泣きする。
33 無益なことに時間をツイヤス。
34 茶のカンバシイ香りがする。
35 どうにか世間体をツクロウ。
36 汚れた靴をきれいにミガク。
37 イサギヨク罪を認める。
38 親からの仕送りがトドコオル。
39 ニクラシイほど強い横綱だ。
40 会社の名前をハズカシメル行為だ。
41 彼女に返事をウナガス。
42 光が戸の隙間からモレル。

19 卑しめる
20 据える
21 怪しい
22 渋い
23 麗しい
24 焦がす
25 賢い
26 秀でる
27 更ける
28 貫く
29 誓う
30 熟れる

31 慰める
32 覆っ
33 費やす
34 芳しい
35 繕う
36 磨く
37 潔く
38 滞る
39 憎らしい
40 辱める
41 促す
42 漏れる

意味 19 [卑しめる＝劣っている者として見下げる]

でる順 A

送り仮名 ③

15分で解こう!

34点以上とれれば合格!

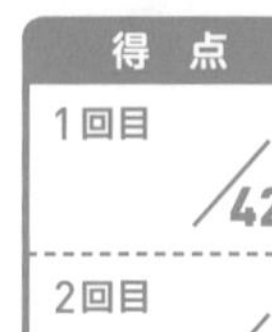

得点
1回目 /42
2回目 /42

次の――線のカタカナを漢字一字と送り仮名(ひらがな)に直せ。

1 梅雨の季節は部屋がシメッポイ。
2 武器をタズサエル。
3 見舞状を出しソコナウ。
4 注意をオコタルとけがをするぞ。
5 大敗して自信がユライだ。
6 一国をスベル帝王。
7 オダヤカナ海風に当たる。
8 文句が多くてイヤガラレル。
9 山奥の温泉でイコウ。
10 顔をフセルようにして立ち去る。
11 ヨットでの世界一周をクワダテル。
12 冗長なストーリーにアキル。
13 江戸幕府がホロビル。
14 敵を見事にアザムク。
15 かばんを脇にカカエル。
16 心のオモムクままに生きる。
17 イチジルシク進化した技術。
18 町内の部外者はウトンジられた。

解答

1 湿っぽい
2 携える
3 損なう
4 怠る
5 揺らい
6 統べる
7 穏やかな
8 嫌がられる
9 憩う
10 伏せる
11 企てる
12 飽きる
13 滅びる
14 欺く
15 抱える
16 赴く
17 著しく
18 疎んじ

☐ 19 湖面をイロドルタ焼け。

☐ 20 曇ったガラスが視界をサマタゲル。

☐ 21 本尊に花をタテマツル。

☐ 22 様々な工夫をコラシて客を集める。

☐ 23 船の針路が西へカタヨル。

☐ 24 敵の攻撃をハバム。

☐ 25 動物をシイタゲず愛護しよう。

☐ 26 次は日本新記録にイドムぞ。

☐ 27 ふかふかした布団にウモレル。

☐ 28 農家にトツイで十年になります。

☐ 29 スポーツジムで体をキタエル。

☐ 30 初心者によくあるアヤマチだ。

☐ 31 明日モシクハ日曜日に出発します。

☐ 32 苦労すると早くフケルと言われる。

☐ 33 美しく力強い旋律をカナデル。

☐ 34 服の袖口がスレル。

☐ 35 エビに衣をつけてアゲル。

☐ 36 ナメラカナ口調で話す。

☐ 37 寂しさはツノルばかりだ。

☐ 38 手足がコゴエルような寒さだ。

☐ 39 危険をトモナウ大事業だ。

☐ 40 隣人と柵をヘダテテ会話する。

☐ 41 みこしをカツグ役目をする。

☐ 42 ナイフで鉛筆をケズル。

---

19 彩る　20 妨げる　21 奉る　22 凝らし　23 偏る　24 阻む　25 虐げ　26 挑む　27 埋もれる　28 嫁い　29 鍛える　30 過ち

31 若しくは　32 老ける　33 奏でる　34 擦れる　35 揚げる　36 滑らかな　37 募る　38 凍える　39 伴う　40 隔てて　41 担ぐ　42 削る

意味 22［凝らす＝考えや注意を一か所に集中させる］ 37［募る＝ますます激しくなる］

でる順 A

書き取り ①

15分で解こう!

34点以上とれれば合格!

次の――線のカタカナを漢字に直せ。

1 全ての学習内容をモウラする。
2 首相はカンテイにとどまった。
3 ジュウジツした学生生活を送る。
4 いつの間にか資料がサンイツした。
5 目先の損得にコウデイしない。
6 あっさりと前言をテッカイした。
7 カッスイ期には池が枯れる。
8 仏像のソウゴンなたたずまい。
9 就職のベンギを図ってやる。
10 師の言葉を座右のメイとする。
11 カビンに菊を生ける。
12 気宇ソウダイな抱負を持つ。
13 コウハイした森林を再生させる。
14 窓を閉めきってシャオンする。
15 収支のキンコウを保つ。
16 少しのユウズウもきかない男だ。
17 喉にエンショウを起こす。
18 キュウチを救った一手。

解答

1 網羅
2 官邸
3 充実
4 散逸
5 拘泥
6 撤回
7 渇水
8 荘厳
9 便宜
10 銘
11 花瓶
12 壮大
13 荒廃
14 遮音
15 均衡
16 融通
17 炎症
18 窮地

他例 1［甲羅］ 2［豪邸］ 3［拡充］ 5［泥酔］ 6［撤廃］ 7［渇望］

19 粗品をシンテイする。
20 式典ではごセイシュクに願います。
21 キョウキンを開いて語り合う。
22 親子のエンを切られる。
23 実家を離れカイキョウの情に浸る。
24 ドタンバでの逆転に喜ぶ。
25 ニセサツが出まわる。
26 彼にはナグサめる言葉もない。
27 敵チームの連勝をハバむ。
28 改革の一翼をニナう。
29 固くチギりを交わした仲。
30 ナマけ者の節句働き。

31 ウデキきの料理人として知られる。
32 別居中の息子を呼びモドす。
33 ヤナギに風と受け流す。
34 カセぐに追いつく貧乏なし。
35 サルも木から落ちる。
36 必ず優勝すると両親にチカう。
37 タナが倒れないように固定する。
38 相手をアナドると失敗するぞ。
39 彼はツラの皮が厚い。
40 渓流でヤマメやイワナをツる。
41 岩をもクダく勢いで走り続ける。
42 サトりを開いたような話し方だ。

---

19 進呈
20 静粛
21 胸襟
22 縁
23 懐郷
24 土壇場
25 偽札
26 慰
27 阻
28 担
29 契
30 怠

31 腕利
32 戻
33 柳
34 稼
35 猿
36 誓
37 棚
38 侮
39 面
40 釣
41 砕
42 悟

他例 20［厳粛］ 21［開襟］ 意味 39［面の皮が厚い＝恥知らずでずうずうしい］

でる順 A

書き取り ②

15分で解こう！

得点	
1回目	/42
2回目	/42

次の——線のカタカナを漢字に直せ。

1 コクウに両手を突き出す。
2 証拠の品をオウシュウする。
3 古き良き時代へのキョウシュウ。
4 鍵をキンチャクに入れて持ち歩く。
5 けがが完全にチユした。
6 今日の彼女はキゲンが悪い。
7 偉大な先人のヨクンをこうむる。
8 意思のソツウがうまく図れない。
9 イチマツの不安がよぎる。
10 三日で首位の座をダッカンした。
11 ずいぶんアイソのいい人だ。
12 必勝祈願にサンケイする。
13 責任を他人にテンカする。
14 惨状をニョジツに物語る写真。
15 大きな会社のサンカに入る。
16 ケイセツの功を積む。
17 ホウカツ審議で進める。
18 チュウシンより哀悼の意を表す。

解答

1 虚空
2 押収
3 郷愁
4 巾着
5 治癒
6 機嫌
7 余薫
8 疎通
9 一抹
10 奪還
11 愛想
12 参詣
13 転嫁
14 如実
15 傘下
16 蛍雪
17 包括
18 衷心

意味 7［余薫＝先人の残した恩恵］ 18［衷心＝心の底］

19 母からおダチンをもらう。

20 手術器具をシャフツする。

21 水筒の携行をショウレイする。

22 政界にセンプウを巻き起こした。

23 ザイゴウを犯して地獄に落ちる。

24 ネンザした足首を冷やす。

25 腰をスえてじっくり考える。

26 演奏中に琴のオが切れた。

27 差しサワりのない話題に終始する。

28 五百万円で美術品をセり落とした。

29 端役のシブい演技が光る。

30 子猫をフトコロに入れる。

31 香り豊かな酒をカモす蔵元。

32 ネバり強く戦う。

33 被災者の苦しみをハダで感じる。

34 弟が泣きながら兄にナグりかかる。

35 電気の明かりが眠りをサマタげる。

36 日増しに不安がツノっていく。

37 ヒトキワ声が大きい。

38 金銭問題がカラむと難しくなる。

39 ニワトリの卵をふんだんに使う。

40 タマシイを入れかえ、真剣に働く。

41 除夜のカネが鳴る。

42 当選のアカツキには約束を果たす。

---

19 駄賃
20 煮沸
21 奨励
22 旋風
23 罪業
24 捻挫
25 据
26 緒
27 障
28 競
29 渋
30 懐

31 醸
32 粘
33 肌
34 殴
35 妨
36 募
37 一際
38 絡
39 鶏
40 魂
41 鐘
42 暁

意味 22［旋風＝社会の反響を呼ぶような突発的な出来事］

書き取り ③

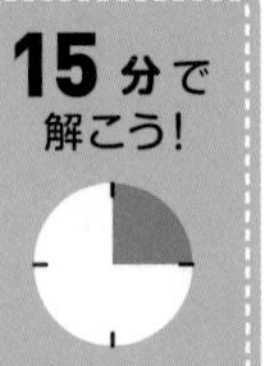

34点以上
とれれば
合格！

得点	
1回目	/42
2回目	/42

次の――線のカタカナを漢字に直せ。

1 トウジョウゲートを探し出す。
2 悪貨は良貨をクチクする。
3 日々、ダミンをむさぼる。
4 カンダイな処置をしてもらった。
5 ガクフどおりに演奏する。
6 女性ホルモンを分泌するランソウ。
7 太陽の恩恵をキョウジュする。
8 好奇心オウセイな子供と遊ぶ。
9 シュヒンが会場に到着する。
10 敵国のカンタイを撃破する。
11 フゼイのある町並みだ。
12 経済界のジュウチンと会食する。
13 フサイ総額はここ十年で半減した。
14 予算案に議会はフンキュウした。
15 酒は米をハッコウさせて造る。
16 日本の夏はシツドが高く蒸し暑い。
17 この連休で心のセンタクができた。
18 ロウデンにより出火する。

解答

1 搭乗
2 駆逐
3 惰眠
4 寛大
5 楽譜
6 卵巣
7 享受
8 旺盛
9 主賓
10 艦隊
11 風情
12 重鎮
13 負債
14 紛糾
15 発酵
16 湿度
17 洗濯
18 漏電

他例 4［寛容］ 6［病巣］

19 疑惑のカチュウの人物に話を聞く。
20 これまでのキセイ概念を打破する。
21 人権運動をヨウゴする。
22 開店ヒロウに関係者を招待する。
23 在庫がフッテイしている。
24 絵馬を神社にホウノウする。
25 辞退するムネを伝えた。
26 これぞ、マボロシの名画だ。
27 ハダカ同然の暮らしぶりだ。
28 この本は心のカテとなる。
29 毎朝しっかり歯をミガく。
30 怒りのホノオが収まらない。

31 絹の滑らかな手ザワりが良い。
32 あいつはなかなかのサムライだよ。
33 タツマキは激しい被害を与える。
34 シルコをごちそうになった。
35 詐欺行為にはイキドオりを覚える。
36 恩師の急逝をイタむ。
37 損害をツグナう義務がある。
38 繁忙期にアルバイトをヤトう。
39 スの物の味付けを工夫した。
40 因縁をつけて金品をオドし取る。
41 理数系にヒイでる学生が多い学校。
42 老人たちが公園でイコう。

---

19 渦中
20 既成
21 擁護
22 披露
23 払底
24 奉納
25 旨
26 幻
27 裸
28 糧
29 磨
30 炎

31 触
32 侍
33 竜巻
34 汁粉
35 憤
36 悼
37 償
38 雇
39 酢
40 脅
41 秀
42 憩

でる順 **A**

書き取り④

15分で解こう!

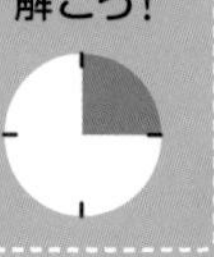

34点以上とれれば合格!

次の――線のカタカナを漢字に直せ。

- 1 敵をヒョウロウ攻めにする。
- 2 何のヘンテツもない日常生活。
- 3 彼にはジャッカン問題がある。
- 4 彼のユウカンな行動をたたえる。
- 5 辞書のハンレイを参照する。
- 6 コウイン矢のごとし。
- 7 神社のユイショを尋ねる。
- 8 先日の件、コウジンに存じます。
- 9 シンジュのネックレスを買う。
- 10 モンピを鉄製に改造する。
- 11 市内ジュンカンバスに乗る。
- 12 植木のハチに水をやる。
- 13 善行へのホウシュウは感謝です。
- 14 地方の支社にサセンされた。
- 15 御リヤクの多いお寺と評判だ。
- 16 キョウリョウな視野で物を見る。
- 17 紅葉の名所として有名なケイコク。
- 18 近くのコショウで釣りを楽しむ。

解答

1 兵糧　2 変哲　3 若干　4 勇敢　5 凡例　6 光陰　7 由緒　8 幸甚　9 真珠

10 門扉　11 循環　12 鉢　13 報酬　14 左遷　15 利益　16 狭量　17 渓谷　18 湖沼

□ 19 現代人のリンリ感の欠如を嘆く。
□ 20 予想外に地価がボウトウした。
□ 21 漢和辞典にはサクインがある。
□ 22 コウリョウとしたツンドラの平原。
□ 23 慈善のためのジョウザイを募る。
□ 24 部下のショグウを考慮する。
□ 25 小刀で鉛筆をケズる。
□ 26 机を部屋のスミに寄せる。
□ 27 バスの出発時間が迫ってアセる。
□ 28 兄の悪いうわさを小耳にハサむ。
□ 29 謀反のクワダてが明るみに出る。
□ 30 顔のウブゲをそる。

□ 31 雨の日の道路はスベりやすい。
□ 32 鮮やかなプレーに観客がワく。
□ 33 友人との別れをオしむ。
□ 34 カーテンで日差しをサエギる。
□ 35 大波が船をクツガエす。
□ 36 体操で体をキタえる。
□ 37 人のシリウマに乗って騒ぐ。
□ 38 蚕のマユは生糸の原料になる。
□ 39 両者の間にミゾができてしまった。
□ 40 美しい楽曲をカナでる。
□ 41 皇居のホリに沿って散歩する。
□ 42 これは良いキザしかもしれない。

---

19 倫理
20 暴騰
21 索引
22 荒涼
23 浄財
24 処遇
25 削
26 隅
27 焦
28 挟
29 企
30 産毛

31 滑
32 沸
33 惜
34 遮
35 覆
36 鍛
37 尻馬
38 繭
39 溝
40 奏
41 堀
42 兆

他例 30［産声］

でる順 A

書き取り ⑤

15分で解こう！

34点以上とれれば合格！

得点 1回目 /42 2回目 /42

次の――線のカタカナを漢字に直せ。

1 ガンケンな肉体を誇る。
2 素晴らしい音楽にミワクされる。
3 祈願のためにダンジキをする。
4 トクメイの投書は受け付けません。
5 チンプなせりふでなぐさめる。
6 家をテイトウに入れて金を借りる。
7 駅で痴漢をタイホする。
8 首相が地方をユウゼイする。
9 車がブロック塀にショウトツした。
10 甘いホウコウを放つ美しい花。
11 慢性的なヨウツウに悩む。
12 偉人のショウゾウを彫刻する。
13 ワンガン戦争の深い爪痕。
14 貴重な時間をロウヒする。
15 ザンテイ措置を講じる。
16 職権を濫用してシフクを肥やす。
17 すぐに要点をハアクした。
18 社員をイロウする会が開かれた。

解答

1 頑健
2 魅惑
3 断食
4 匿名
5 陳腐
6 抵当
7 逮捕
8 遊説
9 衝突
10 芳香
11 腰痛
12 肖像
13 湾岸
14 浪費
15 暫定
16 私腹
17 把握
18 慰労

他例 1［頑固］

19 監督就任の要請をカイダクする。
20 交差点をジョコウして右折する。
21 恵まれたタイグウの会社で働く。
22 数々のシュラバを乗り越えてきた。
23 シンギの結果は以下の通りです。
24 キッサ店でアルバイトをする。
25 部屋のカタワらに座り込む。
26 必要カつ十分な条件とは何か。
27 綿から糸をツムぐ仕事をする。
28 口角アワを飛ばす。
29 郷土料理にシタツヅミを打つ。
30 久しぶりに酒をクみ交わそう。

31 アミダナに荷物を置き忘れる。
32 各人の意向をダシンする。
33 エリを正して出直す。
34 ハグキが腫れて治療を受ける。
35 彼はいつも前言をヒルガエす。
36 傷口を十針もヌう大けがだった。
37 我が子をイツクしむ。
38 新人女優のウイウイしい演技。
39 兄は父親ユズりの厳格な性格だ。
40 彼はよくドロナワ式に事を運ぶ。
41 世間の口のハにのぼる。
42 しゃべりすぎて喉がカワいた。

19 快諾
20 徐行
21 待遇
22 修羅場
23 審議
24 喫茶
25 傍
26 且
27 紡
28 泡
29 舌鼓
30 酌

31 網棚
32 打診
33 襟
34 歯茎
35 翻
36 縫
37 慈
38 初初 初々
39 譲
40 泥縄
41 端
42 渇

意味 28［口角泡を飛ばす＝激しく議論するさま］ 41［口の端に上る＝うわさになる］

書き取り ⑥

15分で解こう!

34点以上とれれば合格!

得点
1回目 /42
2回目 /42

次の――線のカタカナを漢字に直せ。

1 念のため注意をカンキする。
2 姉はサイホウと料理が得意だ。
3 トウフは欧米でも評判がよい。
4 神仏のクドクを説く。
5 柔よくゴウを制す。
6 徹底的に経費をサクゲンする。
7 いよいよ物語がカキョウに入る。
8 様々な感情がコウサクする。
9 寺の僧侶におフセを包んで納める。
10 ウワグツに名前を書く。
11 ハキのない声で返事をするな。
12 野菜のシュビョウを販売する店。
13 家族の将来をソウケンに担う。
14 ショウガイ忘れ得ない出来事だ。
15 ボンサイの手入れをする。
16 香水は体温でキハツして香る。
17 冷静になってダトウな判断を下す。
18 両者の力はハクチュウしている。

解答

1 喚起
2 裁縫
3 豆腐
4 功徳
5 剛
6 削減
7 佳境
8 交錯
9 布施
10 上靴
11 覇気
12 種苗
13 双肩
14 生涯
15 盆栽
16 揮発
17 妥当
18 伯仲

意味 9［布施＝法事などのお礼として僧に渡す金品］

19 彼は兄にコクジしている。
20 政治ケンキンの自粛が叫ばれた。
21 知事に援助をコンセイする。
22 ショウガイ部に所属している。
23 犯人の足取りをソウサする。
24 ケンアン事項から検討に入る。
25 ズボンの裾が地面とスれて破れた。
26 シモが降りて真っ白になる。
27 合宿でザコ寝をする。
28 水底に青黒いモがたまっている。
29 イナホを脱穀する。
30 富士山のコウゴウしい姿。

31 近代化のイシズエを築く。
32 彼女は髪をかきあげるクセがある。
33 それでは私の立つセがない。
34 弓のツルを引き絞る。
35 娘のムコ取りに奔走する。
36 筆にたっぷりとスミをつける。
37 とてもカシコい子供だ。
38 マタタく間に食事を済ませた。
39 古いカラを破って進化する。
40 地下資源がトボしい。
41 花の香りにヨう。
42 後輩に心得違いをサトす。

19 酷似
20 献金
21 懇請
22 渉外
23 捜査
24 懸案
25 擦
26 霜
27 雑魚
28 藻
29 稲穂
30 神神 神々

31 礎
32 癖
33 瀬
34 弦
35 婿
36 墨
37 賢
38 瞬
39 殻
40 乏
41 酔
42 諭

意味 27［雑魚寝＝大勢が入りまじって寝ること］ 33［立つ瀬がない＝立場がない］

でる順 A

書き取り ⑦

15分で解こう!

34点以上とれれば合格!

次の――線のカタカナを漢字に直せ。

1 自己ケイハツに励む。
2 彼はよくキョセイを張る。
3 燃え移る前にチンカできた。
4 ジュウナンな態度で接する。
5 階段で転んでダボク傷を負った。
6 全課程をリシュウする。
7 コウキン処理した容器を使う。
8 ケイチョウの見舞金を包む。
9 貸し借りをソウサイする。
10 キョウリュウの化石を展示する。
11 彼女の才能にシットする。
12 規模の割に人員がカジョウだ。
13 公文書をギゾウする。
14 マの踏切と呼ばれている。
15 君の手口はコンタンが見え見えだ。
16 ごホウビにごちそうを振る舞う。
17 昨晩はレイカ十度まで冷え込んだ。
18 落ち着いたフンイキの店だ。

解答

1 啓発
2 虚勢
3 鎮火
4 柔軟
5 打撲
6 履修
7 抗菌
8 慶弔
9 相殺
10 恐竜
11 嫉妬
12 過剰
13 偽造
14 魔
15 魂胆
16 褒美
17 零下
18 雰囲気

意味 2［虚勢＝みせかけの威勢］

19 キンカイを積んだ船が沈没した。
20 ショウチュウをお湯割りで飲む。
21 新しい教授法をジッセンする。
22 ついにネングの納め時が来た。
23 販売する権利をジョウトする。
24 先月から別荘をフシンしている。
25 風邪を引いて食欲がオトロえる。
26 帽子をマブカにかぶる。
27 緑シタタる公園で遊ぶ。
28 新しい家のムネアげ式に参列する。
29 洋服についたインクのシみを抜く。
30 記録映画をトる。

31 まりにタワムれる子猫を見る。
32 オロかな役を完璧に演じた俳優。
33 ビーチサンダルが砂浜にウもれる。
34 葬儀のモシュを務める。
35 わざとらしいサルシバイだ。
36 ボールを思いきりケトばす。
37 配管から水がモれる。
38 処女峰の征服にイドむ。
39 兄をシタって訪問する。
40 潮が引くとヒガタになる。
41 西の空にヨイの明星が見えた。
42 神社でノリトをあげる。

19 金塊
20 焼酎
21 実践
22 年貢
23 譲渡
24 普請
25 衰
26 目深
27 滴
28 棟上
29 染
30 撮

31 戯
32 愚
33 埋
34 喪主
35 猿芝居
36 蹴飛
37 漏
38 挑
39 慕
40 干潟
41 宵
42 祝詞

意味 42［祝詞＝神前で唱える古い文体の言葉］

でる順 A

書き取り ⑧

15分で解こう!

34点以上とれれば合格!

次の――線のカタカナを漢字に直せ。

1 記事の内容はどうにもゲせない。
2 課長が乾杯のオンドを取る。
3 開会式で選手センセイを行う。
4 神経をショウモウする仕事だ。
5 デイスイして終電を逃した。
6 戦況はキンパクしてきた。
7 毎月の売り上げをルイケイする。
8 ネンドを手でこねて成型する。
9 できるだけオンビンに事を進める。
10 大リーグへのイセキを表明する。
11 入院してテンテキを受けた。
12 ようやく敵にイッシを報いる。
13 ここはチョウボウ絶佳の地だ。
14 法廷でコクビャクを争う。
15 シッペイの予防に努める。
16 修行でボンノウを断ち切る。
17 海岸にヒョウチャクした瓶を拾う。
18 異国をルロウする。

解答

1 解
2 音頭
3 宣誓
4 消耗
5 泥酔
6 緊迫
7 累計
8 粘土
9 穏便
10 移籍
11 点滴
12 一矢
13 眺望
14 黒白
15 疾病
16 煩悩
17 漂着
18 流浪

意味 16［煩悩＝身心を悩ませる心の動き。欲望］

19 アドレナリンをブンピツする。
20 愚かな誤りをバトウする。
21 テッポウで熊を仕留める。
22 前任者の方針をトウシュウする。
23 電車でニンプに席を譲る。
24 結局はキジョウの空論にすぎない。
25 アワれむような目で見られる。
26 公園でバザーをモヨオす。
27 大変なウき目に遭う。
28 重要な語句を赤いワクで囲む。
29 夜がフけて雨が雪に変わった。
30 古代の墓が盗賊にアバかれる。

31 彼女はヒカえ目な人だ。
32 児童にほうきでのハき方を指導する。
33 苦情を言われてイヤな思いをする。
34 開始早々、先取点をウバわれる。
35 切手を集めるのにコる。
36 ハナハだ遺憾な結果に終わった。
37 アワてた様子で駆け込んでくる。
38 石に文字をホって印判を作る。
39 フクロいっぱいに詰め込む。
40 果樹のナエギを植える。
41 彼は国をスべる王の器ではない。
42 午後から天気がクズれるようだ。

19 分泌
20 罵倒
21 鉄砲
22 踏襲
23 妊婦
24 机上
25 哀
26 催
27 憂
28 枠
29 更
30 暴

31 控
32 掃
33 嫌
34 奪
35 凝
36 甚
37 慌
38 彫
39 袋
40 苗木
41 統
42 崩

意味 22［踏襲＝前例などに倣い受け継ぐこと］ 27［憂き目＝つらく悲しい経験］

でる順 A

書き取り⑨

15分で解こう!

34点以上とれれば合格!

得点
1回目 /42
2回目 /42

次の――線のカタカナを漢字に直せ。

1 門前の小僧、習わぬキョウを読む。
2 コアラはユウタイルイである。
3 資本家は労働者からサクシュした。
4 先生の講演をハイチョウする。
5 世界的な大キョウコウが起こった。
6 精力的にジゼン事業に参加する。
7 全くもってユカイな連中だ。
8 胸部シッカンに倒れる。
9 寺院をコンリュウする。
10 クツジョク的な言葉に耐える。
11 シャショウの合図で出発する。
12 彼のうそはソウバンばれるだろう。
13 地下資源がマイゾウされている。
14 保護者ドウハンで式に参列する。
15 タクエツした才能を持っている人。
16 彼の話に少なからずドウヨウした。
17 多くの志士がキョウジンに倒れた。
18 外国との条約をヒジュンする。

解答

1 経
2 有袋類
3 搾取
4 拝聴
5 恐慌
6 慈善
7 愉快
8 疾患
9 建立
10 屈辱
11 車掌
12 早晩
13 埋蔵
14 同伴
15 卓越
16 動揺
17 凶刃
18 批准

意味 18［批准＝外国と結ぶ条約を、国家が最終的に確認し同意する手続き］

19 一族の間でナイフンが勃発する。
20 全ての損害をベンショウする。
21 兄が仏門にキエする。
22 引退後もショクタクとして働く。
23 才色兼備な深窓のレイジョウ。
24 リョウユウ並び立たず。
25 正直ユエにバカをみた。
26 ひどい態度に愛想がツきた。
27 逆転されてクチビルをかみしめる。
28 大役をオオせ付かる。
29 家名をケガす行為だ。
30 妹は進学するかイナか悩んでいる。

31 猫の首にスズをつける。
32 獲物をネラって物陰に隠れる。
33 秋の物悲しさを歌にヨむ。
34 ゲタをハいて買い物に出かける。
35 人の手をワズラわす。
36 言葉をニゴさずに答えてください。
37 桜の葉を摘んでシオヅけにする。
38 剝げた部分をこまめにヌり直す。
39 宅地の広さは何ツボですか。
40 仕入れた商品を安値でオロす。
41 温かい励ましの言葉に目がウルむ。
42 かまどでタいたごはんを食べる。

19 内紛
20 弁償
21 帰依
22 嘱託
23 令嬢
24 両雄
25 故
26 尽
27 唇
28 仰
29 汚
30 否

31 鈴
32 狙
33 詠
34 履
35 煩
36 濁
37 塩漬
38 塗
39 坪
40 卸
41 潤
42 炊

意味 22［嘱託＝通常の社員・職員としてではなく、仕事を頼まれた人］

ちょっと一休み・・・　漢字パズル ①

上と下のカードをむすんで漢字をつくれ。

①	②	③	④	⑤
大	門	貝	麦	目
音	面	示	童	各

答 ❶奈　❷闇　❸賂　❹麺　❺瞳

でる順 B ランク

検定試験でよくねらわれる
合否を左右する重要問題

でる順 B

読み ①

10分で解こう！

34点以上とれれば合格！

得点 1回目 /42 2回目 /42

次の――線の漢字の読みをひらがなで記せ。

1 **迎賓館**周辺の桜は今が見頃だ。
2 失敗の連続で自信を**喪失**した。
3 器具を欠かさず**滅菌**消毒する。
4 古代文明**発祥**の要因を探る。
5 文章の一部を**括弧**でくくる。
6 近所の**製靴**店を見学する。
7 二人の大臣を**更迭**する。
8 現地で民謡を**採譜**する。
9 仏堂の**普請**のために寄付を募る。
10 学歴**詐称**が明らかになる。
11 **名刹**を訪れる人でにぎわう。
12 国王の**戴冠**式に参列する。
13 村の**老翁**に祭りの由来を聞く。
14 検事局は刑事**訴訟**の手続きを取る。
15 理由もなく**殴打**された。
16 **脊椎**動物の骨格標本を眺める。
17 事件の概要を**把握**する。
18 **無惨**な最期を遂げる。

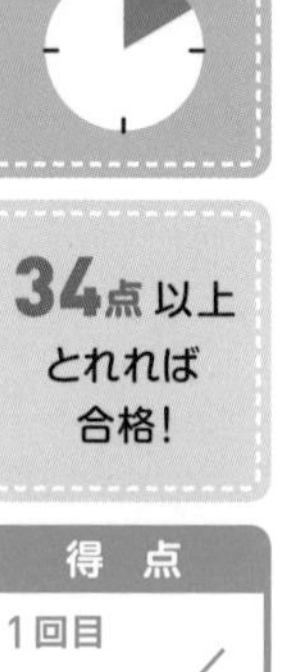

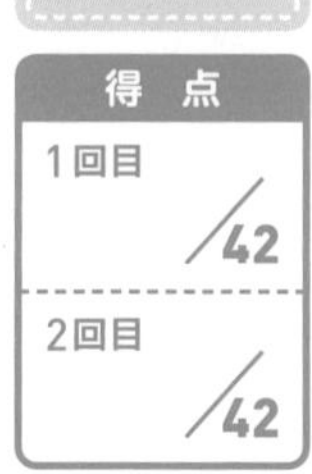

解答

1 げいひんかん
2 そうしつ
3 めっきん
4 はっしょう
5 かっこ
6 せいか
7 こうてつ
8 さいふ
9 ふしん
10 さしょう
11 めいさつ
12 たいかん
13 ろうおう
14 そしょう
15 おうだ
16 せきつい
17 はあく
18 むざん

他例 2［喪心］ 3［細菌］ 5［概括］

☐ 19 ライバルに一矢を報いる。
☐ 20 話が土壇場で引っ繰り返った。
☐ 21 大手チェーンの傘下に入る。
☐ 22 仏門に帰依して生涯を送る。
☐ 23 入学後すぐに諭旨退学となる。
☐ 24 職務怠慢のかどで叱責を受ける。
☐ 25 租借していた半島を返還する。
☐ 26 人工透析のために通院する。
☐ 27 契約を忠実に履行する。
☐ 28 突然の悲報に挙措を失う。
☐ 29 伯父の家に居候する。
☐ 30 酸いも甘いもかみ分ける。

☐ 31 松の枝を矯めて形を整える。
☐ 32 生意気な口を利く。
☐ 33 欲望は窮まるところを知らない。
☐ 34 業界の真実が記者により暴かれた。
☐ 35 友人の申し出を拒む。
☐ 36 その任に堪える人物がいない。
☐ 37 彼の決断は余りに潔いものだった。
☐ 38 悲しみの涙で目を潤ませた。
☐ 39 この案件は次回の会議に諮る。
☐ 40 常夏の島で休暇を楽しむ。
☐ 41 大きな岩を配した築山だ。
☐ 42 浦風の吹く岸辺にたたずむ。

---

19 いっし
20 どたんば
21 さんか
22 きえ
23 ゆし
24 しっせき
25 そしゃく
26 とうせき
27 りこう
28 きょそ
29 いそうろう
30 す

31 た
32 き
33 きわ
34 あば
35 こば
36 た
37 いさぎよ
38 うる
39 はか
40 とこなつ
41 つきやま
42 うらかぜ

意味 26［人工透析＝腎臓の機能を装置を用いて代替すること］

でる順 B

読み ②

10分で解こう!

34点以上とれれば合格!

得点 1回目 /42 2回目 /42

次の――線の漢字の読みをひらがなで記せ。

1 堕落した政治を嘆く。
2 遮光カーテンに替える。
3 レポートにグラフを挿入する。
4 哀愁が漂う港町を舞台にした映画。
5 塁審がアウトを宣告する。
6 不良債権を償却する。
7 物見遊山の旅を満喫する。
8 物語の結末に向け伏線を張る。
9 哺乳瓶を煮沸消毒する。
10 神前で祝言を挙げる。
11 心の琴線に触れる。
12 彼と彼女は犬猿の仲だ。
13 側溝を作って排水をよくする。
14 彼は悲惨な境涯にある。
15 まったく汗顔の至りだ。
16 両親は観桜会に出かけた。
17 責任を他人に転嫁する。
18 公務員の不正行為を弾劾する。

解答

1 だらく
2 しゃこう
3 そうにゅう
4 あいしゅう
5 るいしん
6 しょうきゃく
7 ゆさん
8 ふくせん
9 しゃふつ
10 しゅうげん
11 きんせん
12 けんえん
13 そっこう
14 きょうがい
15 かんがん
16 かんおう
17 てんか
18 だんがい

他例 2［遮断］ 3［挿話］ 5［孤塁］ 意味 15［汗顔＝非常に恥ずかしいこと］

19 金の亡者となって働く。

20 数多くの有袋類が生息する地域。

21 住職の住む庫裏を訪ねる。

22 海外の著名な論文を邦訳する。

23 爽涼な初秋の空気を吸い込む。

24 従容として死に就く。

25 防風林として植栽する。

26 君命に恭順の意を表す。

27 もはや一刻の猶予も許されない。

28 凄惨な事件に戦慄が走った。

29 資格を得た暁には開業したい。

30 記憶は定かではありません。

31 寝る前に歯を丹念に磨く。

32 はさみの刃先を人に向けるな。

33 冗談とは知らず泡を食った。

34 営業戦略が先方へ筒抜けとなる。

35 岬の灯台は船の安全を守る。

36 同期の出世を羨む。

37 公園の日だまりで憩う。

38 時期尚早の感は否めない。

39 師から激励のお手紙を賜りました。

40 絶対合格すると心に誓う。

41 滞っていた家賃を清算した。

42 暴君により多くの民が虐げられた。

---

19 もうじゃ
20 ゆうたいるい
21 くり
22 ほうやく
23 そうりょう
24 しょうよう
25 しょくさい
26 きょうじゅん
27 ゆうよ
28 せんりつ
29 あかつき
30 さだ

31 みが
32 はさき
33 あわ
34 つつぬ
35 みさき
36 うらや
37 いこ
38 いな
39 たまわ
40 ちか
41 とどこお
42 しいた

意味 21［庫裏＝住職やその家族の住む所］ 24［従容＝ゆったりと落ち着いた様子］

でる順 B

読み ③

10分で解こう!

34点以上とれれば合格!

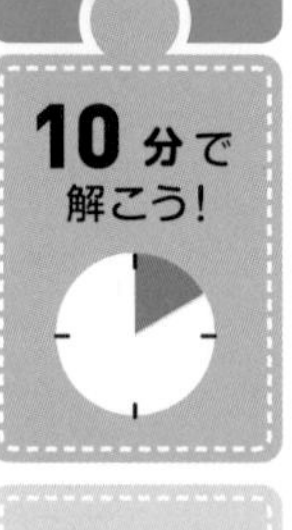

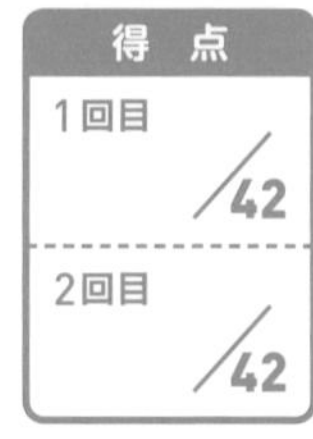

得点
1回目 /42
2回目 /42

次の——線の漢字の読みをひらがなで記せ。

1 子守歌を思わせる韻律。
2 おろしたての靴に汚泥がつく。
3 収賄の疑いで事情を聴かれる。
4 閑雅な庭園を散策する。
5 民主主義を鼓吹する。
6 開始五分前に予鈴が鳴る。
7 被害を食い止めようと躍起になる。
8 緑青は銅製品に出るさびだ。
9 この町は窯業が盛んだ。
10 稚児を背負って歩く母親。
11 神社仏閣へ熱心に参詣する。
12 会議は深更に及んだ。
13 摂政として国事をつかさどる。
14 自白させるために拷問したらしい。
15 恐悦至極に存じます。
16 映画に熱中して忘我の境に浸る。
17 刑務所から囚人が脱走した。
18 本堂から勤行の声が漏れてくる。

解答

1 いんりつ
2 おでい
3 しゅうわい
4 かんが
5 こすい
6 よれい
7 やっき
8 ろくしょう
9 ようぎょう
10 ちご
11 さんけい
12 しんこう
13 せっしょう
14 ごうもん
15 きょうえつ
16 ぼうが
17 しゅうじん
18 ごんぎょう

意味 5［鼓吹＝意見を盛んに主張し同意を得ようとすること］ 12［深更＝真夜中］

19 石油資源の枯渇が迫っている。
20 重罪人を絞首刑に処す。
21 硝煙弾雨をくぐり抜ける。
22 この作品は唯美主義的だ。
23 四月になると俸給が少し上がる。
24 政党の発足にあたり綱領を掲げる。
25 昆布でスープのだしを取る。
26 薬師寺や東大寺は勅願寺である。
27 奨学金を貸与する。
28 地方へ権限を委譲する。
29 孫の顔を見て口元が綻ぶ。
30 自らを卑しめる言動は慎む。

31 山車を引いて練り歩く。
32 落とした金を血眼になって捜す。
33 電車若しくはバスを利用する。
34 誰ひとり知る由もない。
35 汚らわしいことをするな。
36 唇をとがらせて不平を言う。
37 和服の似合う麗しい女性だ。
38 人が殺到して道を遮る。
39 お手並みを謹んで拝見しよう。
40 吉日に棟上げの祝いをする。
41 官僚のおごりに憤りを感じる。
42 月光の下で笛を奏でる。

---

19 こかつ
20 こうしゅ
21 しょうえん
22 ゆいび
23 ほうきゅう
24 こうりょう
25 こんぶ こぶ
26 ちょくがん
27 たいよ
28 いじょう
29 ほころ
30 いや

31 だし
32 ちまなこ
33 も
34 よし
35 けが
36 くちびる
37 うるわ
38 さえぎ
39 つつし
40 むねあ
41 いきどお
42 かな

意味 26［勅願寺＝天皇の命により、国家鎮護などを祈願して建てられた寺］

でる順 **B**

読み ④

10分で解こう！

34点以上とれれば合格！

得点	
1回目	/42
2回目	/42

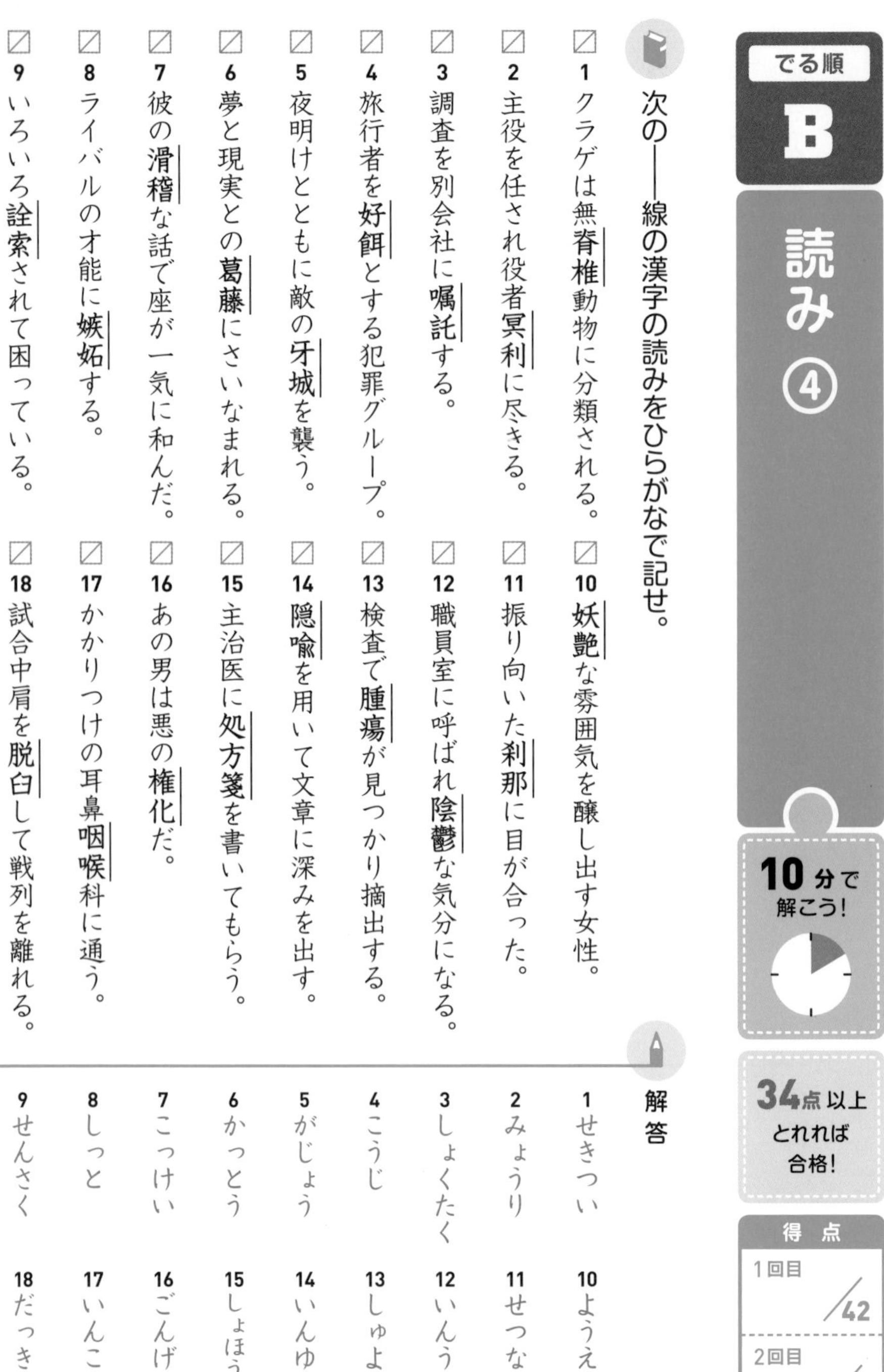

次の――線の漢字の読みをひらがなで記せ。

1 クラゲは無**脊椎**動物に分類される。

2 主役を任され役者**冥利**に尽きる。

3 調査を別会社に**嘱託**する。

4 旅行者を**好餌**とする犯罪グループ。

5 夜明けとともに敵の**牙城**を襲う。

6 夢と現実との**葛藤**にさいなまれる。

7 彼の**滑稽**な話で座が一気に和んだ。

8 ライバルの才能に**嫉妬**する。

9 いろいろ**詮索**されて困っている。

10 **妖艶**な雰囲気を醸し出す女性。

11 振り向いた**刹那**に目が合った。

12 職員室に呼ばれ**陰鬱**な気分になる。

13 検査で**腫瘍**が見つかり摘出する。

14 **隠喩**を用いて文章に深みを出す。

15 主治医に**処方箋**を書いてもらう。

16 あの男は悪の**権化**だ。

17 かかりつけの耳鼻**咽喉**科に通う。

18 試合中肩を**脱臼**して戦列を離れる。

解答

1 せきつい
2 みょうり
3 しょくたく
4 こうじ
5 がじょう
6 かっとう
7 こっけい
8 しっと
9 せんさく
10 ようえん
11 せつな
12 いんうつ
13 しゅよう
14 いんゆ
15 しょほうせん
16 ごんげ
17 いんこう
18 だっきゅう

19 書画を集めて賞玩するのが趣味だ。
20 新学期は各自雑巾を持って行く。
21 強盗団の巣窟を警官隊が包囲する。
22 拳法の道場で護身術の技を学ぶ。
23 険阻な山中に築かれた要塞都市。
24 監督のみごとな采配で初戦を飾る。
25 生徒への周知徹底が肝腎である。
26 凄惨な事故現場に目を背ける。
27 秋には落ち葉を集めて堆肥を作る。
28 学生時代を怠惰に過ごした。
29 雪が凍った歩道で尻餅をついた。
30 憧れの選手にサインをもらう。

31 動物の皮を剥ぐ。
32 転んで膝頭を擦りむいた。
33 小唄のお師匠さんについて習う。
34 金庫の鍵穴が詰まってしまった。
35 庭から金木犀(きんもくせい)の匂いが漂う。
36 蔑むような目つきで見られる。
37 ビジネスの裾野を広げる。
38 肘を曲げてかばんを持つ。
39 いつまでも丼勘定の経営では困る。
40 今でも事故の爪痕が生々しく残る。
41 藍染めの着物で出掛ける。
42 暇を持て余して惰眠を貪る。

---

19 しょうがん
20 ぞうきん
21 そうくつ
22 けんぽう
23 ようさい
24 さいはい
25 かんじん
26 せいさん
27 たいひ
28 たいだ
29 しりもち
30 あこが

31 は
32 ひざがしら
33 こうた
34 かぎあな
35 にお
36 さげす
37 すその
38 ひじ
39 どんぶり
40 つめあと
41 あいぞ
42 むさぼ

他例 29［尻尾］ 40［爪先］ 意味 19［賞玩＝物のよさや美しさを味わうこと］

でる順 **B**

読み ⑤

10分で解こう!

34点以上とれれば合格!

得点	
1回目	/42
2回目	/42

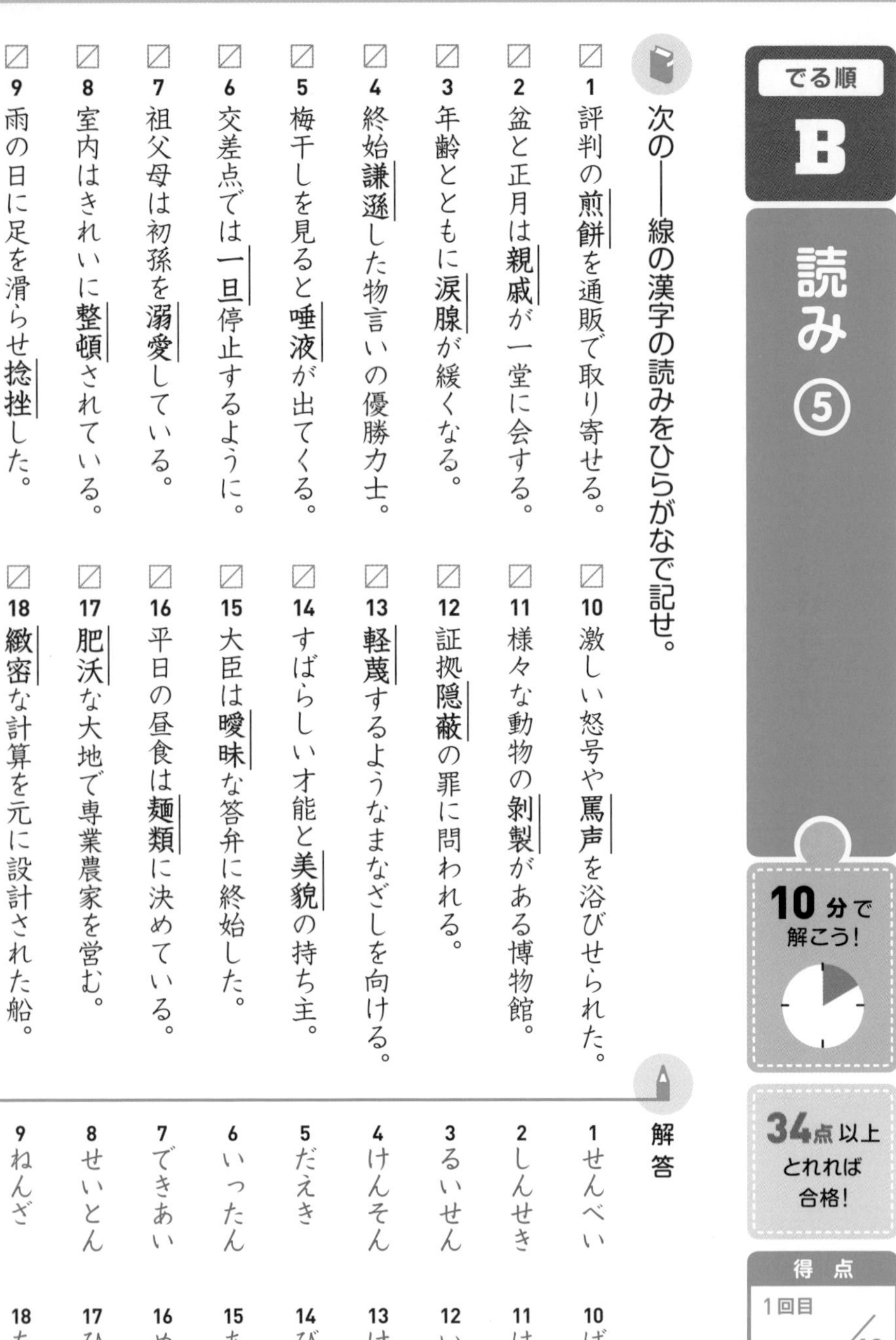

次の――線の漢字の読みをひらがなで記せ。

1 評判の**煎餅**を通販で取り寄せる。
2 盆と正月は**親戚**が一堂に会する。
3 年齢とともに**涙腺**が緩くなる。
4 終始**謙遜**した物言いの優勝力士。
5 梅干しを見ると**唾液**が出てくる。
6 交差点では**一旦**停止するように。
7 祖父母は初孫を**溺愛**している。
8 室内はきれいに**整頓**されている。
9 雨の日に足を滑らせ**捻挫**した。
10 激しい怒号や**罵声**を浴びせられた。
11 様々な動物の**剥製**がある博物館。
12 証拠**隠蔽**の罪に問われる。
13 **軽蔑**するようなまなざしを向ける。
14 すばらしい才能と**美貌**の持ち主。
15 大臣は**曖昧**な答弁に終始した。
16 平日の昼食は**麺類**に決めている。
17 **肥沃**な大地で専業農家を営む。
18 **緻密**な計算を元に設計された船。

解答

1 せんべい
2 しんせき
3 るいせん
4 けんそん
5 だえき
6 いったん
7 できあい
8 せいとん
9 ねんざ
10 ばせい
11 はくせい
12 いんぺい
13 けいべつ
14 びぼう
15 あいまい
16 めんるい
17 ひよく
18 ちみつ

他例 4［遜色・不遜］ 5［唾棄］ 8［頓挫］ 13［蔑視］ 18［精緻］

- 19 見返りに巨額の**賄賂**を要求する。
- 20 最後まで会長は**傲然**と異を唱えた。
- 21 名誉を**毀損**した罪で訴えられる。
- 22 **辛辣**な評価を受けた小説を読む。
- 23 今まで彼がいた**痕跡**が残っている。
- 24 展望台から市街地を**眺望**する。
- 25 **畏敬**してやまない名優と共演する。
- 26 監督の厳しい言葉に**萎縮**する。
- 27 長年の**怨念**が事件の背景にある。
- 28 **旺盛**な知識欲で勉学に励む。
- 29 **艶**やかな赤い衣装を身にまとう。
- 30 **嘲**るような言葉で責められた。
- 31 いよいよ戦いの**火蓋**が切られた。
- 32 人を陥れて**後釜**に座る。
- 33 **顎**を強打して歯が欠けてしまった。
- 34 **葛湯**を飲んで冷えた体を温める。
- 35 伸びすぎた雑草を**鎌**で刈り取る。
- 36 肉を**串刺**しにして豪快に食べる。
- 37 正月は家族で近くの神社に**詣**でる。
- 38 小屋の**隙間**から風が入ってくる。
- 39 取引先と**膝詰**めで交渉する。
- 40 ぬれた**手拭**いを首に巻く。
- 41 **狙**い通りの所に直球が決まる。
- 42 中国四千年の昔に**遡**る旅を楽しむ。

- 19 わいろ
- 20 ごうぜん
- 21 きそん
- 22 しんらつ
- 23 こんせき
- 24 ちょうぼう
- 25 いけい
- 26 いしゅく
- 27 おんねん
- 28 おうせい
- 29 つや
- 30 あざけ
- 31 ひぶた
- 32 あとがま
- 33 あご
- 34 くずゆ
- 35 かま
- 36 くしざ
- 37 もう
- 38 すきま
- 39 ひざづ
- 40 てぬぐ
- 41 ねら
- 42 さかのぼ

意味 20［傲然＝偉そうに威張っているさま］ 25［畏敬＝おそれ敬うこと］

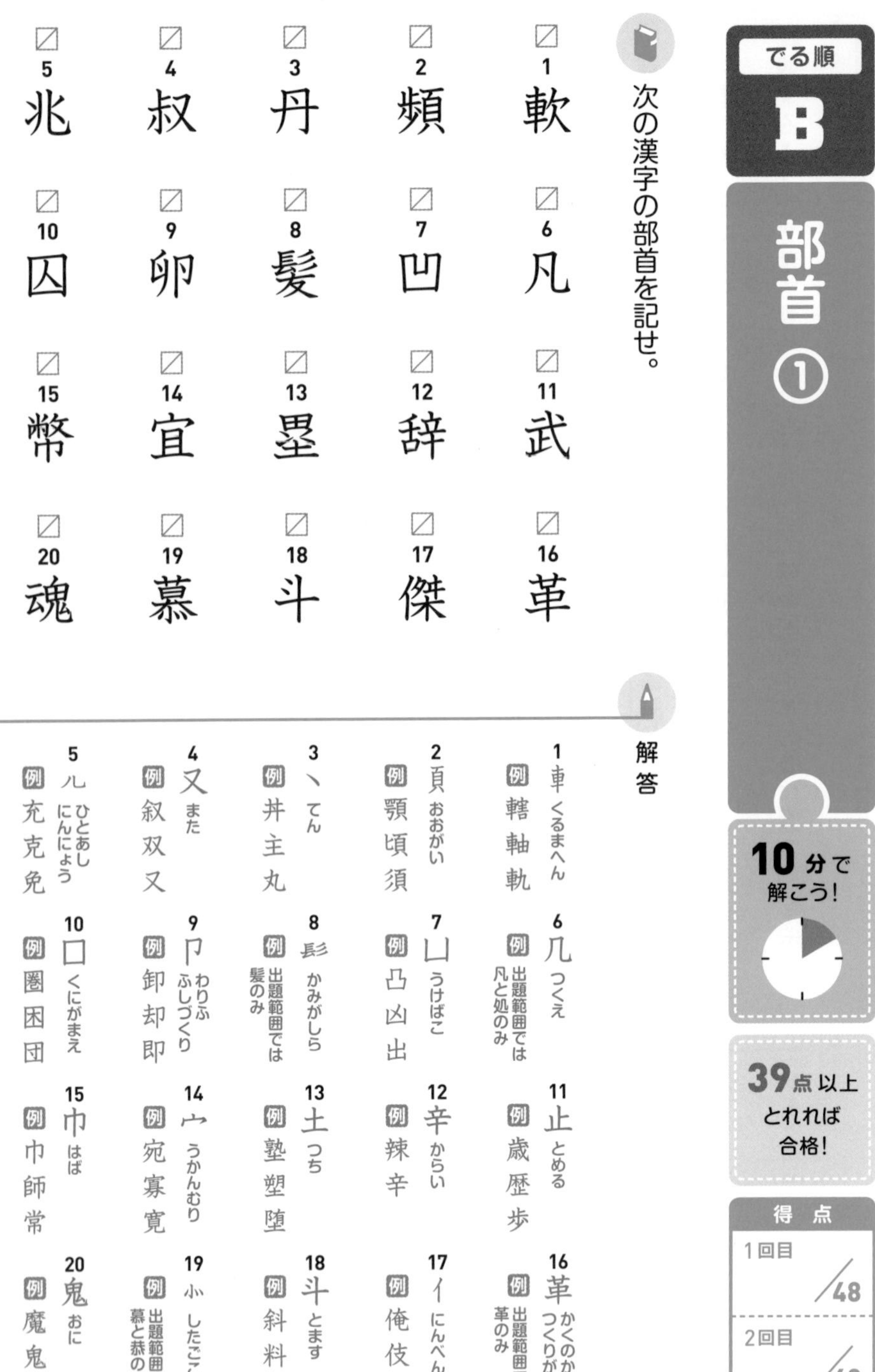

でる順 B

部首 ①

10分で解こう!

39点以上とれれば合格!

得点 1回目 /48 2回目 /48

次の漢字の部首を記せ。

1 軟
2 頻
3 丹
4 叔
5 兆
6 凡
7 凹
8 髪
9 卵
10 囚
11 武
12 辞
13 塁
14 宜
15 幣
16 革
17 傑
18 斗
19 慕
20 魂

解答

1 車 くるまへん 例 轄 軸 軌
2 頁 おおがい 例 顎 頃 須
3 丶 てん 例 井 主 丸
4 又 また 例 叙 双 又
5 儿 ひとあし にんにょう 例 充 克 免
6 几 つくえ 例 出題範囲では凡と処のみ
7 凵 うけばこ 例 凸 凶 出
8 髟 かみがしら 例 出題範囲では髪のみ
9 卩 わりふ ふしづくり 例 卸 却 即
10 囗 くにがまえ 例 圏 困 団
11 止 とめる 例 歳 歴 歩
12 辛 からい 例 辣 辛
13 土 つち 例 塾 塑 堕
14 宀 うかんむり 例 宛 寡 寛
15 巾 はば 例 巾 師 常
16 革 かくのかわ つくりがわ 例 出題範囲では革のみ
17 亻 にんべん 例 俺 伎 偽
18 斗 とます 例 斜 料
19 㣺 したごころ 例 出題範囲では慕と恭のみ
20 鬼 おに 例 魔 鬼

注意 1［軟の部首は「欠」ではない］ 12［辞の部首は「舌」ではない］

21 履
22 更
23 眉
24 塞
25 競
26 罷
27 者
28 帥
29 藻
30 衰
31 釈
32 骨
33 麗
34 丘
35 乏
36 了
37 匠
38 卑
39 奪
40 執
41 赴
42 宰
43 廷
44 懲
45 房
46 隷
47 閥
48 酌

---

21 尸 かばね しかばね　例 尻 尼 尿
22 曰 ひらび いわく　例 曽 曹 替
23 目 め　例 督 盲 盾
24 土 つち　例 墾 墜 塗
25 立 たつ　例 童 章 立
26 罒 あみがしら あみめ よこめ　例 罵 羅 罰
27 耂 おいかんむり おいがしら　例 老 考
28 巾 はば　例 帝 幕 布
29 艹 くさかんむり　例 藤 芯 蓋
30 衣 ころも　例 衷 褒 袋
31 釆 のごめへん　出題範囲では釈のみ
32 骨 ほね　出題範囲では骨のみ
33 鹿 しか　出題範囲では麗と鹿のみ
34 一 いち　例 並 不 丁
35 丿 の はらいぼう　例 久 乗
36 亅 はねぼう　例 争 事 予
37 匚 はこがまえ　出題範囲では匠のみ
38 十 じゅう　例 升 卓 協
39 大 だい　例 爽 奔 奈
40 土 つち　例 墨 堅 壁
41 走 そうにょう　例 超 趣 越
42 宀 うかんむり　例 寮 宵 寧
43 廴 えんにょう　例 延 建
44 心 こころ　例 悠 忍 慰
45 戸 とだれ とかんむり　例 扉 戻 扇
46 隶 れいづくり　出題範囲では隷のみ
47 門 もんがまえ　例 闇 閑 閲
48 酉 とりへん　例 醒 酎 酷

注意　30［衰の部首は「亠」ではない］　40［執の部首は「辛」ではない］

でる順 **B**

部首 ②

10分で解こう!

39点以上とれれば合格!

得点	
1回目	/48
2回目	/48

次の漢字の部首を記せ。

1 辛　2 童　3 版　4 羞　5 壱

6 秀　7 疑　8 矯　9 須　10 美

11 幕　12 鼻　13 毀　14 裏　15 豪

16 賄　17 顕　18 昼　19 勲　20 淑

解答

1 辛 からい　例 辣 辞

2 立 たつ　例 競 章 立

3 片 かたへん　出題範囲では版のみ

4 羊 ひつじ　例 義 着 羊

5 士 さむらい　例 壮 士 売

6 禾 のぎ　出題範囲では秀のみ

7 疋 ひき　出題範囲では疑のみ

8 矢 やへん　例 短 知

9 頁 おおがい　例 頃 頓 頑

10 羊 ひつじ　例 羞 羨 群

11 巾 はば　例 巾 帥 幣

12 鼻 はな　出題範囲では鼻のみ

13 殳 るまた ほこづくり　例 殻 殴 殺

14 衣 ころも　例 褒 衷 袋

15 豕 ぶた いのこ　例 豚 象

16 貝 かいへん　例 貼 賭 賂

17 頁 おおがい　例 顎 頻 頒

18 日 ひ　例 旦 昆 暫

19 力 ちから　例 勃 劾 勅

20 氵 さんずい　例 淫 潰 溺

注意 19［勲の部首は「灬」ではない］

21 互　22 以　23 准　24 南　25 受　26 嚇　27 堪

28 尚　29 尿　30 屯　31 塗　32 幾　33 憾　34 懸

35 我　36 漆　37 整　38 斎　39 既　40 暮　41 朕

42 架　43 猶　44 玄　45 甘　46 漸　47 青　48 駄

---

21 二 に　例 亜 井 五

22 人 ひと　出題範囲では以と人のみ

23 冫 にすい　例 凄 冶 凍

24 十 じゅう　例 升 卓 卑

25 又 また　例 叔 叙 又

26 口 くちへん　例 咽 唄 嗅

27 土 つちへん　例 堆 垣 埼

28 ⺌ しょう　出題範囲では尚と当のみ

29 尸 かばね しかばね　例 尻 尼 履

30 屮 てつ　出題範囲では屯のみ

31 土 つち　例 塞 塾 塑

32 幺 よう いとがしら　例 幻 幽 幼

33 忄 りっしんべん　例 惧 憧 憬

34 心 こころ　例 怨 恣 患

35 戈 ほこづくり ほこがまえ　例 戚 戴 戯

36 氵 さんずい　例 沙 汰 汎

37 攵 のぶん ぼくづくり　例 敢 敏 攻

38 斉 せい　出題範囲では斎と斉のみ

39 无 なし ぶ すでのつくり　出題範囲では既のみ

40 日 ひ　例 晶 昇 旬

41 月 つきへん　出題範囲では朕と服のみ

42 木 き　例 麓 栽 梨

43 犭 けものへん　例 狙 猫 猿

44 玄 げん　出題範囲では玄と率のみ

45 甘 かん あまい　出題範囲では甘と甚のみ

46 氵 さんずい　例 湧 氾 沃

47 青 あお　出題範囲では青と静のみ

48 馬 うまへん　例 駒 騎 駐

注意 28［尚の部首は「口」ではない］ 40［暮の部首は「艹」ではない］

でる順 B

熟語の構成 ①

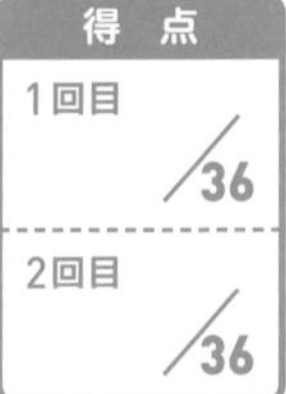

得点
1回目 /36
2回目 /36

◎熟語の構成のしかたには次のようなものがある。

ア 同じような意味の漢字を重ねたもの……（岩石）
イ 反対または対応の意味を表す字を重ねたもの……（高低）
ウ 上の字が下の字を修飾しているもの……（洋画）
エ 下の字が上の字の目的語・補語になっているもの……（着席）
オ 上の字が下の字の意味を打ち消しているもの……（非常）

次の熟語は右の**ア**～**オ**のどれにあたるか、一つ選び、記号を記せ。

☐1 叱責
☐2 宣誓
☐3 真摯
☐4 尼僧
☐5 逐次
☐6 年貢

解答

1 ア　叱責（しっせき）　どちらも「しかる」の意。
2 エ　宣誓（せんせい）　「のべる←誓いを」と解釈。
3 ア　真摯（しんし）　どちらも「まこと」の意。
4 ウ　尼僧（にそう）　「女の→僧」と解釈。
5 ウ　逐次（ちくじ）　「追う→次を」と解釈。
6 ウ　年貢（ねんぐ）　「毎年の→貢物」と解釈。
7 ア　陳述（ちんじゅつ）　どちらも「のべる」の意。
8 イ　広狭（こうきょう）　「広い」↔「狭い」と解釈。
9 オ　未到（みとう）　「まだ到達していない」と解釈。
10 ア　悲哀（ひあい）　どちらも「かなしい」の意。
11 エ　懲悪（ちょうあく）　「懲らしめる←悪を」と解釈。
12 ア　愚痴（ぐち）　どちらも「おろか」の意。
13 ウ　懇談（こんだん）　「うちとけて→談話する」と解釈。
14 ア　憧憬（しょうけい）（どうけい）　どちらも「あこがれる」の意。
15 エ　懸命（けんめい）　「懸ける←命を」と解釈。
16 オ　無為（むい）　「為すことがない」と解釈。

7 陳述
8 広狭
9 未到
10 悲哀
11 懲悪
12 愚痴
13 懇談
14 憧憬
15 懸命
16 無為

17 披露
18 遡行
19 振鈴
20 拙劣
21 撤兵
22 方円
23 暴騰
24 枯渇
25 懐郷
26 正邪

27 淑女
28 無粋
29 盗塁
30 睡眠
31 窮地
32 繊細
33 不惑
34 筆禍
35 罷免
36 腐臭

---

17 ア 披露（ひろう） どちらも「あらわにする」の意。
18 ウ 遡行（そこう） 「遡って↓行く」と解釈。
19 エ 振鈴（しんれい） 「振る↑鈴を」と解釈。
20 ア 拙劣（せつれつ） どちらも「おとる」の意。
21 エ 撤兵（てっぺい） 「引き上げる↑兵を」と解釈。
22 イ 方円（ほうえん） 「四角」↔「丸」と解釈。
23 ウ 暴騰（ぼうとう） 「爆発的に↓上がる」と解釈。
24 ア 枯渇（こかつ） どちらも「水がなくなる」の意。
25 エ 懐郷（かいきょう） 「懐かしむ↑故郷を」と解釈。
26 イ 正邪（せいじゃ） 「正しい」↔「悪い」と解釈。
27 ウ 淑女（しゅくじょ） 「しとやかな↓女性」と解釈。
28 オ 無粋（ぶすい） 「風流でない」と解釈。
29 エ 盗塁（とうるい） 「盗む↑塁を」と解釈。
30 ア 睡眠（すいみん） どちらも「ねむる」の意。
31 ウ 窮地（きゅうち） 「こまった↓境遇」と解釈。
32 ア 繊細（せんさい） どちらも「こまかい」の意。
33 オ 不惑（ふわく） 「惑わない」と解釈。
34 ウ 筆禍（ひっか） 「文章による↓災難」と解釈。
35 ア 罷免（ひめん） どちらも「やめさせる」の意。
36 ウ 腐臭（ふしゅう） 「腐った↓におい」と解釈。

意味 33［不惑＝（『論語』の「四十にして惑わず」から）四十歳のこと］

でる順 B

熟語の構成 ②

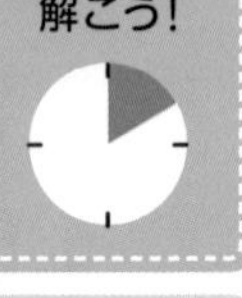

29点以上
とれれば
合格!

得点
1回目 /36
2回目 /36

◎ 熟語の構成のしかたには次のようなものがある。

ア 同じような意味の漢字を重ねたもの……（岩石）
イ 反対または対応の意味を表す字を重ねたもの……（高低）
ウ 上の字が下の字を修飾しているもの……（洋画）
エ 下の字が上の字の目的語・補語になっているもの……（着席）
オ 上の字が下の字の意味を打ち消しているもの……（非常）

次の熟語は右のア～オのどれにあたるか、一つ選び、記号を記せ。

1 英俊
2 製靴
3 覇権
4 伴侶
5 誓詞
6 譲位

解答

1 ア 英俊（えいしゅん） どちらも「すぐれる」の意。
2 エ 製靴（せいか） 「つくる←靴を」と解釈。
3 ウ 覇権（はけん） 「覇者の→権力」と解釈。
4 ア 伴侶（はんりょ） どちらも「なかま」の意。
5 ウ 誓詞（せいし） 「誓いの→言葉」と解釈。
6 エ 譲位（じょうい） 「譲る←位を」と解釈。
7 ア 裁断（さいだん） どちらも「たち切る」の意。
8 ウ 汎用（はんよう） 「広く→用いる」の意。
9 イ 贈答（ぞうとう） 「贈る」↔「かえす」と解釈。
10 ア 疲弊（ひへい） どちらも「つかれる」の意。
11 ウ 銃創（じゅうそう） 「銃弾による→きず」と解釈。
12 エ 退廷（たいてい） 「退出する←法廷を」と解釈。
13 ウ 頻度（ひんど） 「たびたびの→度合い」と解釈。
14 エ 随意（ずいい） 「したがう←気持ちに」と解釈。
15 オ 不和（ふわ） 「和やかでない」と解釈。
16 ア 頻繁（ひんぱん） どちらも「しきりに」の意。

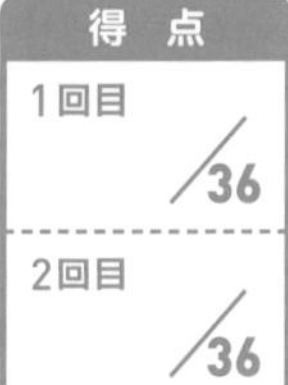

7 裁断
8 汎用
9 贈答
10 疲弊
11 銃創
12 退廷
13 頻度
14 随意
15 不和
16 頻繁

17 弊風
18 飢餓
19 懇願
20 和睦
21 不審
22 互選
23 丘陵
24 乾湿
25 仙境
26 休憩

27 偏見
28 沖天
29 余裕
30 傘下
31 献金
32 滅亡
33 無恥
34 暫定
35 起伏
36 概況

---

17 ウ　弊風（へいふう）　「よくない↓風習」と解釈。

18 ア　飢餓（きが）　どちらも「うえる」の意。

19 ウ　懇願（こんがん）　「心から↓願う」と解釈。

20 ア　和睦（わぼく）　どちらも「仲がよい」の意。

21 オ　不審（ふしん）　「あきらかでない」と解釈。

22 ウ　互選（ごせん）　「互いに↓選ぶ」と解釈。

23 ア　丘陵（きゅうりょう）　どちらも「おか」の意。

24 イ　乾湿（かんしつ）　「乾く」↔「湿る」と解釈。

25 ウ　仙境（せんきょう）　「仙人の↓場所」と解釈。

26 ア　休憩（きゅうけい）　どちらも「くつろぐ」の意。

27 ウ　偏見（へんけん）　「偏った↓見解」と解釈。

28 エ　沖天（ちゅうてん）　「のぼる↑天に」と解釈。

29 ア　余裕（よゆう）　どちらも「ゆとり」の意。

30 ウ　傘下（さんか）　「傘の↓下」と解釈。

31 エ　献金（けんきん）　「差しあげる↑金銭を」と解釈。

32 ア　滅亡（めつぼう）　どちらも「ほろびる」の意。

33 オ　無恥（むち）　「恥を知らない」と解釈。

34 ウ　暫定（ざんてい）　「一時的に↓決める」と解釈。

35 イ　起伏（きふく）　「高くなる」↔「低くなる」と解釈。

36 ウ　概況（がいきょう）　「だいたいの↓様子」と解釈。

でる順 B

四字熟語 ①

15分で解こう!

20点以上とれれば合格!

次の四字熟語の（　）に入る適切な語を左の［　］の中から選び、漢字二字で記せ。

1 暗中（　　）
2 （　　）大悲
3 昼夜（　　）
4 故事（　　）
5 （　　）無量
6 汎愛（　　）
7 （　　）大事
8 （　　）以徳
9 容姿（　　）
10 失望（　　）

かんがい・けんこう・けんり・ごしょう・だいじ・たんれい・ほうえん・もさく・らいれき・らくたん

解答　※○つき番号は意味を問われやすい問題

1 暗中模索（あんちゅうもさく）　手がかりなしであれこれやってみること。
2 大慈大悲（だいじだいひ）　仏の大きな慈悲。
③ 昼夜兼行（ちゅうやけんこう）　昼と夜の区別なく行うこと。
4 故事来歴（こじらいれき）　昔から伝えられた事物についてのいわれ。
5 感慨無量（かんがいむりょう）　このうえなく胸がいっぱいになるさま。
⑥ 汎愛兼利（はんあいけんり）　人を区別なく愛し、互いに利益を与え合うこと。
7 後生大事（ごしょうだいじ）　物をとても大切にすること。
8 報怨以徳（ほうえんいとく）　怨みを持つ者にも恩徳をもって接すること。
9 容姿端麗（ようしたんれい）　姿や形がきちんと整っていて美しいさま。
10 失望落胆（しつぼうらくたん）　あてがはずれてがっかりすること。

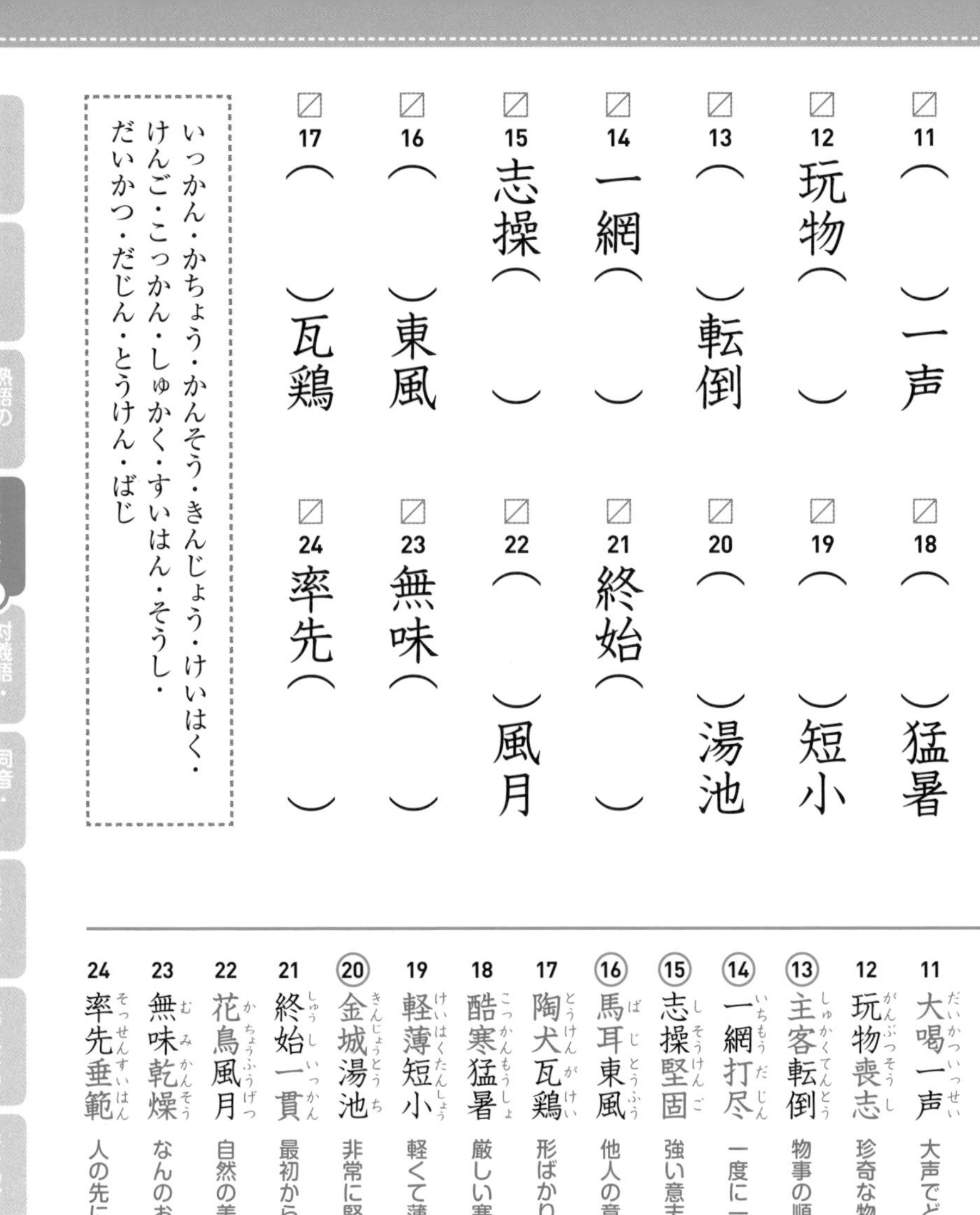

☐ 11 （　　）一声

☐ 12 玩物（　　）

☐ 13 （　　）転倒

☐ 14 一網（　　）

☐ 15 志操（　　）

☐ 16 （　　）東風

☐ 17 （　　）瓦鶏

☐ 18 （　　）猛暑

☐ 19 （　　）短小

☐ 20 （　　）湯池

☐ 21 終始（　　）

☐ 22 （　　）風月

☐ 23 無味（　　）

☐ 24 率先（　　）

いっかん・かちょう・かんそう・きんじょう・けいはく・けんご・こっかん・しゅかく・すいはん・そうし・だいかつ・だじん・とうけん・ばじ

---

11 大喝一声（だいかついっせい）　大声でどなり、しかりつけること。

12 玩物喪志（がんぶつそうし）　珍奇な物に心を奪われて大切な志を失うこと。

⑬ 主客転倒（しゅかくてんとう）　物事の順序・立場・軽重などが逆になること。

⑭ 一網打尽（いちもうだじん）　一度に一味の者全員を捕まえること。

⑮ 志操堅固（しそうけんご）　強い意志を持ち、何事にも動じないこと。

⑯ 馬耳東風（ばじとうふう）　他人の意見などを聞き流すこと。

17 陶犬瓦鶏（とうけんがけい）　形ばかり立派で、実際の役に立たないもののこと。

18 酷寒猛暑（こっかんもうしょ）　厳しい寒さと激しい暑さ。

19 軽薄短小（けいはくたんしょう）　軽くて薄く、短くて小さいこと。

⑳ 金城湯池（きんじょうとうち）　非常に堅固な守りのたとえ。

21 終始一貫（しゅうしいっかん）　最初から最後まで変わらないこと。

22 花鳥風月（かちょうふうげつ）　自然の美しい景色や風物。

23 無味乾燥（むみかんそう）　なんのおもしろみも潤いもないこと。

24 率先垂範（そっせんすいはん）　人の先に立って行動し模範を示すこと。

でる順 B

四字熟語 ②

15分で解こう!

20点以上とれれば合格!

得点	
1回目	/24
2回目	/24

次の四字熟語の（　）に入る適切な語を左の□の中から選び、漢字二字で記せ。

1 生生（　　）
2 （　　）不敵
3 中途（　　）
4 延命（　　）
5 破綻（　　）
6 錦上（　　）
7 （　　）放語
8 （　　）音曲
9 （　　）雨読
10 （　　）非非

かぶ・せいこう・ぜぜ・そくさい・だいたん・てんか・はんぱ・ひゃくしゅつ・まんげん・るてん

解答　※○つき番号は意味を問われやすい問題

①生生流転（せいせいるてん）　万物が絶えず変化していくこと。
②大胆不敵（だいたんふてき）　大胆で、何ものも恐れないさま。
3 中途半端（ちゅうとはんぱ）　物事がきちんと片づかないさま。
④延命息災（えんめいそくさい）　健康で長生きすること。
5 破綻百出（はたんひゃくしゅつ）　言動が一貫せず、欠点や綻びが次々に現れること。
6 錦上添花（きんじょうてんか）　善美なものの上に、さらに善美なものを加えること。
7 漫言放語（まんげんほうご）　言いたい放題であること。
8 歌舞音曲（かぶおんぎょく）　歌ったり踊ったりすること。
⑨晴耕雨読（せいこううどく）　悠々自適な生活をすること。
10 是是非非（ぜぜひひ）　よいことはよい、悪いことは悪いとすること。

☐ 11 （　　）引水

☐ 12 （　　）無事

☐ 13 神出（　　）

☐ 14 天下（　　）

☐ 15 （　　）名分

☐ 16 （　　）洋才

☐ 17 （　　）力行

☐ 18 （　　）自在

☐ 19 二者（　　）

☐ 20 千載（　　）

☐ 21 一朝（　　）

☐ 22 一子（　　）

☐ 23 （　　）不落

☐ 24 （　　）曲直

いっせき・いちぐう・がでん・きぼつ・きんけん・ごめん・しんしゅく・そうでん・たいぎ・たくいつ・なんこう・へいおん・りひ・わこん

---

⑪ 我田引水（がでんいんすい）　自分に都合のよいような言動をとること。

12 平穏無事（へいおんぶじ）　何事もなく平和で穏やかなこと。

13 神出鬼没（しんしゅつきぼつ）　自在に出没し、所在が容易につかめないこと。

⑭ 天下御免（てんかごめん）　世間一般に許されていること。

⑮ 大義名分（たいぎめいぶん）　人として守らなければならない道義。

16 和魂洋才（わこんようさい）　日本固有の精神と西洋の学問・知識。

17 勤倹力行（きんけんりっこう）　よく働き倹約し、努力すること。

18 伸縮自在（しんしゅくじざい）　自由にのびちぢみすること。

19 二者択一（にしゃたくいつ）　二つのうちの、どちらか一つを選ぶこと。

20 千載一遇（せんざいいちぐう）　千年に一度出会うほどのまたとない好機。

㉑ 一朝一夕（いっちょういっせき）　わずかな時間のこと。

22 一子相伝（いっしそうでん）　奥義を自分の子一人だけに伝えること。

㉓ 難攻不落（なんこうふらく）　攻めにくくてなかなか落ちないこと。

㉔ 理非曲直（りひきょくちょく）　道理や道徳にかなうことと反していること。

でる順 B

四字熟語 ③

得点 1回目 /24 2回目 /24

次の四字熟語の（　　）に入る適切な語を左の□の中から選び、漢字二字で記せ。

1 落花（　　）
2 （　　）薄命
3 一念（　　）
4 （　　）不遜
5 同工（　　）
6 針小（　　）
7 鼓舞（　　）
8 金城（　　）
9 責任（　　）
10 （　　）行賞

いきょく・かじん・げきれい・ごうがん・てっぺき・てんか・ぼうだい・ほっき・りゅうすい・ろんこう

解答　※〇つき番号は意味を問われやすい問題

1 落花流水（らっかりゅうすい）　男女の気持ちが互いに通じ合うたとえ。
2 佳人薄命（かじんはくめい）　美人はとかく不幸になりがちということ。
③ 一念発起（いちねんほっき）　思いたって一大決心をすること。
4 傲岸不遜（ごうがんふそん）　おごりたかぶって人を見下すさま。
5 同工異曲（どうこういきょく）　外見が違うだけで中身は同じであること。
6 針小棒大（しんしょうぼうだい）　物事を実際よりも大げさに言うさま。
7 鼓舞激励（こぶげきれい）　人を奮い立たせ励ますこと。
⑧ 金城鉄壁（きんじょうてっぺき）　守りが非常に堅固な城のこと。
9 責任転嫁（せきにんてんか）　責任をほかになすりつけること。
10 論功行賞（ろんこうこうしょう）　功績を論じ定めて賞を与えること。

他例　6［針小棒大は「針小」を書かせることもある］

11 徒手（　　）
12 読書（　　）
13 複雑（　　）
14 困苦（　　）
15 （　　）済民
16 （　　）興亡
17 無味（　　）

18 （　　）自在
19 （　　）大敵
20 （　　）独尊
21 日常（　　）
22 （　　）乱神
23 （　　）分別
24 心神（　　）

かいりき・かっさつ・くうけん・けいせい・けつぼう・こうじゃく・さはん・しょうゆう・しりょ・せいすい・たき・むしゅう・ゆいが・ゆだん

---

11 徒手空拳（としゅくうけん）　手に何も持っていないこと。
12 読書尚友（どくしょしょうゆう）　書物を読むことにより昔の賢人を友とすること。
13 複雑多岐（ふくざつたき）　物事が多方面に関わり入り組んでいること。
14 困苦欠乏（こんくけつぼう）　生活に窮して困り苦しむこと。
15 経世済民（けいせいさいみん）　世の中をうまく治めて人々を救うこと。
16 盛衰興亡（せいすいこうぼう）　物事が盛んに興ることと衰え滅びること。
17 無味無臭（むみむしゅう）　味もなくにおいやくさみもないこと。
18 活殺自在（かっさつじざい）　他を自分の思うままに操ること。
19 油断大敵（ゆだんたいてき）　油断は大きな敵として警戒すべきであること。
20 唯我独尊（ゆいがどくそん）　自分だけが優れているとうぬぼれること。
㉑ 日常茶飯（にちじょうさはん）　ごく平凡なありふれたこと。
㉒ 怪力乱神（かいりきらんしん）　理屈で説明できないような不思議な現象や事物。
㉓ 思慮分別（しりょふんべつ）　物事をよく考えて判断すること。
24 心神耗弱（しんしんこうじゃく）　精神が衰弱して正常の判断ができないさま。

でる順 **B**

対義語・類義語①

15分で解こう!

39点以上とれれば合格!

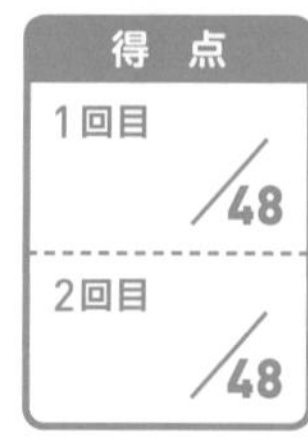

次の対義語・類義語を後の□の中から選び、漢字で記せ。□の中の語は一度だけ使うこと。

対義語

1 万全
2 畏敬
3 発病
4 低俗
5 発奮
6 枯渇
7 総合
8 哀悼
9 勤勉
10 一括

けいが・こうしょう・じゅんたく・そろう・たいだ・ちゆ・ぶべつ・ぶんかつ・ぶんせき・らくたん

類義語

11 貧困
12 縁者
13 頑健
14 親友
15 核心
16 余分
17 心配
18 回顧
19 興廃
20 基地

きゅうぼう・きょうそう・きょてん・しんせき・せいすい・ちき・ちゅうすう・ついおく・ゆうりょ・よじょう

解答

1 万全（ばんぜん）—疎漏（そろう）・粗漏
2 畏敬（いけい）—侮蔑（ぶべつ）
3 発病（はつびょう）—治癒（ちゆ）
4 低俗（ていぞく）—高尚（こうしょう）
5 発奮（はっぷん）—落胆（らくたん）
6 枯渇（こかつ）—潤沢（じゅんたく）
7 総合（そうごう）—分析（ぶんせき）
8 哀悼（あいとう）—慶賀（けいが）
9 勤勉（きんべん）—怠惰（たいだ）
10 一括（いっかつ）—分割（ぶんかつ）
11 貧困（ひんこん）—窮乏（きゅうぼう）
12 縁者（えんじゃ）—親戚（しんせき）
13 頑健（がんけん）—強壮（きょうそう）
14 親友（しんゆう）—知己（ちき）
15 核心（かくしん）—中枢（ちゅうすう）
16 余分（よぶん）—余剰（よじょう）
17 心配（しんぱい）—憂慮（ゆうりょ）
18 回顧（かいこ）—追憶（ついおく）
19 興廃（こうはい）—盛衰（せいすい）
20 基地（きち）—拠点（きょてん）

意味 1［疎漏・粗漏＝いい加減でぬかりのあること］ 14［知己＝親友。知り合い］

対義語

21 下賜
22 凝固
23 陥没
24 飽食
25 巧遅
26 答申
27 敏速
28 充実
29 喪失
30 汚染
31 独創
32 拘禁
33 薄暮
34 老練

かくとく・かんまん・きが・くうきょ・けんじょう・しもん・しゃくほう・じょうか・せっそく・ふつぎょう・もほう・りゅうき・ゆうかい・ようち

類義語

35 安寧
36 長者
37 沈着
38 座視
39 調停
40 不意
41 受胎
42 無視
43 展示
44 非情
45 輸送
46 厳粛
47 専念
48 承服

うんぱん・おうだく・そうちょう・たいぜん・ちゅうさい・ちんれつ・とつじょ・にんしん・ふごう・へいおん・ぼうかん・ぼっとう・もくさつ・れいこく

---

21 下賜（かし）―献上（けんじょう）
22 凝固（ぎょうこ）―融解（ゆうかい）
23 陥没（かんぼつ）―隆起（りゅうき）
24 飽食（ほうしょく）―飢餓（きが）
25 巧遅（こうち）―拙速（せっそく）
26 答申（とうしん）―諮問（しもん）
27 敏速（びんそく）―緩慢（かんまん）
28 充実（じゅうじつ）―空虚（くうきょ）
29 喪失（そうしつ）―獲得（かくとく）
30 汚染（おせん）―浄化（じょうか）
31 独創（どくそう）―模倣（もほう）
32 拘禁（こうきん）―釈放（しゃくほう）
33 薄暮（はくぼ）―払暁（ふつぎょう）
34 老練（ろうれん）―幼稚（ようち）

35 安寧（あんねい）―平穏（へいおん）
36 長者（ちょうじゃ）―富豪（ふごう）
37 沈着（ちんちゃく）―泰然（たいぜん）
38 座視（ざし）―傍観（ぼうかん）
39 調停（ちょうてい）―仲裁（ちゅうさい）
40 不意（ふい）―突如（とつじょ）
41 受胎（じゅたい）―妊娠（にんしん）
42 無視（むし）―黙殺（もくさつ）
43 展示（てんじ）―陳列（ちんれつ）
44 非情（ひじょう）―冷酷（れいこく）
45 輸送（ゆそう）―運搬（うんぱん）
46 厳粛（げんしゅく）―荘重（そうちょう）
47 専念（せんねん）―没頭（ぼっとう）
48 承服（しょうふく）―応諾（おうだく）

意味 21［下賜＝身分の高い人がくださること］

でる順 B

対義語・類義語 ②

15分で解こう!

39点以上とれれば合格!

得点 1回目 /48 2回目 /48

次の対義語・類義語を後の□の中から選び、漢字で記せ。□の中の語は一度だけ使うこと。

対義語

1 混乱
2 密集
3 真実
4 解放
5 過激
6 余剰
7 受諾
8 抑制
9 善良
10 質素

おんけん・きょぎ・きょひ・ごうか・じゃあく・そくしん・そくばく・ちつじょ・てんざい・ふそく

類義語

11 掃討
12 留意
13 無欠
14 失望
15 頑丈
16 隷従
17 暗示
18 幽閉
19 懲戒
20 解消

かんきん・かんぺき・きょうじゅん・くちく・けんご・しさ・しょばつ・はいりょ・はき・らくたん

解答

1 混乱(こんらん)―秩序(ちつじょ)
2 密集(みっしゅう)―点在(てんざい)
3 真実(しんじつ)―虚偽(きょぎ)
4 解放(かいほう)―束縛(そくばく)
5 過激(かげき)―穏健(おんけん)
6 余剰(よじょう)―不足(ふそく)
7 受諾(じゅだく)―拒否(きょひ)
8 抑制(よくせい)―促進(そくしん)
9 善良(ぜんりょう)―邪悪(じゃあく)
10 質素(しっそ)―豪華(ごうか)
11 掃討(そうとう)―駆逐(くちく)
12 留意(りゅうい)―配慮(はいりょ)
13 無欠(むけつ)―完璧(かんぺき)
14 失望(しつぼう)―落胆(らくたん)
15 頑丈(がんじょう)―堅固(けんご)
16 隷従(れいじゅう)―恭順(きょうじゅん)
17 暗示(あんじ)―示唆(しさ)
18 幽閉(ゆうへい)―監禁(かんきん)
19 懲戒(ちょうかい)―処罰(しょばつ)
20 解消(かいしょう)―破棄(はき)

対義語

21 激賞
22 軽快
23 逸材
24 冗漫
25 素人
26 一見
27 削除
28 乾燥
29 弟子
30 辛勝
31 悠長
32 円滑
33 倹約
34 妥結

かんけつ・くろうと・けつれつ・こくひょう・ししょう・しつじゅん・じゅくし・せいきゅう・せきはい・そうちょう・ちんたい・てんか・ぼんさい・ろうひ

類義語

35 激怒
36 上品
37 敢闘
38 挙行
39 一般
40 醜聞
41 覇気
42 手本
43 携帯
44 屈指
45 世辞
46 福音
47 推移
48 敬慕

えんかく・おめい・かいさい・きがい・こうしょう・しょじ・すうはい・ついしょう・ばつぐん・ふへん・ふんがい・ふんせん・もはん・ろうほう

---

21 激賞（げきしょう）—酷評（こくひょう）
22 軽快（けいかい）—荘重（そうちょう）
23 逸材（いつざい）—凡才（ぼんさい）
24 冗漫（じょうまん）—簡潔（かんけつ）
25 素人（しろうと）—玄人（くろうと）
26 一見（いっけん）—熟視（じゅくし）
27 削除（さくじょ）—添加（てんか）
28 乾燥（かんそう）—湿潤（しつじゅん）
29 弟子（でし）—師匠（ししょう）
30 辛勝（しんしょう）—惜敗（せきはい）
31 悠長（ゆうちょう）—性急（せいきゅう）
32 円滑（えんかつ）—沈滞（ちんたい）
33 倹約（けんやく）—浪費（ろうひ）
34 妥結（だけつ）—決裂（けつれつ）

35 激怒（げきど）—憤慨（ふんがい）
36 上品（じょうひん）—高尚（こうしょう）
37 敢闘（かんとう）—奮戦（ふんせん）
38 挙行（きょこう）—開催（かいさい）
39 一般（いっぱん）—普遍（ふへん）
40 醜聞（しゅうぶん）—汚名（おめい）
41 覇気（はき）—気概（きがい）
42 手本（てほん）—模範（もはん）
43 携帯（けいたい）—所持（しょじ）
44 屈指（くっし）—抜群（ばつぐん）
45 世辞（せじ）—追従（ついしょう）
46 福音（ふくいん）—朗報（ろうほう）
47 推移（すいい）—沿革（えんかく）
48 敬慕（けいぼ）—崇拝（すうはい）

意味 45［追従＝人の機嫌を取ってへつらうこと。「ついじゅう」と読むと別の意になる］

同音・同訓異字 ①

15分で解こう！

32点以上とれれば合格！

得点 1回目 /40 2回目 /40

次の――線のカタカナを漢字に直せ。

1 コウハイの育成に力を入れる。
2 山奥のコウハイした学校を見る。
3 当番で地域をセイソウする。
4 幾セイソウを経て今日に至る。
5 今日はカゲンの月が美しい。
6 手カゲンしないで戦ってください。
7 首相カンテイで式典が催される。
8 古い美術品をカンテイする。
9 ユウキュウの昔をしのばせる史跡。
10 ユウキュウ休暇をとって旅に出た。
11 事件のカクシンに触れる。
12 自分の考えにカクシンを持つ。
13 不祥事発生をイカンに思う。
14 業務を地方にイカンする。
15 応急処置でキュウメイする。
16 彼の罪状をキュウメイする。

解答

1 後輩
2 荒廃
3 清掃
4 星霜
5 下弦
6 加減
7 官邸
8 鑑定
9 悠久
10 有給
11 核心
12 確信
13 遺憾
14 移管
15 救命
16 糾明

他例 7［艦艇］ 意味 9［悠久＝途方もなく長い歳月］

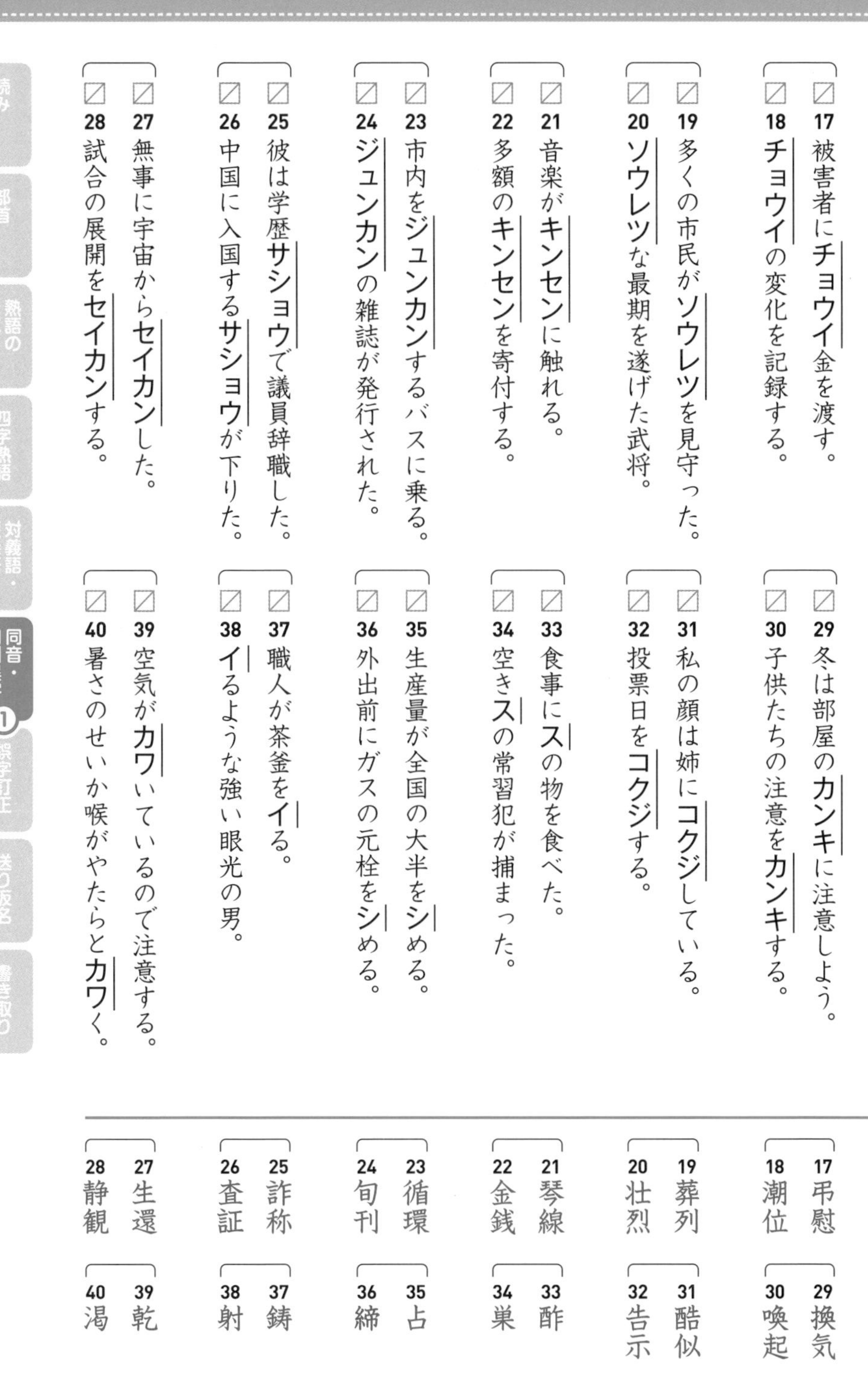

17 被害者にチョウイ金を渡す。
18 チョウイの変化を記録する。
19 多くの市民がソウレツを見守った。
20 ソウレツな最期を遂げた武将。
21 音楽がキンセンに触れる。
22 多額のキンセンを寄付する。
23 市内をジュンカンするバスに乗る。
24 ジュンカンの雑誌が発行された。
25 彼は学歴サショウで議員辞職した。
26 中国に入国するサショウが下りた。
27 無事に宇宙からセイカンした。
28 試合の展開をセイカンする。

29 冬は部屋のカンキに注意しよう。
30 子供たちの注意をカンキする。
31 私の顔は姉にコクジしている。
32 投票日をコクジする。
33 食事にスの物を食べた。
34 空きスの常習犯が捕まった。
35 生産量が全国の大半をシめる。
36 外出前にガスの元栓をシめる。
37 職人が茶釜をイる。
38 イるような強い眼光の男。
39 空気がカワいているので注意する。
40 暑さのせいか喉がやたらとカワく。

---

17 弔慰
18 潮位
19 葬列
20 壮烈
21 琴線
22 金銭
23 循環
24 旬刊
25 詐称
26 査証
27 生還
28 静観

29 換気
30 喚起
31 酷似
32 告示
33 酢
34 巣
35 占
36 締
37 鋳
38 射
39 乾
40 渇

他例 33［刷る・擦る］　意味 24［旬刊＝十日ごとに出る刊行物］ 26［査証＝ビザ］

でる順 B

同音・同訓異字 ②

15分で解こう!

32点以上とれれば合格!

得点 1回目 /40 2回目 /40

次の――線のカタカナを漢字に直せ。

1 冬山の景色はソウカンだ。
2 本国に犯人をソウカンする。
3 知事コウテイで会を催す。
4 コウテイ的な意見が多い。
5 事のケイチョウをわきまえる。
6 顔が広くてケイチョウ費がかさむ。
7 大物俳優キュウセイの一報に驚く。
8 結婚後も職場でキュウセイを使う。
9 社員のイロウ会を催す。
10 イロウのない確認をお願いします。
11 村おこし運動をカンショウする。
12 太平洋のカンショウ海域。
13 ケイコウペンで文字をなぞる。
14 消費を節約するケイコウにある。
15 台風に備えカセンの改修をする。
16 ビール業界はカセン化が進んだ。

解答

1 壮観
2 送還
3 公邸
4 肯定
5 軽重
6 慶弔
7 急逝
8 旧姓
9 慰労
10 遺漏
11 勧奨
12 環礁
13 蛍光
14 傾向
15 河川
16 寡占

他例 11［鑑賞］ 13［携行］ 15［架線］

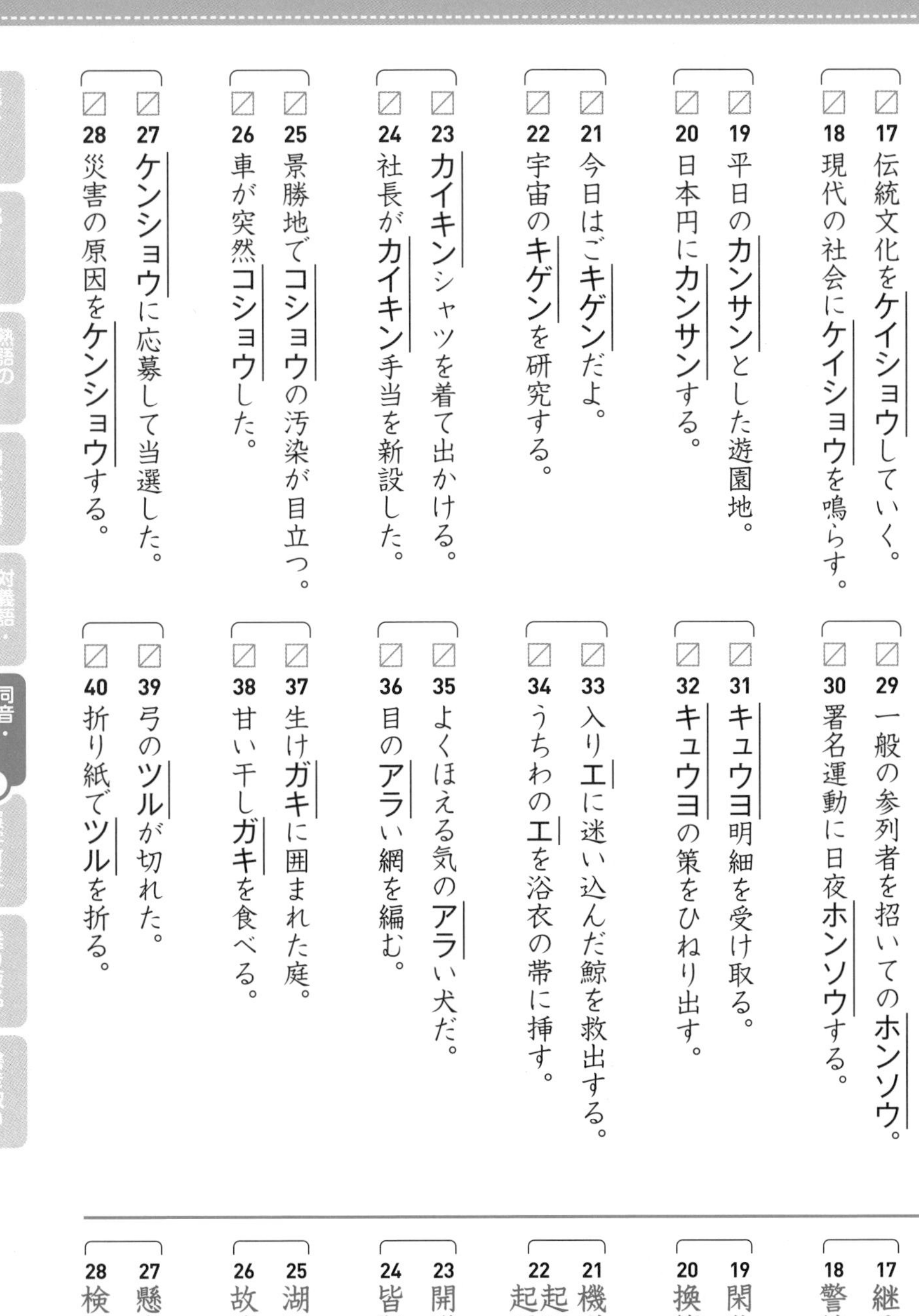

17 伝統文化をケイショウしていく。
18 現代の社会にケイショウを鳴らす。
19 平日のカンサンとした遊園地。
20 日本円にカンサンする。
21 今日はごキゲンだよ。
22 宇宙のキゲンを研究する。
23 カイキンシャツを着て出かける。
24 社長がカイキン手当を新設した。
25 景勝地でコショウの汚染が目立つ。
26 車が突然コショウした。
27 ケンショウに応募して当選した。
28 災害の原因をケンショウする。

29 一般の参列者を招いてのホンソウ。
30 署名運動に日夜ホンソウする。
31 キュウヨ明細を受け取る。
32 キュウヨの策をひねり出す。
33 入りエに迷い込んだ鯨を救出する。
34 うちわのエを浴衣の帯に挿す。
35 よくほえる気のアラい犬だ。
36 目のアラい網を編む。
37 生けガキに囲まれた庭。
38 甘い干しガキを食べる。
39 弓のツルが切れた。
40 折り紙でツルを折る。

---

17 継承　18 警鐘　19 閑散　20 換算　21 機嫌　22 起源・起原　23 開襟　24 皆勤　25 湖沼　26 故障　27 懸賞　28 検証

29 本葬　30 奔走　31 給与　32 窮余　33 江　34 柄　35 荒　36 粗　37 垣　38 柿　39 弦　40 鶴

他例　25 ［呼称］　27 ［憲章］

でる順 B

誤字訂正 ①

得点 1回目 /28 2回目 /28

次の各文にまちがって使われている同じ読みの漢字が一字ある。その誤字と正しい漢字を記せ。

1 狂牛病対策による政府の制度を悪用した牛肉偽創事件が発覚した。

2 石油資源の古渇に備え、先進国は代替エネルギーの開発に取り組んでいる。

3 中央教育審議会は公立中高一貫校の働入を制度改革の目玉として答申した。

4 兄は転職を継機にして資格取得を目指し昼夜を問わず猛勉強を始めた。

5 五輪開宰の候補都市として、誘致に本腰を入れ、本格的な活動を始める。

6 漆は技術の向上で表面保護だけでなく装飾的用渡でも使われている。

7 他社と基格を統一して互換性を持たせることで消費者の利便を図りたい。

8 共産主義国では反革命思想を強正するとして思想改造が行われた。

9 有数の水量を誇る大河は平原の中を緩やかに惰行しながら流れている。

10 大活躍した選手の国外移籍に対し、年俸の大幅な増額という対索を講じた。

11 重税にあえぐ農民たちは直接藩主に究状を訴えようと反乱を起こした。

12 今年も生活習慣病の定季検診を受けたが、特に兆候はなかった。

解答

1 創→装（偽装）
2 古→枯（枯渇）
3 働→導（導入）
4 継→契（契機）
5 宰→催（開催）
6 渡→途（用途）
7 基→規（規格）
8 強→矯（矯正）
9 惰→蛇（蛇行）
10 索→策（対策）
11 究→窮（窮状）
12 季→期（定期）

13 商店街の伸興を図り地域を活性化させようと市民たちは奮闘している。

14 遺跡から出土した昔の貨弊が公開され考古学ファンが殺到した。

15 民主的な日本国憲法が発付されたのは半世紀以上も前のことである。

16 室内は趣向を懲らした古典的な装飾が施され落ち着いた雰囲気になった。

17 少年時代に計り知れない苦労を経験したことが任耐力を培う結果となった。

18 遠浅の海岸は行楽地として人気が高く潮干刈りを楽しむ家族でにぎわう。

19 薄暗い小屋の中で古木に向かい一心に仏像を掘る姿に神々しさを感じる。

20 半年間の休場で非難を浴びた横綱は故傷を克服し賜杯を手にした。

21 最先端技術で建設される海上都市は、人口の泡和状態を解消する。

22 地下水の過剰なくみ上げが周辺の貫没事故を誘発するとの懸念が広がる。

23 彼は財政・金裕政策において、短期間に方針を変更することが特徴だった。

24 地方における公共交通機関の役割は時代とともに着実に変選してきた。

25 発車時刻までの怠屈しのぎに駅構内の書店で雑誌を購入して読んだ。

26 警察は管割を定め、地域の秩序維持のための重要な任務を担っている。

27 事故直後に行った緊急検査で、複数の機体に危裂が生じていることが判明した。

28 緊張の面持ちで宣聖をした選手は大役を果たして表情を和ませた。

---

13 伸→振（振興）
14 弊→幣（貨幣）
15 付→布（発布）
16 懲→凝（凝らした）
17 任→忍（忍耐力）
18 刈→狩（潮干狩り）
19 掘→彫（彫る）
20 傷→障（故障）
21 泡→飽（飽和）
22 貫→陥（陥没）
23 裕→融（金融）
24 選→遷（変遷）
25 怠→退（退屈）
26 割→轄（管轄）
27 危→亀（亀裂）
28 聖→誓（宣誓）

読み　部首　熟語の構成　四字熟語　対義語・類義語　同音・同訓異字　誤字訂正①　送り仮名　書き取り

でる順 B

誤字訂正 ②

15分で解こう!

23点以上とれれば合格!

得点 1回目 /28 2回目 /28

次の各文にまちがって使われている同じ読みの漢字が一字ある。その誤字と正しい漢字を記せ。

1 少子高齢化の影響により農家は後携者問題で悩んでいる。

2 警官は人通りの少ない路上で不慎な行動をとる男に職務質問をした。

3 事業所の移転に扶随した問題点について職員たちから率直な意見を求める。

4 冷細な会社を家族主義的経営で一流企業にした男の半生を描いた小説。

5 五輪開催の地ギリシャでは、採火式が荘厳な奮囲気の中で行われた。

6 多大な功績を残した者に対して功労者として賢彰する目的で記章を授与する。

7 強豪国を破って悲願の優勝を果たし名実ともに世界制把を成し遂げた。

8 小さな島でも風向きにより東と西の沿岸部では気候に弱干の差が生じる。

9 最初に温泉が湧出した場所を掘搾し、即席の露天風呂が作られて現在に至る。

10 今回の視察では環境問題に取り組む多数の団体と交流し大きな収獲を得た。

11 会長の諮問を受けて再建案が答信されたが、内容の不備が指摘された。

12 野生のゴリラの密漁監視体制を整えることは先進国の務めだ。

解答

1 携→継(後継者)

2 慎→審(不審)

3 扶→付(付随)

4 冷→零(零細)

5 奮→雰(雰囲気)

6 賢→顕(顕彰)

7 把→覇(制覇)

8 弱→若(若干)

9 搾→削(掘削)

10 獲→穫(収穫)

11 信→申(答申)

12 漁→猟(密猟)

読み
部首
熟語の構成
四字熟語
対義語・類義語
同音・同訓異字
誤字訂正②
送り仮名
書き取り

13 自由と平等を勝ち取るために昔から多くの人が犠征を払ってきた。

14 日差しが強くて歩くと汗が吹き出るが、止まると乾掃した風が快い。

15 公約した構造改革を実現可能なところから全次行っていきたい。

16 交響楽団育成という地道な仕事に黙々と生劾をささげた人だった。

17 この腕時計の知名度が海外でも高いのは染練された装飾と精巧さにある。

18 地球規模での豊かな社会実現のために効果的な借換のあり方が問われる。

19 白亜紀の地層から肉食恐竜の四肢の骨核化石が発掘された。

20 民衆が庁舎を占拠しようと押し寄せたため、数百人が一時的に硬束された。

21 政府の行った輸入制限礎置の結果、国産品の出荷が急激に増加した。

22 擬態する魚の一種は温暖な海の岩礁域に生息し、小魚や甲核類を捕食する。

23 彼の実力で日本記録を出すには並大底の練習では極めて困難だ。

24 外相は経済問題が両国の深刻な対立に発展しかねないと健命に主張した。

25 再開発に伴い地元の店舗や住民への細やかな配虜が求められる。

26 この長編小説の特徴は下町の人情の機備が巧みに描写されている点にある。

27 近年は駅の売店でも週刊誌や新聞の販売部数が叙々に減ってきている。

28 最近は豪華な単行本より連価な文庫のほうがよく売れる。

---

13 征→牲（犠牲）
14 掃→燥（乾燥）
15 全→漸（漸次）
16 劾→涯（生涯）
17 染→洗（洗練）
18 換→款（借款）
19 核→格（骨格）
20 硬→拘（拘束）
21 礎→措（措置）
22 核→殻（甲殻類）
23 底→抵（並大抵）
24 健→懸（懸命）
25 虜→慮（配慮）
26 備→微（機微）
27 叙→徐（徐々）
28 連→廉（廉価）

意味 26［機微＝表面に現れないかすかな心の動きや事柄］

送り仮名

15分で解こう！

34点以上とれれば合格！

得点
1回目 /42
2回目 /42

次の――線のカタカナを漢字一字と送り仮名（ひらがな）に直せ。

1 レモンのようなスッパイ味がする。
2 段ボールをひもで固くシバル。
3 ホドコシを受けることを拒む。
4 最高裁で評決がヒルガエッた。
5 話を途中でサエギラレル。
6 落雷で大木がサケル。
7 冷房の効いたスズシイ部屋で寝る。
8 そのことはスデニ話したはずだ。
9 夜空に星がマタタイている。
10 食事のカタワラテレビを見る。
11 ネバリ強く交渉する。
12 他人の秘密をアバク。
13 故郷をシタウ思いが募る。
14 トボシイ中から融通する。
15 差しサワリがあるので話せない。
16 留学でツチカッた語学力を試す。
17 そうなった原因はサダカデはない。
18 彼女は難役をノビヤカニ演じた。

解答

1 酸っぱい
2 縛る
3 施し
4 翻っ
5 遮られる
6 裂ける
7 涼しい
8 既に
9 瞬い
10 傍ら
11 粘り
12 暴く
13 慕う
14 乏しい
15 障り
16 培っ
17 定かで
18 伸びやかに

19 必要事項はモラサず記入する。

20 小雨にケムル山を臨む。

21 庭の木がクチル。

22 大会まで練習をオコタラナイ。

23 ソファーで子猫とタワムレル。

24 わからない問題を先生にタズネル。

25 失言に機嫌をソコネル。

26 肺炎流行のキザシが見え始める。

27 社長のオオセに耳を傾ける。

28 父の体力がオトロエル。

29 オドシて金を巻き上げる。

30 夢に向かって目標をカカゲル。

31 獲物を狙って草むらにヒソム。

32 赤ん坊が体をソラシて泣く。

33 大きな声援にハゲマサレル。

34 見合いをするのはハズカシイ。

35 愛馬に乗って山野をカケル。

36 カガヤカシイ成果を収める。

37 大国に金銀をミツグ。

38 車を後輩にユズル。

39 塩を加えて味をトトノエル。

40 まんじゅうをムラス。

41 追いつめられて進退キワマル。

42 ひとりっ子をアマヤカス。

---

19 漏らさ
20 煙る
21 朽ちる
22 怠らない
23 戯れる
24 尋ねる
25 損ねる
26 兆し
27 仰せ
28 衰える
29 脅し
30 掲げる

31 潜む
32 反らし
33 励まされる
34 恥ずかしい
35 駆ける
36 輝かしい
37 貢ぐ
38 譲る
39 調える
40 蒸らす
41 窮まる
42 甘やかす

意味 27 [仰せ＝目上の人からの言いつけ]

書き取り ①

34点以上
とれれば
合格!

次の――線のカタカナを漢字に直せ。

☐ 1 ハバツ争いが政治不信を招く。
☐ 2 経歴をサショウして出願した。
☐ 3 鬼が出るかジャが出るか。
☐ 4 高速道路がジュウタイした。
☐ 5 卑劣な行いをケイベツする。
☐ 6 一人でユウカイ犯を追う。
☐ 7 表情にケンオ感がにじみ出ている。
☐ 8 車の盗難がヒンパツする。
☐ 9 裏通りでジュウセイが響く。
☐ 10 ザッキンを消毒する。
☐ 11 必死にスイマと闘う。
☐ 12 うそがばれてバキャクをあらわす。
☐ 13 セイチョウな水が流れる小川。
☐ 14 チームのカクとなって活躍する。
☐ 15 努力して初志をカンテツする。
☐ 16 歓迎の催しでシンボクを深めた。
☐ 17 敵国の情勢をテイサツする。
☐ 18 剣術の奥義をエトクする。

解答

1 派閥
2 詐称
3 蛇
4 渋滞
5 軽蔑
6 誘拐
7 嫌悪
8 頻発
9 銃声
10 雑菌
11 睡魔
12 馬脚
13 清澄
14 核
15 貫徹
16 親睦
17 偵察
18 会得

意味 3［鬼が出るか蛇が出るか＝前途の運命の予測しがたいことのたとえ］

☐ 19 世間からカクゼツされた生活。

☐ 20 彼女はバンソウなしで歌った。

☐ 21 両親からショウダクを得る。

☐ 22 効率よく栄養をセッシュする。

☐ 23 バンジ休すでどうしようもない。

☐ 24 彼はテツガクを学んでいる。

☐ 25 ブランコが前後にユれている。

☐ 26 赤ん坊にソい寝をする。

☐ 27 同じアヤマちを繰り返す。

☐ 28 こんなカラいカレーは初めてだ。

☐ 29 カに刺された部分が赤く腫れる。

☐ 30 対戦相手にはモサがそろっている。

☐ 31 粘り負けして非常にクヤしい。

☐ 32 ミサキの灯台が遠望される。

☐ 33 式典でコトブキを述べる。

☐ 34 カンムリを授ける儀式が行われる。

☐ 35 兄の家にイソウロウする。

☐ 36 ツツシんでお見舞い申し上げます。

☐ 37 故人を手厚くホウムる。

☐ 38 アラい編み目の帽子をかぶる。

☐ 39 種まきの前にウネを作る。

☐ 40 アヤしい行動をとる男。

☐ 41 彼は一足早く現地にオモムいた。

☐ 42 知事より祝辞をタマワる。

---

19 隔絶
20 伴奏
21 承諾
22 摂取
23 万事
24 哲学
25 揺
26 添
27 過
28 辛
29 蚊
30 猛者

31 悔
32 岬
33 寿
34 冠
35 居候
36 謹
37 葬
38 粗
39 畝
40 怪
41 赴
42 賜

でる順 B

書き取り ②

15分で解こう!

34点以上とれれば合格!

次の——線のカタカナを漢字に直せ。

1 昨日のチョウカは惨めだった。
2 ヨジョウの人員を削減する。
3 決して他のツイズイを許さない。
4 大臣がコウテツされる。
5 パリキンコウの観光地を巡る。
6 ジンソクな対応が望まれる。
7 自ら配置テンカンを希望する。
8 数奇な運命にホンロウされる。
9 ロウジョウして受験勉強に専念する。
10 画家のチミツな筆使いに驚く。
11 落ち着きなくビンボウ揺すりをする。
12 シュンジュウに富む若者たち。
13 ゴウカな衣装で舞台に上がる。
14 容疑者はシッソウして行方不明だ。
15 大使が国王にエッケンする。
16 大型商業施設のユウチを検討する。
17 容疑者をキツモンする。
18 カッショクの肌が美しい。

解答

1 釣果
2 余剰
3 追随
4 更迭
5 近郊
6 迅速
7 転換
8 翻弄
9 籠城
10 緻密
11 貧乏
12 春秋
13 豪華
14 失踪
15 謁見
16 誘致
17 詰問
18 褐色

意味 12［春秋に富む＝年が若く将来性に満ちあふれている］

読み
部首
熟語の構成
四字熟語
対義語・類義語
同音・同訓異字
誤字訂正
送り仮名
書き取り②

☐ 19 大型センパクが沿岸部を航行する。
☐ 20 宝くじが当たってごマンエツだ。
☐ 21 他国と友好条約をテイケツする。
☐ 22 サケのチギョを川に放流する。
☐ 23 大仏のカイゲン供養を行う。
☐ 24 お茶をボンに載せて客間へ運ぶ。
☐ 25 大きなハチの巣を駆除する。
☐ 26 歓楽街で人込みにマギれる。
☐ 27 これは有名なカマモトの器です。
☐ 28 辛い料理を食べて体がホテる。
☐ 29 冬に入り草花がナえる。
☐ 30 イノチガけで救出活動を行う。

☐ 31 人目をシノぶように暮らしている。
☐ 32 流行語はスタれるのも早い。
☐ 33 受賞が大きなハゲみとなった。
☐ 34 コゴえる指先を温める。
☐ 35 椅子に座るようにとウナガされる。
☐ 36 ウえと寒さに見舞われた。
☐ 37 年の割にはフけて見える。
☐ 38 ネコの手も借りたいほど忙しい。
☐ 39 素モグりでサザエの漁をする。
☐ 40 友人が旅先でナくなった。
☐ 41 見事なキクの花を咲かせる。
☐ 42 ツナを引いてボートを陸に揚げる。

19 船舶
20 満悦
21 締結
22 稚魚
23 開眼
24 盆
25 蜂
26 紛
27 窯元
28 火照
29 萎
30 命懸

31 忍
32 廃
33 励
34 凍
35 促
36 飢
37 老
38 猫
39 潜
40 亡
41 菊
42 綱

意味 23 [開眼供養＝新たにつくった仏の像に眼を描き、仏の魂を迎えること]

書き取り③

15分で解こう！

34点以上とれれば合格！

得点	
1回目	/42
2回目	/42

次の——線のカタカナを漢字に直せ。

1 喉がエンショウを起こす。
2 ガロウで開催した個展が好評だ。
3 左手のコウに一粒の涙が落ちた。
4 アイビョウ家が全国から集まった。
5 リョウシは熊を一発で射止めた。
6 ショウテンの定まらない目をする。
7 さびた歯車にジュンカツ油をさす。
8 夜食に温かいチャヅけを食べる。
9 マンゲキョウの模様が変わる。
10 エキショウモニターに傷がついた。
11 うわさは次第にショウメツした。
12 豪雨のためコウズイが発生した。
13 鋭いドウサツカがある。
14 長年の苦労もスイホウに帰した。
15 税関で密輸品がボッシュウされた。
16 首相がオウベイ諸国を歴訪する。
17 腹痛のため、途中でキケンした。
18 神社からガガクの音色が聞こえる。

解答

1 炎症
2 画廊
3 甲
4 愛猫
5 猟師
6 焦点
7 潤滑
8 茶漬
9 万華鏡
10 液晶
11 消滅
12 洪水
13 洞察
14 水泡
15 没収
16 欧米
17 棄権
18 雅楽

意味 14［水泡に帰す＝努力したことが無駄になる］

19 鉄道のカセンに飛来物がからまる。
20 編集者が原稿にシュを入れる。
21 強盗ミスイの疑いで逮捕する。
22 レンガ造りのダンロがある家。
23 シュクエンでの司会を頼まれる。
24 失敗してカイコンの涙を流す。
25 何事も母にツツヌけだ。
26 イオウの臭いが漂う温泉に入る。
27 台風でカワラ屋根が被害を受ける。
28 何も知らぬ気にスズしい顔をする。
29 ハえある優勝に感涙した。
30 その件はスデに調査済みだ。

31 遠来の客をネンゴろにもてなす。
32 ウヤウヤしい態度で接する。
33 まだイカりがおさまらない。
34 イまわしい予言は信じない。
35 カメは長寿の象徴と言われる。
36 日曜日はモッパら寝ている。
37 国のモトイを作る。
38 タダし書きの内容に注意する。
39 アサの布は夏物に適する。
40 冬山の絶景にすっかりミせられた。
41 ゲームに時間をツイやす。
42 江戸の名所が描かれたニシキエ。

---

19 架線
20 朱
21 未遂
22 暖炉
23 祝宴
24 悔恨
25 筒抜
26 硫黄
27 瓦
28 涼
29 栄
30 既

31 懇
32 恭
33 怒
34 忌
35 亀
36 専
37 基
38 但
39 麻
40 魅
41 費
42 錦絵

読み / 部首 / 熟語の構成 / 四字熟語 / 対義語・類義語 / 同音・同訓異字 / 誤字訂正 / 送り仮名 / 書き取り③

意味 19［架線＝かけ渡した送電線や電話線など］ 37［基＝土台］

でる順 B

書き取り ④

15分で解こう!

34点 以上とれれば合格!

得点
1回目 /42
2回目 /42

次の――線のカタカナを漢字に直せ。

1 古い制度がケイガイ化している。
2 取材で問題のカクシンに迫る。
3 判決を不服としてコウソする。
4 無作為にチュウシュツして調べた。
5 理想を実現できないのはイカンだ。
6 初戦は見事にザンパイを喫した。
7 アクセンは身に付かないという。
8 神社ブッカクのご朱印を集める。
9 親のチュウゲンを素直に聞く。
10 今更コウカイしても仕方がない。
11 大願ジョウジュのお守りを提げる。
12 茶器をテイネイに取り扱う。
13 金額のタカは問わない。
14 ヨウシャなく取り立てる。
15 人込みの中でコドクを感じる。
16 アパートの賃貸ケイヤクを交わす。
17 クスノキのタイジュがそびえる。
18 家の鉄製の門扉をトソウする。

解答

1 形骸
2 核心
3 控訴
4 抽出
5 遺憾
6 惨敗
7 悪銭
8 仏閣
9 忠言
10 後悔
11 成就
12 丁寧
13 多寡
14 容赦
15 孤独
16 契約
17 大樹
18 塗装

意味 3［控訴＝第一審の判決を不服として、上級裁判所に新たな判決を求めること］

読み
部首
熟語の構成
四字熟語
対義語・類義語
同音・同訓異字
誤字訂正
送り仮名
書き取り④

☐ 19 屋外はジゴクのような暑さだ。
☐ 20 警官にイカクされた。
☐ 21 セキとして物音一つ聞こえない。
☐ 22 君の話はキジョウの空論だ。
☐ 23 予選通過のキッポウが届いた。
☐ 24 山寺で毎朝のゴンギョウに励む。
☐ 25 シイタげられた人々を救った。
☐ 26 ユルい曲線を描いて進んでいく。
☐ 27 全社員からウトんじられている。
☐ 28 ショックで二の句をツげない。
☐ 29 冬の夜にヒサメが降る。
☐ 30 気持ちのホッするままに動く。

☐ 31 タクみな話術で誘う。
☐ 32 カイヅカは古代人の生活の跡だ。
☐ 33 質疑応答に十分な時間をサく。
☐ 34 カンバしい実績を残していない。
☐ 35 体調を万全に整えて試験にノゾむ。
☐ 36 人の目をアザムく仕掛けを備える。
☐ 37 横断幕をカカげて声援を送る。
☐ 38 春には大輪の花をサかせる。
☐ 39 娘がトツぐ日を迎えて感無量だ。
☐ 40 人をソソノカすのはよくない。
☐ 41 電車にカサを置き忘れた。
☐ 42 前線をトモナう低気圧が発生する。

---

19 地獄
20 威嚇
21 寂
22 机上
23 吉報
24 勤行
25 虐
26 緩
27 疎
28 継
29 氷雨
30 欲

31 巧
32 貝塚
33 割
34 芳
35 臨
36 欺
37 掲
38 咲
39 嫁
40 唆
41 傘
42 伴

意味 21［寂として＝静まりかえって］ 29［氷雨＝あられ。冷たい雨］

書き取り ⑤

15分で解こう!

34点以上とれれば合格!

得点
1回目 /42
2回目 /42

次の――線のカタカナを漢字に直せ。

1 その振る舞いはカンベンならない。
2 古墳から銅製のケンが発見された。
3 犯人に重いケイバツを加える。
4 彼はキセイの概念に捕らわれない。
5 サイソクの電話をかける。
6 グウゼン同じ電車に乗り合わせた。
7 壊れた箇所をシュウゼンする。
8 叔母に結婚のチュウカイを頼む。
9 あの社長はお金のモウジャだ。
10 国内屈指の広大なキュウリョウ地。
11 セイレイが宿るといわれる古木。
12 ネンポウ一億円を超すスター選手。
13 物語の結末がキンセンに触れる。
14 コウバイ部で本を注文する。
15 台所の排水溝からイシュウがする。
16 西国三十三所をアンギャする。
17 上品でセンサイな味つけの料理。
18 フウトウに宛名を書く。

解答

1 勘弁
2 剣
3 刑罰
4 既成
5 催促
6 偶然
7 修繕
8 仲介
9 亡者
10 丘陵
11 精霊
12 年俸
13 琴線
14 購買
15 異臭
16 行脚
17 繊細
18 封筒

意味 13［琴線に触れる＝感銘を受け深く共感すること］

☐ 19 サッカーのカントクをする。
☐ 20 病気に対してメンエキができる。
☐ 21 学生時代は音楽にケイトウした。
☐ 22 狭い道での路上駐車はゴハットだ。
☐ 23 家族と共にシュッカンに付き添う。
☐ 24 イロウなきようお願いします。
☐ 25 離れた間に魚をコがす。
☐ 26 十人分の食事をマカナう。
☐ 27 人生のスいも甘いもかみ分けた人。
☐ 28 ホドコしを受けて暮らす。
☐ 29 娘を手放しでホめる。
☐ 30 ほのかな光を放つホタルの群れ。

☐ 31 シートベルトをしっかりとシめる。
☐ 32 くじいた足首がハれてきた。
☐ 33 タタミの部屋でうたた寝をする。
☐ 34 未来のことは知るヨシもない。
☐ 35 浜辺に出てウラカゼに当たる。
☐ 36 サジキで古典芸能を鑑賞する。
☐ 37 クワを栽培して蚕を飼育する。
☐ 38 離婚訴訟はドロヌマに陥った。
☐ 39 つい二クまれ口をたたいてしまう。
☐ 40 負け続きでミジめな思いをする。
☐ 41 チャンピオンが喜びの涙をヌグう。
☐ 42 木のウツワにスープをよそう。

---

19 監督
20 免疫
21 傾倒
22 御法度
23 出棺
24 遺漏
25 焦
26 賄
27 酸
28 施
29 褒
30 蛍

31 締
32 腫
33 畳
34 由
35 浦風
36 桟敷
37 桑
38 泥沼
39 憎
40 惨
41 拭
42 器

意味 36［桟敷＝祭りや相撲などを見るために一段高く作った上級の見物席］

書き取り ⑥

得点
1回目 /42
2回目 /42

次の——線のカタカナを漢字に直せ。

1 山の中で熊にソウグウした。
2 ロウニャク男女が一堂に会する。
3 強い雨が事故をユウハツする。
4 カツラク事故に気をつける。
5 トウゲイ教室に三年間通った。
6 食糧難でキガに苦しむ。
7 異性の行動にゲンメツする。
8 タクバツした業績を上げる。
9 少女の歌声にミリョウされる。
10 フオンな空気を察知する。
11 失敗をケイキに体制を立て直した。
12 おヒガンにお墓参りに行く。
13 愛情がゾウオに変わる。
14 再会した孫をホウヨウする。
15 キュウケイを挟みながら勉強する。
16 敗北をケンキョに受け止める。
17 妻と二人の子供をフヨウする。
18 ピアノのケンバンの前に座る。

解答

1 遭遇
2 老若
3 誘発
4 滑落
5 陶芸
6 飢餓
7 幻滅
8 卓抜
9 魅了
10 不穏
11 契機
12 彼岸
13 憎悪
14 抱擁
15 休憩
16 謙虚
17 扶養
18 鍵盤

読み
部首
熟語の構成
四字熟語
対義語・類義語
同音・同訓異字
誤字訂正
送り仮名
書き取り⑥

19 ユウキュウの大河を眺める。
20 関係者が多数チョウモンする。
21 リョウテイで宴会を行う。
22 多くの人がタイコバンを押す店。
23 フウリンの音が心を和ませる。
24 蚊がバイカイして感染する。
25 船がアサセに乗り上げる。
26 友人のクチグセをまねする。
27 火事でマルハダカになった。
28 ウジガミ様にお参りする。
29 稲のホサキがゆらゆらと揺れる。
30 血もコオるほど恐ろしい経験。

31 年の暮れは何かとアワただしい。
32 過ぎたるはオヨばざるがごとし。
33 借りた本を友人にマタガしする。
34 包丁のハの研ぎ方を学ぶ。
35 一年に一度は便りをカわす。
36 舌の根のカワかぬうちに撤回する。
37 あえない最期をトげる。
38 将来への期待に胸がフクらむ。
39 誰もがウラヤむ才能を持っている。
40 入りエはいつでも波が静かだ。
41 マドギワの席を予約した。
42 痛くもない腹をサグられる。

---

19 悠久
20 弔問
21 料亭
22 太鼓判
23 風鈴
24 媒介
25 浅瀬
26 口癖
27 丸裸
28 氏神
29 穂先
30 凍

31 慌
32 及
33 又貸
34 刃
35 交
36 乾
37 遂
38 膨
39 羨
40 江
41 窓際
42 探

意味 20［弔問＝故人を弔うために遺族を訪ねること］

でる順 B

書き取り ⑦

15分で解こう！

34点以上とれれば合格！

次の――線のカタカナを漢字に直せ。

1 アイガン犬に癒やしを求める。
2 両者の間に大きなキレツが生じる。
3 現場にはケッコンが残っている。
4 かつてはダンナ衆が行き交った街。
5 父はかっこうにムトンチャクだ。
6 何とか渡航費用をネンシュツする。
7 寒村が大きなヘンボウを遂げる。
8 アイマイな答えしか返ってこない。
9 式典でアイサツを述べる。
10 恩師にはイフの念を抱いている。
11 エンコンによる犯行と見なされた。
12 代表選考会はカレツを極めた。
13 イゴの対局を観戦する。
14 ダンガイに立つ場面を撮影する。
15 暗所で猫のドウコウが開く。
16 不祥事で大臣をコウテツした。
17 暗いドウクツに足を踏み入れる。
18 受験の苦手分野をコクフクする。

解答

1 愛玩
2 亀裂
3 血痕
4 旦那
5 無頓着
6 捻出
7 変貌
8 曖昧
9 挨拶
10 畏怖
11 怨恨
12 苛烈
13 囲碁
14 断崖
15 瞳孔
16 更迭
17 洞窟
18 克服

他例 1［玩具・賞玩］ 3［痕跡］ 5［頓挫・整頓］

19 演歌を熱唱してカッサイを浴びる。
20 部下を厳しくシッセキする。
21 人間万事サイオウが馬だ。
22 彼は非常にシンのある若者だ。
23 セイゼツな死闘を繰り広げる。
24 強敵をフンサイして勝ち進む。
25 ヤミヨにぼんやりと光が浮かぶ。
26 ハシゲタが落下する事故が起こる。
27 事件のカギを握る女性を捜す。
28 シッポを巻いて力なく退散する。
29 ハンソデの上にシャツを羽織る。
30 友人の話はマユツバモノだと思う。
31 ツマサキ立ちをしてのぞきこむ。
32 寒い日にはナベ料理が最適だ。
33 カタヒジ張ることのない飲食店。
34 時計をマクラモトに置く。
35 コロアいを見計らって席を立つ。
36 イシウスを使って大豆をひく。
37 自分のことをオレと呼ぶ。
38 湯を注いでフタをして五分待つ。
39 庭にあるカキの木に実がなる。
40 すごろくのコマを二つ進める。
41 クシに刺した団子を焼く。
42 軽率な行動で面目がツブれる。

---

19 喝采
20 叱責
21 塞翁
22 芯
23 凄絶
24 粉砕
25 闇夜
26 橋桁
27 鍵
28 尻尾
29 半袖
30 眉唾物
31 爪先
32 鍋
33 肩肘
34 枕元
35 頃合
36 石臼
37 俺
38 蓋
39 柿
40 駒
41 串
42 潰

他例 19［采配］ 38［火蓋］ 意味 30［眉唾物＝真偽の疑わしいもの］

ちょっと一休み・・・　漢字パズル ②

カード内の3つの漢字に共通してつく部首名を記せ。

❶	少　貴　凡
❷	致　定　申
❸	委　心　次
❹	意　泉　善

答　❶ さんずい（沙・潰・汎）　❷ いとへん（緻・綻・紳）
❸ くさかんむり（萎・芯・茨）　❹ にくづき（臆・腺・膳）

でる順 C ランク

出題される頻度は低いものの
実力に差をつける問題

でる順 C

読み ①

10分で解こう!

34点以上とれれば合格!

得点 1回目 /42 2回目 /42

次の——線の漢字の読みをひらがなで記せ。

1 荒漠たる原野を横断する。
2 構内で異臭がして騒ぎとなる。
3 タイヤが摩耗して滑りやすい。
4 疑いが晴れて赦免される。
5 僅差のタイムで優勝を逃した。
6 道路が陥没する事故が発生する。
7 自ら実践して後輩に手本を示す。
8 天から賦与された才能だ。
9 権利を無償で譲渡する。
10 合意に至った経緯を詳述する。
11 秩序正しく行動する。
12 豪勢な食事のお相伴にあずかる。
13 隣国からの書簡を披見する。
14 甲殻類の生態の研究に取り組む。
15 法曹界の意見も聴く。
16 町並みも暮色に包まれた。
17 昔日の面影が今なお残る古都。
18 ヘリコプターで捜索活動を行う。

解答

1 こうばく
2 いしゅう
3 まもう
4 しゃめん
5 きんさ
6 かんぼつ
7 じっせん
8 ふよ
9 じょうと
10 しょうじゅつ
11 ちつじょ
12 しょうばん
13 ひけん
14 こうかく
15 ほうそうかい
16 ぼしょく
17 せきじつ
18 そうさく

他例 3［磨耗］　意味 12［相伴＝客に同伴して自分ももてなしを受けること］

19 拾得した財布を交番に届ける。
20 被害者が遺憾の意を表す。
21 乳酸菌を培養しヨーグルトを作る。
22 秀逸な作品を選考する。
23 監督に全幅の信頼を寄せる。
24 王者が挑戦者を一蹴した。
25 暗い思い出は忘却する。
26 三種類の薬を併用する。
27 忠告を謙虚に受け入れる。
28 大使を一時的に召還した。
29 今年の冬は殊に厳しい寒さだ。
30 履物を脱いで寺院の中に入る。

31 闇に葬られた事件の謎を追う。
32 擦りむいた傷口に消毒液が染みる。
33 守るにやすく攻めるに難い城だ。
34 親に褒められたい一心で勉強する。
35 本当の年齢よりも老けて見える。
36 参加を渋る友人を強引に誘う。
37 友人に弔いの言葉をかける。
38 鼓の音が能楽堂の静寂を破った。
39 幼児の笑顔に釣られてほほえむ。
40 容姿は美しいが心は醜い。
41 兄は謡を趣味にしている。
42 華麗な手綱さばきで魅了する。

---

19 しゅうとく
20 いかん
21 ばいよう
22 しゅういつ
23 ぜんぷく
24 いっしゅう
25 ぼうきゃく
26 へいよう
27 けんきょ
28 しょうかん
29 こと
30 はきもの

31 ほうむ
32 し
33 かた
34 ほ
35 ふ
36 しぶ
37 とむら
38 つづみ
39 つ
40 みにく
41 うたい
42 たづな

他例 29 [殊更]　意味 29 [殊に＝特に]

でる順 C

読み②

10分で解こう！

34点以上とれれば合格！

得点 1回目 /42 2回目 /42

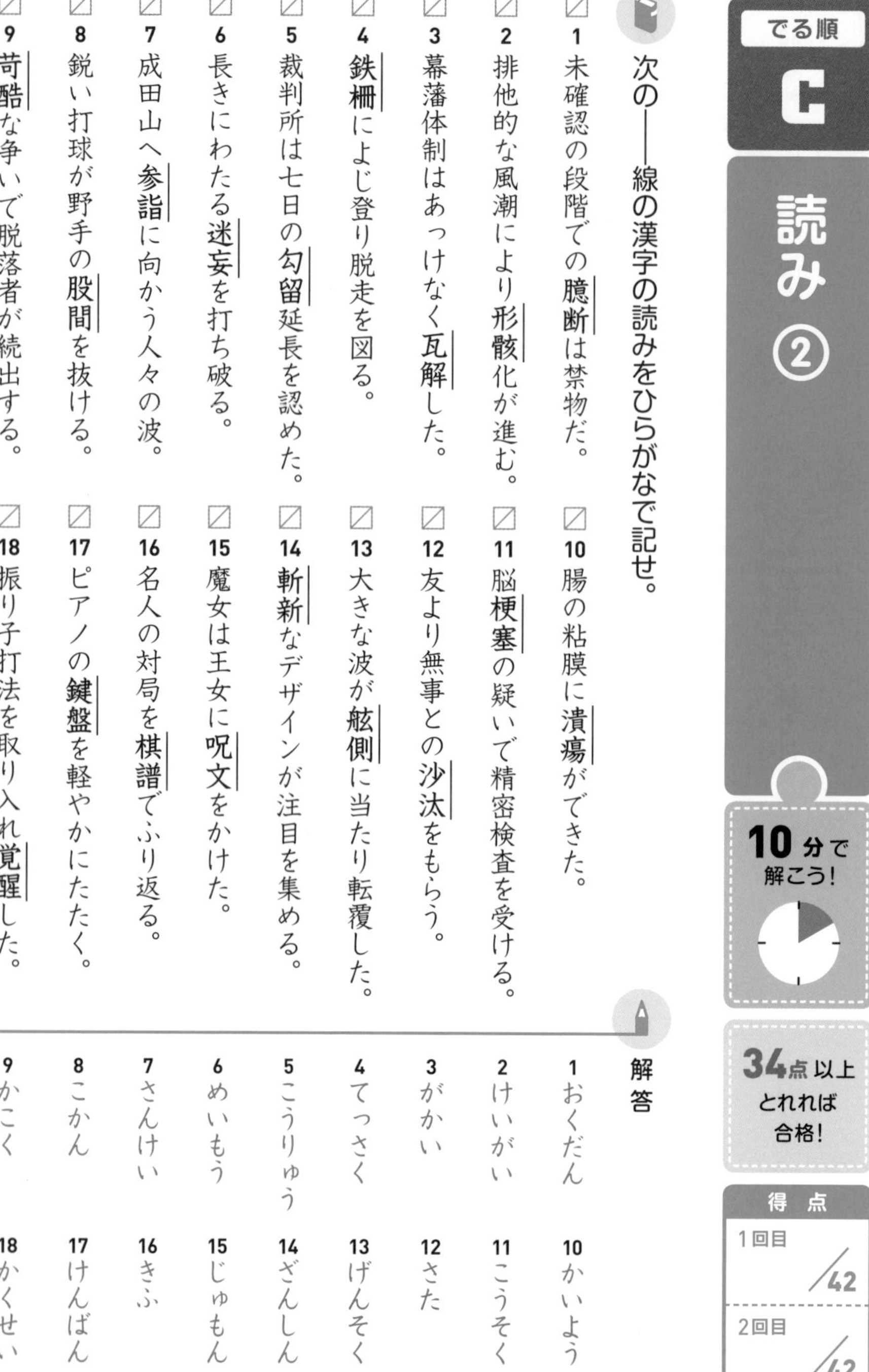

次の——線の漢字の読みをひらがなで記せ。

1 未確認の段階での臆断は禁物だ。
2 排他的な風潮により形骸化が進む。
3 幕藩体制はあっけなく瓦解した。
4 鉄柵によじ登り脱走を図る。
5 裁判所は七日の勾留延長を認めた。
6 長きにわたる迷妄を打ち破る。
7 成田山へ参詣に向かう人々の波。
8 鋭い打球が野手の股間を抜ける。
9 苛酷な争いで脱落者が続出する。
10 腸の粘膜に潰瘍ができた。
11 脳梗塞の疑いで精密検査を受ける。
12 友より無事との沙汰をもらう。
13 大きな波が舷側に当たり転覆した。
14 斬新なデザインが注目を集める。
15 魔女は王女に呪文をかけた。
16 名人の対局を棋譜でふり返る。
17 ピアノの鍵盤を軽やかにたたく。
18 振り子打法を取り入れ覚醒した。

解答

1 おくだん
2 けいがい
3 がかい
4 てっさく
5 こうりゅう
6 めいもう
7 さんけい
8 こかん
9 かこく
10 かいよう
11 こうそく
12 さた
13 げんそく
14 ざんしん
15 じゅもん
16 きふ
17 けんばん
18 かくせい

意味 1［臆断＝憶測で判断すること］ 12［沙汰＝知らせ。便り］ 16［棋譜＝碁や将棋の対局の記録］

読み ②

部首

熟語の構成

四字熟語

対義語・類義語

同音・同訓異字

誤字訂正

送り仮名

書き取り

☐ 19 子供たちが**羨望**のまなざしで見る。
☐ 20 産卵のためにサケが川を**遡上**する。
☐ 21 温かい料理をテーブルに**配膳**する。
☐ 22 ボートに乗って**爽快**な風を浴びる。
☐ 23 地元産の**焼酎**が好評だ。
☐ 24 彼は大食漢の割には**痩身**だ。
☐ 25 派閥の**領袖**として権勢を振るう。
☐ 26 恩師から貴重な助言を**頂戴**する。
☐ 27 校庭から**須恵器**の破片が見つかる。
☐ 28 豊富な**湧出**量を誇る人気の温泉宿。
☐ 29 同僚の昇進を**妬**んでの犯行らしい。
☐ 30 巨大遺跡の**謎**を追って現地に飛ぶ。

☐ 31 おいしい食事に**箸**が進む。
☐ 32 何を聞いても**眉**一つ動かさない。
☐ 33 砂糖の代わりに**蜂蜜**を使用する。
☐ 34 避難先で**僅**かな食料を分け合う。
☐ 35 合宿先では全員が**枕**を並べて寝る。
☐ 36 **頃合**いを見て料理を出す。
☐ 37 紙を小さく丸めてくず**籠**に捨てる。
☐ 38 周囲から見下され**嘲**りを受ける。
☐ 39 あまりの騒音に耳を**塞**ぐ。
☐ 40 名人は**桁違**いの強さを見せた。
☐ 41 挑戦者は**諦**めが悪い男だ。
☐ 42 夕立のあと空に**虹**がかかる。

---

19 せんぼう
20 そじょう
21 はいぜん
22 そうかい
23 しょうちゅう
24 そうしん
25 りょうしゅう
26 ちょうだい
27 すえき
28 ゆうしゅつ
29 ねた
30 なぞ

31 はし
32 まゆ
33 はちみつ
34 わず
35 まくら
36 ころあ
37 かご
38 あざけ
39 ふさ
40 けたちが
41 あきら
42 にじ

意味 25［領袖＝集団の長］ 27［須恵器＝古墳時代後期から平安時代の素焼きの土器］

でる順 C

読み ③

10分で解こう!

34点以上とれれば合格!

得点 1回目 /42 2回目 /42

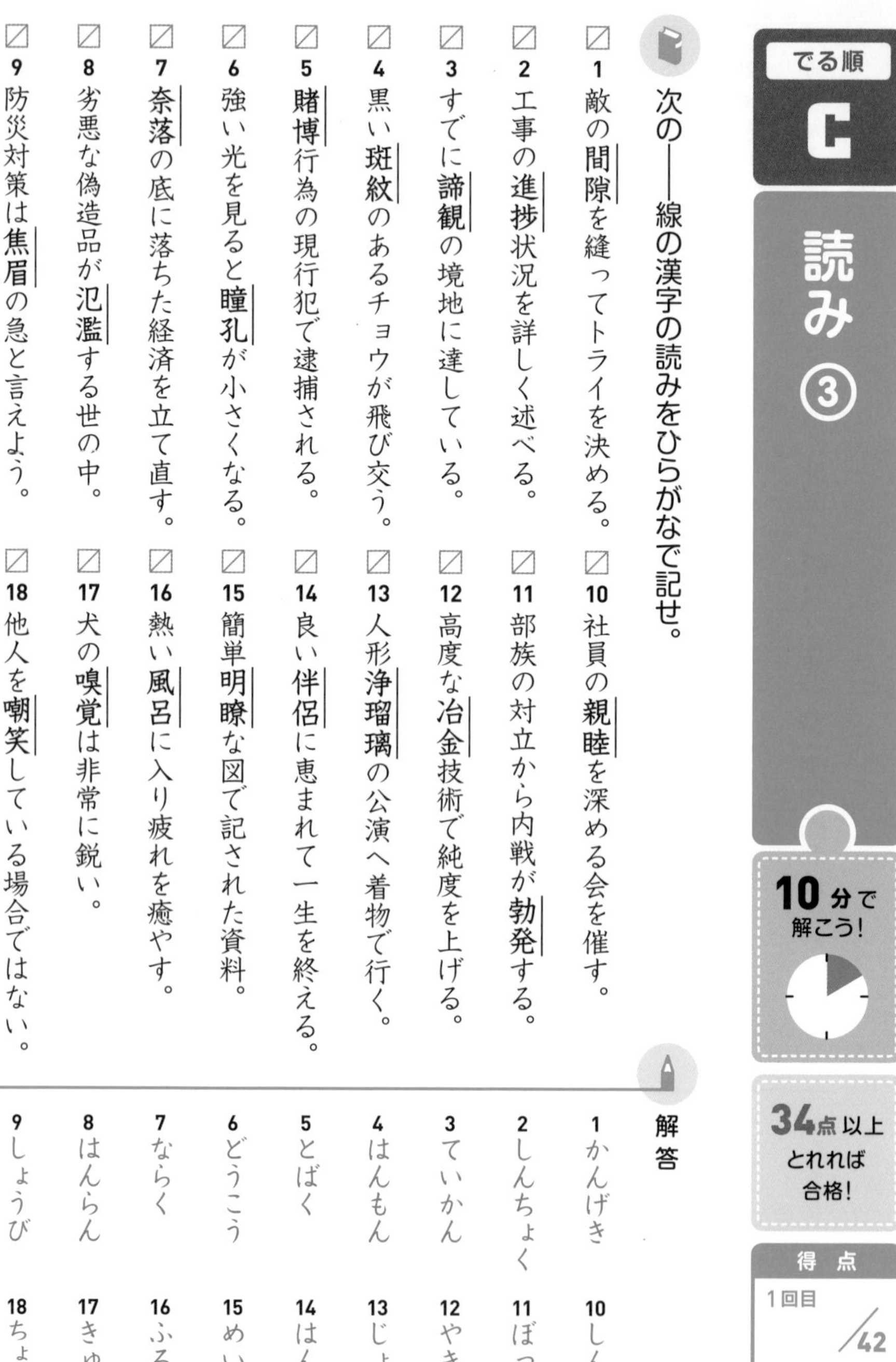

次の——線の漢字の読みをひらがなで記せ。

1 敵の間隙を縫ってトライを決める。
2 工事の進捗状況を詳しく述べる。
3 すでに諦観の境地に達している。
4 黒い斑紋のあるチョウが飛び交う。
5 賭博行為の現行犯で逮捕される。
6 強い光を見ると瞳孔が小さくなる。
7 奈落の底に落ちた経済を立て直す。
8 劣悪な偽造品が氾濫する世の中。
9 防災対策は焦眉の急と言えよう。
10 社員の親睦を深める会を催す。
11 部族の対立から内戦が勃発する。
12 高度な冶金技術で純度を上げる。
13 人形浄瑠璃の公演へ着物で行く。
14 良い伴侶に恵まれて一生を終える。
15 簡単明瞭な図で記された資料。
16 熱い風呂に入り疲れを癒やす。
17 犬の嗅覚は非常に鋭い。
18 他人を嘲笑している場合ではない。

解答

1 かんげき
2 しんちょく
3 ていかん
4 はんもん
5 とばく
6 どうこう
7 ならく
8 はんらん
9 しょうび
10 しんぼく
11 ぼっぱつ
12 やきん
13 じょうるり
14 はんりょ
15 めいりょう
16 ふろ
17 きゅうかく
18 ちょうしょう

意味 9［焦眉＝危難が迫っていること］ 12［冶金＝鉱石から金属を分離して精製・加工すること］

読み ③

19 毎日の読書で語彙力をつける。
20 停電が長く続くことを危惧する。
21 教え子が賞をとり出藍の誉れだ。
22 双璧を成す二名の学者の講演会。
23 教授が物理学汎論をまとめ上げる。
24 参道の灯籠にあかりがともる。
25 判断を恣意に任せる。
26 彼は羞恥心のかけらもない男だ。
27 突然の訃報に言葉を失う。
28 新しい技術を貪欲に吸収する。
29 嵐の影響で空の便は欠航した。
30 リンゴ畑が山の麓に広がる。
31 恐怖で血も凍る事件だ。
32 ついに戦いの火蓋が切られた。
33 大きな釜でじっくりと煮込む。
34 古い瓦屋根の民家が軒を連ねる。
35 江戸の名所を錦絵で見る。
36 祖母に煎り豆の作り方を教わる。
37 川沿いの桜の花が綻び始める。
38 掲示板に防犯ポスターを貼る。
39 棚一面に藤の花が咲き誇っている。
40 彼女の妖しい美しさに魅了される。
41 新聞を小脇にはさんで足早に歩く。
42 日本勢の活躍に場内が湧いた。

19 ごい
20 きぐ
21 しゅつらん
22 そうへき
23 はんろん
24 とうろう
25 しい
26 しゅうちしん
27 ふほう
28 どんよく
29 あらし
30 ふもと
31 こお
32 ひぶた
33 かま
34 かわらやね
35 にしきえ
36 い
37 ほころ
38 は
39 ふじ
40 あや
41 こわき
42 わ

意味 21［出藍＝弟子が師に勝ること］ 23［汎論＝全体に関する議論］ 25［恣意＝思いつき］

でる順 C

部首 ①

10分で解こう!

39点以上とれれば合格!

得点	
1回目	/48
2回目	/48

次の漢字の部首を記せ。

1 甲
2 旦
3 真
4 虎
5 企
6 至
7 興
8 舌
9 衛
10 謄
11 賠
12 轄
13 郷
14 雰
15 頑
16 世
17 司
18 励
19 奉
20 師

解答

1 田 た　例 畏 畿 畝
2 日 ひ　例 昆 晶 旨
3 目 め　例 眉 督 盲
4 虍 とらがしら とらかんむり　例 虜 虐 虚
5 人 ひとやね　例 傘 介 余
6 至 いたる　例 出題範囲では至と致のみ
7 臼 うす　例 出題範囲では興と臼のみ
8 舌 した　例 舗 舎
9 行 ぎょうがまえ ゆきがまえ　例 衡 衝 術
10 言 げん　例 誓 誉 警
11 貝 かいへん　例 貼 賭 賂
12 車 くるまへん　例 軟 軸 軌
13 阝 おおざと　例 那 邸 邦
14 雨 あめかんむり　例 霜 零 霊
15 頁 おおがい　例 顎 頒 須
16 一 いち　例 丙 且 丈
17 口 くち　例 呂 呉 嗣
18 力 ちから　例 勃 勲 効
19 大 だい　例 爽 奨 奈
20 巾 はば　例 巾 帥 幣

注意 10 [謄の部首は「月」ではない]

21 鶏
22 頃
23 彩
24 施
25 首
26 歯
27 遷
28 占
29 及
30 唯
31 壮
32 舞
33 夢
34 奏
35 媒
36 商
37 崎
38 差
39 席
40 幽
41 廃
42 痴
43 衆
44 遮
45 弐
46 循
47 朴
48 鼓

---

21 鳥 とり 例 鶴 鳥 鳴
22 頁 おおがい 例 頻 顧 頼
23 彡 さんづくり 例 彰 彫 影
24 方 ほうへん かたへん 例 旋 族 旅
25 首 くび 出題範囲では首のみ
26 歯 は 出題範囲では歯のみ
27 辶 しんにょう しんにゅう 例 還 逝 遍
28 卜 と うらない 出題範囲では占のみ
29 又 また 例 叙 叔 双
30 口 くちへん 例 喉 叱 呪
31 士 さむらい 例 壱 声 売
32 舛 まいあし 出題範囲では舞のみ
33 夕 た ゆうべ 例 夜 多 外
34 大 だい 例 奔 契 奪
35 女 おんなへん 例 嫉 妬 媛
36 口 くち 例 唇 喪 呈
37 山 やまへん 例 岬 峡 岐
38 工 え たくみ 例 巨 工 左
39 巾 はば 例 帝 幕 布
40 幺 よう いとがしら 例 幻 幾 幼
41 广 まだれ 例 庶 庸 廉
42 疒 やまいだれ 例 症 癒 痢
43 血 ち 出題範囲では衆と血のみ
44 辶 しんにょう しんにゅう 例 逐 逓 迭
45 弋 しきがまえ 出題範囲では弐と式のみ
46 彳 ぎょうにんべん 例 徹 徐 御
47 木 きへん 例 椎 枕 栃
48 鼓 つづみ 出題範囲では鼓のみ

注意 39［席の部首は「广」ではない］

でる順 C

部首②

10分で解こう!

39点以上とれれば合格!

得点
1回目 /48
2回目 /48

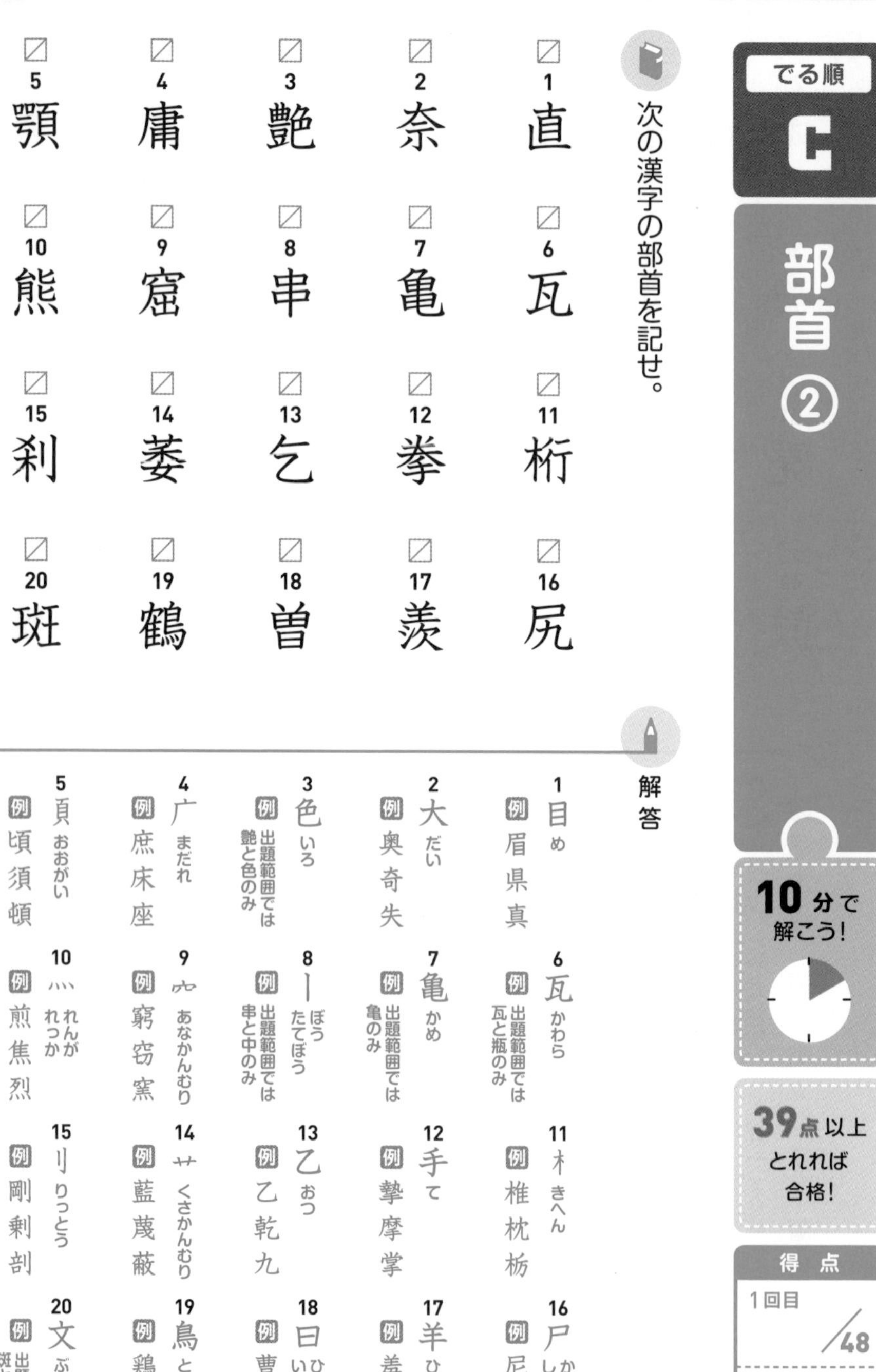

次の漢字の部首を記せ。

1 直
2 奈
3 艶
4 庸
5 顎
6 瓦
7 亀
8 串
9 窟
10 熊
11 桁
12 拳
13 乞
14 萎
15 刹
16 尻
17 羨
18 曽
19 鶴
20 斑

解答

1 目 め 例 眉 県 真
2 大 だい 例 奥 奇 失
3 色 いろ 例 出題範囲では艶と色のみ
4 广 まだれ 例 庶 床 座
5 頁 おおがい 例 頃 須 頓
6 瓦 かわら 例 出題範囲では瓦と瓶のみ
7 亀 かめ 例 出題範囲では亀のみ
8 丨 ぼう たてぼう 例 出題範囲では串と中のみ
9 穴 あなかんむり 例 窮 窃 窯
10 灬 れんが れっか 例 煎 焦 烈
11 木 きへん 例 椎 枕 栃
12 手 て 例 摯 摩 掌
13 乙 おつ 例 乙 乾 九
14 艹 くさかんむり 例 藍 蔑 蔽
15 刂 りっとう 例 剛 剰 剖
16 尸 かばね しかばね 例 尼 履 尿
17 羊 ひつじ 例 羞 義 群
18 日 ひらび いわく 例 曹 替 更
19 鳥 とり 例 鶏 鳴 鳥
20 文 ぶん 例 出題範囲では斑と文のみ

注意 2［奈の部首は「示」ではない］

21 歴　22 嗅　23 貧　24 慰　25 延　26 崖　27 劾

28 嘲　29 彙　30 憬　31 鬱　32 璧　33 緻　34 辣

35 剝　36 頻　37 椅　38 畏　39 臼　40 怨　41 臆

42 骸　43 葛　44 玩　45 爽　46 巾　47 匂　48 隙

---

21 止 とめる　例 歳 武 止

22 口 くちへん　例 唆 唾 咽

23 貝 かい こがい　例 貢 貞 貫

24 心 こころ　例 懲 悠 患

25 廴 えんにょう　例 廷 建

26 山 やま　例 崩 岸 島

27 力 ちから　例 勃 勅 励

28 口 くちへん　例 唄 喉 呪

29 彑 けいがしら　出題範囲では彙のみ

30 忄 りっしんべん　例 惧 憧 慄

31 鬯 ちょう　出題範囲では鬱のみ

32 玉 たま　例 璽 玉

33 糸 いとへん　例 綻 糾 緒

34 辛 からい　例 辛 辞

35 刂 りっとう　例 刑 削 刈

36 頁 おおがい　例 頻 顕 頒

37 木 きへん　例 楷 柿 梗

38 田 た　例 畿 畝 畜

39 臼 うす　出題範囲では臼と興のみ

40 心 こころ　例 恣 愁 懸

41 月 にくづき　例 膳 腫 腺

42 骨 ほねへん　出題範囲では骸と髄のみ

43 艹 くさかんむり　例 苛 菌 薫

44 王 おうへん たまへん　例 瑠 璃 珠

45 大 だい　例 奨 奔 奮

46 巾 はば　例 帥 幣 帝

47 勹 つつみがまえ　例 勾 包

48 阝 こざとへん　例 陥 隅 阪

注意 21 [歴の部首は「厂」ではない]

でる順 C

熟語の構成 ①

10分で解こう!

29点以上とれれば合格!

得点	
1回目	/36
2回目	/36

◎熟語の構成のしかたには次のようなものがある。

ア 同じような意味の漢字を重ねたもの……（岩石）
イ 反対または対応の意味を表す字を重ねたもの……（高低）
ウ 上の字が下の字を修飾しているもの……（洋画）
エ 下の字が上の字の目的語・補語になっているもの……（着席）
オ 上の字が下の字の意味を打ち消しているもの……（非常）

次の熟語は右の**ア**～**オ**のどれにあたるか、一つ選び、記号を記せ。

☐ 1 顕在
☐ 2 開拓
☐ 3 佳境
☐ 4 養蜂
☐ 5 厳禁
☐ 6 旺盛

解答

1 ウ 顕在（けんざい） 「はっきりと→ある」と解釈。
2 ア 開拓（かいたく） どちらも「ひらく」の意。
3 ウ 佳境（かきょう） 「味わい深い→部分」と解釈。
4 エ 養蜂（ようほう） 「養う←蜂を」と解釈。
5 ウ 厳禁（げんきん） 「かたく→禁じる」と解釈。
6 ア 旺盛（おうせい） どちらも「さかん」の意。
7 エ 滅菌（めっきん） 「滅ぼす←細菌を」と解釈。
8 ア 珠玉（しゅぎょく） どちらも「宝石」の意。
9 ア 秀逸（しゅういつ） どちらも「すぐれている」の意。
10 イ 彼我（ひが） 「他人」↔「自分」と解釈。
11 エ 砕身（さいしん） 「砕く←身を」と解釈。
12 ア 網羅（もうら） どちらも「残らず集めとる」の意。
13 オ 未満（みまん） 「まだ満たしていない」と解釈。
14 ア 緊迫（きんぱく） どちらも「さしせまる」の意。
15 ウ 臆面（おくめん） 「きおくれした→面」と解釈。
16 ア 哀悼（あいとう） どちらも「かなしむ」の意。

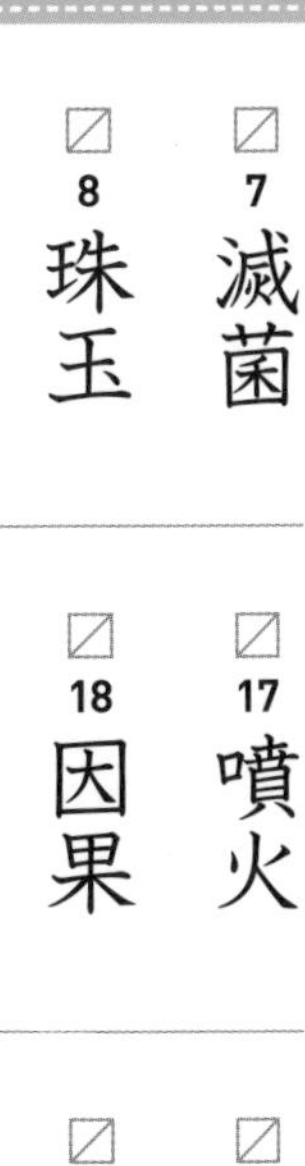

7 滅菌

8 珠玉

9 秀逸

10 彼我

11 砕身

12 網羅

13 未満

14 緊迫

15 臆面

16 哀悼

17 噴火

18 因果

19 均衡

20 好悪

21 楽譜

22 廃刊

23 循環

24 必携

25 搾乳

26 怠惰

27 急逝

28 授受

29 提訴

30 僅差

31 昇降

32 褒章

33 閑暇

34 具申

35 遮音

36 駐屯

---

17 エ 噴火(ふんか) 「噴き出す↑火山が溶岩を」と解釈。

18 イ 因果(いんが) 「原因」↕「結果」と解釈。

19 ア 均衡(きんこう) どちらも「つりあい」の意。

20 イ 好悪(こうお) 「好き」↕「きらい」と解釈。

21 ウ 楽譜(がくふ) 「音楽の↓譜面」と解釈。

22 エ 廃刊(はいかん) 「やめる↑刊行を」と解釈。

23 ア 循環(じゅんかん) どちらも「めぐる」の意。

24 ウ 必携(ひっけい) 「必ず↓所持する」と解釈。

25 エ 搾乳(さくにゅう) 「搾る↑乳を」と解釈。

26 ア 怠惰(たいだ) どちらも「なまける」の意。

27 ウ 急逝(きゅうせい) 「急に↓死ぬ」と解釈。

28 イ 授受(じゅじゅ) 「授ける」↕「受ける」と解釈。

29 エ 提訴(ていそ) 「もちだす↑訴えを」と解釈。

30 ウ 僅差(きんさ) 「僅かな↓差」と解釈。

31 イ 昇降(しょうこう) 「昇る」↕「降りる」と解釈。

32 ウ 褒章(ほうしょう) 「褒めたたえる↓しるし」と解釈。

33 ア 閑暇(かんか) どちらも「ひま」の意。

34 ウ 具申(ぐしん) 「くわしく↓言う」と解釈。

35 エ 遮音(しゃおん) 「遮る↑音を」と解釈。

36 ア 駐屯(ちゅうとん) どちらも「とどまる」の意。

でる順 C

熟語の構成 ②

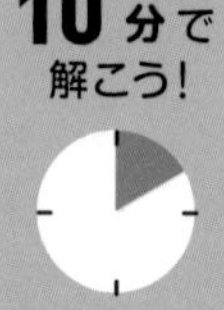

29点以上とれれば合格!

得点 1回目 /36 2回目 /36

◎熟語の構成のしかたには次のようなものがある。

ア 同じような意味の漢字を重ねたもの……(岩石)
イ 反対または対応の意味を表す字を重ねたもの……(高低)
ウ 上の字が下の字を修飾しているもの……(洋画)
エ 下の字が上の字の目的語・補語になっているもの……(着席)
オ 上の字が下の字の意味を打ち消しているもの……(非常)

次の熟語は右のア〜オのどれにあたるか、一つ選び、記号を記せ。

1 乾麺
2 旦夕
3 嫉視
4 空隙
5 好餌
6 蹴球

解答

1 ウ 乾麺(かんめん) 「乾燥した→麺」と解釈。
2 イ 旦夕(たんせき) 「朝」↔「夕」と解釈。
3 ウ 嫉視(しっし) 「ねたんで→みる」と解釈。
4 ア 空隙(くうげき) どちらも「すきま」の意。
5 ウ 好餌(こうじ) 「よい→餌」と解釈。
6 エ 蹴球(しゅうきゅう) 「蹴る←球を」と解釈。
7 ウ 孤塁(こるい) 「ひとつの→とりで」と解釈。
8 エ 遡源(そげん) 「遡る←大本に」と解釈。
9 ウ 頓才(とんさい) 「臨機の→才能」と解釈。
10 エ 冶金(やきん) 「溶かす←金属を」と解釈。
11 ウ 汎愛(はんあい) 「広く→愛する」と解釈。
12 ウ 汗腺(かんせん) 「汗を出す→器官」と解釈。
13 ア 際限(さいげん) どちらも「くぎり」の意。
14 ウ 畏友(いゆう) 「尊敬している→友人」と解釈。
15 ウ 呪術(じゅじゅつ) 「呪いの→術」と解釈。
16 ア 萎縮(いしゅく) どちらも「ちぢむ」の意。

☐ 7 孤塁
☐ 8 遡源
☐ 9 頓才
☐ 10 冶金
☐ 11 汎愛
☐ 12 汗腺
☐ 13 際限
☐ 14 畏友
☐ 15 呪術
☐ 16 萎縮

☐ 17 山麓
☐ 18 不遜
☐ 19 舌禍
☐ 20 淫乱
☐ 21 全貌
☐ 22 禁錮
☐ 23 臼歯
☐ 24 怨敵
☐ 25 含羞
☐ 26 艶聞

☐ 27 僅少
☐ 28 臆断
☐ 29 下顎
☐ 30 蓋世
☐ 31 亀甲
☐ 32 愚昧
☐ 33 錦秋
☐ 34 稽古
☐ 35 自嘲
☐ 36 叱声

---

17 ウ　18 オ　19 ウ　20 ア　21 ウ　22 ア　23 ウ　24 ウ　25 エ　26 ウ　27 ア　28 ウ　29 ウ　30 エ　31 ウ　32 ア　33 ウ　34 エ　35 ウ　36 ウ

山麓（さんろく）「山の→ふもと」と解釈。
不遜（ふそん）「へりくだらない」と解釈。
舌禍（ぜっか）「発言の→災い」と解釈。
淫乱（いんらん）どちらも「みだれる」の意。
全貌（ぜんぼう）「全ての→姿」と解釈。
禁錮（きんこ）どちらも「とじこめる」の意。
臼歯（きゅうし）「臼状の→歯」と解釈。
怨敵（おんてき（おんでき））「うらみのある→敵」と解釈。
含羞（がんしゅう）「抱く←はじらいを」と解釈。
艶聞（えんぶん）「男女関係の→うわさ」と解釈。
僅少（きんしょう）どちらも「すこし」の意。
臆断（おくだん）「憶測の→判断」と解釈。
下顎（したあご（かがく））「下部の→顎」と解釈。
蓋世（がいせい）「おおいつくす←世を」と解釈。
亀甲（きっこう）「亀の→こうら」と解釈。
愚昧（ぐまい）どちらも「ばかなこと」の意。
錦秋（きんしゅう）「美しい→秋」と解釈。
稽古（けいこ）「比べ考える←昔を」と解釈。
自嘲（じちょう）「自らを→嘲る」と解釈。
叱声（しっせい）「叱る→声」と解釈。

意味 30 [蓋世＝世をおおいつくすほど気力などが雄大であること]

でる順 C

熟語の構成 ③

10分で解こう!

29点以上とれれば合格!

得点 1回目 /36 2回目 /36

熟語の構成のしかたには次のようなものがある。

ア 同じような意味の漢字を重ねたもの……（岩石）
イ 反対または対応の意味を表す字を重ねたもの……（高低）
ウ 上の字が下の字を修飾しているもの……（洋画）
エ 下の字が上の字の目的語・補語になっているもの……（着席）
オ 上の字が下の字の意味を打ち消しているもの……（非常）

次の熟語は右の**ア**～**オ**のどれにあたるか、一つ選び、記号を記せ。

1 痩身
2 失踪
3 語呂
4 辛辣
5 存亡
6 白眉

解答

1 ウ 痩身（そうしん） 「痩せた→からだ」と解釈。
2 エ 失踪（しっそう） 「なくす←ゆくえを」と解釈。
3 ウ 語呂（ごろ） 「ことばの→調子」と解釈。
4 ア 辛辣（しんらつ） どちらも「つらくきびしい」の意。
5 イ 存亡（そんぼう） 「存在する」↔「亡くなる」と解釈。
6 ウ 白眉（はくび） 「白い→眉」と解釈。
7 オ 未婚（みこん） 「結婚していない」と解釈。
8 ウ 溺愛（できあい） 「夢中で→かわいがる」と解釈。
9 ア 脊椎（せきつい） どちらも「せぼね」の意。
10 ウ 捻出（ねんしゅつ） 「捻って→出す」と解釈。
11 イ 毀誉（きよ） 「けなす」↔「ほめる」と解釈。
12 ア 羨望（せんぼう） どちらも「ほしがる」の意。
13 ウ 楷書（かいしょ） 「きちんと整った→書体」と解釈。
14 ウ 汎論（はんろん） 「広い→意見」と解釈。
15 ア 堆積（たいせき） どちらも「つみかさなる」の意。
16 エ 戴冠（たいかん） 「いただく←冠を」と解釈。

意味 6［白眉＝同類の中で一番優れたもの］

16 戴冠
15 堆積
14 汎論
13 楷書
12 羨望
11 毀誉
10 捻出
9 脊椎
8 溺愛
7 未婚

26 付箋
25 氾濫
24 才媛
23 配膳
22 破綻
21 灯芯
20 無稽
19 痛快
18 賭博
17 蔑視

36 傲慢
35 沃野
34 幽冥
33 墨痕
32 放恣
31 蜂起
30 変貌
29 侮蔑
28 妖術
27 布巾

---

17 ウ 蔑視（べっし）「蔑んで↓みる」と解釈。
18 ア 賭博（とばく）どちらも「かけごと」の意。
19 ウ 痛快（つうかい）「非常に↓愉快」と解釈。
20 オ 無稽（むけい）「比べて考えるものがない」と解釈。
21 ウ 灯芯（とうしん）「灯油が染み込む↓芯」と解釈。
22 ア 破綻（はたん）どちらも「だめになる」の意。
23 エ 配膳（はいぜん）「配る↑膳を」と解釈。
24 ウ 才媛（さいえん）「才能のある↓美しい人」と解釈。
25 ア 氾濫（はんらん）どちらも「あふれる」の意。
26 ウ 付箋（ふせん）「貼り付ける↓紙片」と解釈。
27 ア 布巾（ふきん）どちらも「きれ」の意。
28 ウ 妖術（ようじゅつ）「妖しい↓術」と解釈。
29 ア 侮蔑（ぶべつ）どちらも「あなどる」の意。
30 エ 変貌（へんぼう）「変わる↑すがたが」と解釈。
31 ウ 蜂起（ほうき）「大勢が↓決起する」と解釈。
32 ア 放恣（ほうし）どちらも「思うままにする」の意。
33 ウ 墨痕（ぼっこん）「墨の↓あと」と解釈。
34 ア 幽冥（ゆうめい）どちらも「くらい」の意。
35 ウ 沃野（よくや）「肥沃な↓平野」と解釈。
36 ア 傲慢（ごうまん）どちらも「おごる」の意。

意味 32［放恣＝勝手気ままでしまりのないこと］

でる順 C

四字熟語 ①

次の四字熟語の（　　）に入る適切な語を左の□の中から選び、漢字二字で記せ。

1 （　　）当千
2 （　　）気鋭
3 （　　）大度
4 子子（　　）
5 古今（　　）
6 小心（　　）
7 全身（　　）
8 （　　）皆伝
9 （　　）後楽
10 千載（　　）

いっき・いちぐう・かんじん・しょうそう・せんゆう・ぜんれい・そんそん・むそう・めんきょ・よくよく

10分で解こう！

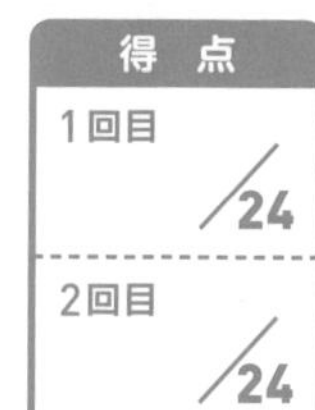

20点以上とれれば合格！

得点	
1回目	/24
2回目	/24

解答 ※○つき番号は意味を問われやすい問題

1 一騎当千（いっきとうせん） 一人で千人を相手に戦えるほどの強さ。
2 少壮気鋭（しょうそうきえい） 年が若くて意気盛んなこと。
3 寛仁大度（かんじんたいど） 心が広く思いやりがあり度量が大きいこと。
4 子子孫孫（ししそんそん） のちのちの子孫が続くかぎり。
⑤ 古今無双（ここんむそう） 昔から今まで並ぶものがないほど優れていること。
6 小心翼翼（しょうしんよくよく） 気が小さくてびくびくしているさま。
7 全身全霊（ぜんしんぜんれい） 体力と精神力のすべて。
8 免許皆伝（めんきょかいでん） 師匠が弟子に奥義をすべて伝えること。
9 先憂後楽（せんゆうこうらく） 為政者は先に憂い楽しむのは人より後にすること。
10 千載一遇（せんざいいちぐう） 千年に一度出会うほどのまたとない好機。

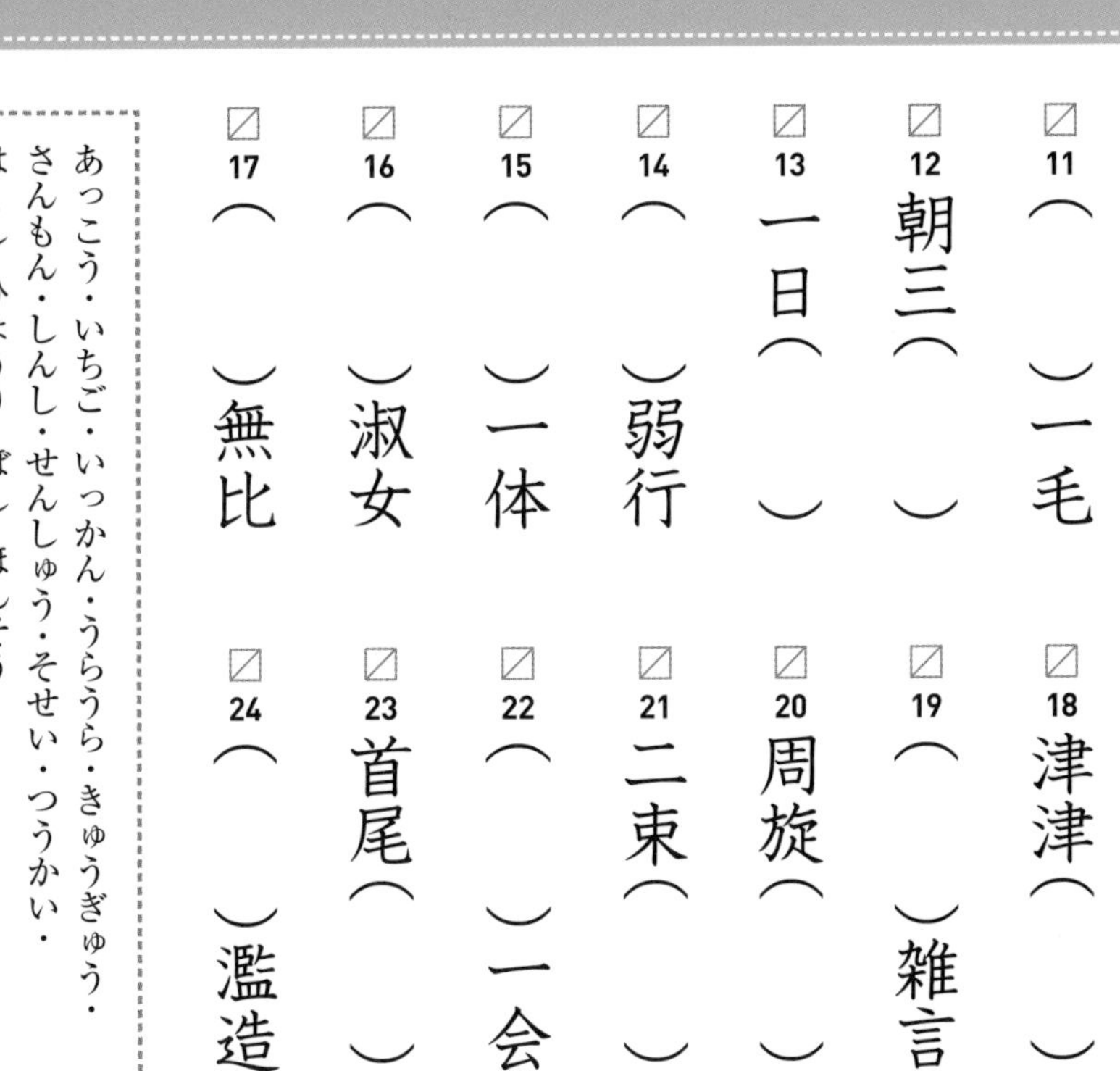

11 （　　）一毛

12 朝三（　　）

13 一日（　　）

14 （　　）弱行

15 （　　）一体

16 （　　）淑女

17 （　　）無比

18 津津（　　）

19 （　　）雑言

20 周旋（　　）

21 二束（　　）

22 （　　）一会

23 首尾（　　）

24 （　　）濫造

あっこう・いちご・いっかん・うらうら・きゅうぎゅう・さんもん・しんし・せんしゅう・そせい・つうかい・はくし・ひょうり・ぼし・ほんそう

---

11 九牛一毛（きゅうぎゅういちもう）　多数の中のごく一部分。

12 朝三暮四（ちょうさんぼし）　目先の利害にこだわり、同じだと気づかないこと。

13 一日千秋（いちじつせんしゅう）　待ち遠しくて時間が長く感じられること。

14 薄志弱行（はくしじゃっこう）　意志が弱くて実行力に欠けていること。

15 表裏一体（ひょうりいったい）　二つの関係が密接で切り離せないこと。

16 紳士淑女（しんししゅくじょ）　教養・気品があって礼儀正しい男女。

17 痛快無比（つうかいむひ）　はなはだ愉快なさま。

18 津津浦浦（つつうらうら）　全国いたる所。

19 悪口雑言（あっこうぞうごん）　口にまかせて色々に悪口を言うこと。

20 周旋奔走（しゅうせんほんそう）　間に立ってうまくいくように世話をする。

21 二束三文（にそくさんもん）　数量が多くても値段が安いこと。

22 一期一会（いちごいちえ）　一生に、一度だけ会うこと。

23 首尾一貫（しゅびいっかん）　最後まで一つの方針・精神で貫くこと。

24 粗製濫造（そせいらんぞう）　質の悪い品をむやみに多くつくること。

でる順 C

四字熟語 ②

10分で解こう!

20点以上とれれば合格!

次の四字熟語の（　）に入る適切な語を左の□の中から選び、漢字二字で記せ。

1 抑揚（　　）
2 （　　）羞花
3 一目（　　）
4 （　　）八目
5 羊質（　　）
6 甘言（　　）
7 吟風（　　）
8 （　　）一新
9 抜山（　　）
10 （　　）固塁

おかめ・がいせい・けんさい・こひ・とんざ・へいげつ・みつご・めんぼく・りょうぜん・ろうげつ

解答　※○つき番号は意味を問われやすい問題

1 抑揚頓挫（よくようとんざ）　言葉などの調子の上げ下げを急変させること。
2 閉月羞花（へいげつしゅうか）　並外れた美しさの女性のたとえ。
3 一目瞭然（いちもくりょうぜん）　ひと目ではっきりとわかるさま。
4 岡目八目（おかめはちもく）　当事者より第三者の方が正確に判断できること。
5 羊質虎皮（ようしつこひ）　見かけ倒しで実質が伴わないことのたとえ。
6 甘言蜜語（かんげんみつご）　相手に取り入ったりするための甘い言葉。
7 吟風弄月（ぎんぷうろうげつ）　自然を題材として詩をつくり風流を楽しむこと。
8 面目一新（めんぼく〈めんもく〉いっしん）　世間の評価が全く新しく高くなること。
9 抜山蓋世（ばつざんがいせい）　勢いが強く、自信に満ち、勇敢な気質のたとえ。
10 堅塞固塁（けんさいこるい）　非常に守りの堅いとりで。

他例　5［羊質虎皮は「羊質」を書かせることもある］

11 熟読（　　）
12 （　　）無二
13 瘦骨（　　）
14 （　　）百出
15 拍手（　　）
16 （　　）秀麗
17 名誉（　　）

18 （　　）変化
19 （　　）閉花
20 雄心（　　）
21 荒唐（　　）
22 （　　）平等
23 興味（　　）
24 土崩（　　）

おんしん・がかい・かっさい・がんみ・きそん・きゅうがい・しゅうげつ・しんしん・はたん・びもく・ぼつぼつ・むけい・ゆいいつ・ようかい

11 熟読玩味（じゅくどくがんみ） 文章をよく読み、その内容をじっくり味わうこと。
12 唯一無二（ゆいいつむに） ただ一つきりでほかに同じものはないこと。
13 瘦骨窮骸（そうこつきゅうがい） 骨と皮だけになるほど瘦せて窮乏していること。
14 破綻百出（はたんひゃくしゅつ） 言動に次々と欠点やほころびが出てくること。
15 拍手喝采（はくしゅかっさい） 手をたたき、大声で褒めたたえること。
16 眉目秀麗（びもくしゅうれい） （主に男性に対して）容貌が優れて美しいこと。
17 名誉毀損（めいよきそん） 他人の名誉を傷つけ、損害を与えること。
18 妖怪変化（ようかいへんげ） 人の理解を超えた化け物。
19 羞月閉花（しゅうげつへいか） 容姿の優れて美しい女性のたとえ。
20 雄心勃勃（ゆうしんぼつぼつ） 雄々しい勇気が盛んにわいてくるさま。
21 荒唐無稽（こうとうむけい） 言動に根拠がなく、現実味のないこと。
22 怨親平等（おんしんびょうどう） 敵も味方も平等に処遇すること。
23 興味津津（きょうみしんしん） 興味が次々とわいて尽きないさま。
24 土崩瓦解（どほうがかい） 物事が根底から崩れて手がつけられないこと。

他例 13［瘦骨窮骸は「瘦骨」を書かせることもある］

でる順 C

四字熟語 ③

10分で解こう!

20点以上とれれば合格!

得点

1回目 /24

2回目 /24

次の四字熟語の(　　)に入る適切な語を左の[　]の中から選び、漢字二字で記せ。

☑1 (　　)骨立

☑2 (　　)猛虎

☑3 (　　)積玉

☑4 (　　)喪志

☑5 賢明(　　)

☑6 (　　)奇抜

☑7 (　　)無二

☑8 (　　)玉食

☑9 (　　)閑雅

☑10 (　　)絶壁

あいき・かせい・がんぶつ・きんい・ぐまい・ざんしん・しゃに・たいきん・たいぼう・だんがい

解答 ※○つき番号は意味を問われやすい問題

1 哀毀骨立（あいきこつりつ）　非常に悲しみやせ細り、骨ばかりになること。

2 苛政猛虎（かせいもうこ）　過酷な政治は虎よりも民を苦しめるということ。

3 堆金積玉（たいきんせきぎょく）　非常に多くの富を集めること。

4 玩物喪志（がんぶつそうし）　珍奇な物に心を奪われて大切な志を失うこと。

5 賢明愚昧（けんめいぐまい）　賢いことと愚かなこと。

6 斬新奇抜（ざんしんきばつ）　発想が極めて新しく、他に例を見ないようなこと。

7 遮二無二（しゃにむに）　一つのことをがむしゃらにすること。

8 錦衣玉食（きんいぎょくしょく）　美しい衣服で、ぜいたくな食事をすること。

9 体貌閑雅（たいぼうかんが）　姿かたちが落ち着いて優雅なさま。

10 断崖絶壁（だんがいぜっぺき）　非常に険しく切り立ったがけ。

他例 2［苛政猛虎は「猛虎」を書かせることもある］

11（　　）傍観

12 鬱鬱（　　）

13（　　）冷諦

14 陶犬（　　）

15（　　）再拝

16（　　）英抜

17 薄暮（　　）

18（　　）半睡

19 披星（　　）

20 金科（　　）

21 方底（　　）

22 沃野（　　）

23 抜本（　　）

24（　　）踊躍

えんがい・がけい・ぎょくじょう・しゅうしゅ・しんさい・せんり・そくげん・たいげつ・とんしゅ・ねつがん・はんせい・ぼつぼつ・めいめい・やきん

---

11 袖手傍観（しゅうしゅぼうかん） 手出しをせず、成り行きに任せて眺めていること。

12 鬱鬱勃勃（うつうつぼつぼつ） 生気が満ちあふれるさま。

13 熱願冷諦（ねつがんれいてい） 熱心に願うことと、冷静に本質を見極めること。

14 陶犬瓦鶏（とうけんがけい） 形だけで役に立たないもののたとえ。

15 頓首再拝（とんしゅさいはい） 頭を深く下げて敬意を示すこと。

16 神采英抜（しんさいえいばつ） 人間性も見た目も人より優れていること。

17 薄暮冥冥（はくぼめいめい） 夕暮れのように薄暗いさま。

18 半醒半睡（はんせいはんすい） 夢うつつで意識が不明瞭な状態。

19 披星戴月（ひせいたいげつ） 朝から晩まで一生懸命働くこと。

20 金科玉条（きんかぎょくじょう） 自分の主張などの重要なよりどころ。

21 方底円蓋（ほうていえんがい） 物事が食い違い、互いに合わないことのたとえ。

22 沃野千里（よくやせんり） 広々とした肥えて豊かな土地のこと。

23 抜本塞源（ばっぽんそくげん） 原因の根本を徹底的に取り除くこと。

24 冶金踊躍（やきんようやく） 自分の置かれている現状に満足できないさま。

他例 12［鬱鬱勃勃は「鬱鬱」を書かせることもある］

でる順 C

対義語・類義語 ①

39点以上とれれば合格!

得点
1回目 /48
2回目 /48

次の対義語・類義語を後の□の中から選び、漢字で記せ。□の中の語は一度だけ使うこと。

対義語

1 委細
2 斬新
3 促進
4 自慢
5 愛好
6 快諾
7 簡潔
8 相違
9 遺失
10 放任

いっち・がいりゃく・かんしょう・けんお・こじ・しゅうとく・じょうまん・ちんぷ・ひげ・よくせい

類義語

11 親密
12 処罰
13 無事
14 永遠
15 重病
16 雄図
17 辛苦
18 排斥
19 滞在
20 精通

こうきゅう・こんい・じゅくち・そうきょ・そがい・そくさい・たいかん・ちゅうりゅう・ちょうかい・なんぎ

解答

1 委細(いさい)—概略(がいりゃく)
2 斬新(ざんしん)—陳腐(ちんぷ)
3 促進(そくしん)—抑制(よくせい)
4 自慢(じまん)—卑下(ひげ)
5 愛好(あいこう)—嫌悪(けんお)
6 快諾(かいだく)—固辞(こじ)
7 簡潔(かんけつ)—冗漫(じょうまん)
8 相違(そうい)—一致(いっち)
9 遺失(いしつ)—拾得(しゅうとく)
10 放任(ほうにん)—干渉(かんしょう)
11 親密(しんみつ)—懇意(こんい)
12 処罰(しょばつ)—懲戒(ちょうかい)
13 無事(ぶじ)—息災(そくさい)
14 永遠(えいえん)—恒久(こうきゅう)
15 重病(じゅうびょう)—大患(たいかん)
16 雄図(ゆうと)—壮挙(そうきょ)
17 辛苦(しんく)—難儀(なんぎ)
18 排斥(はいせき)—疎外(そがい)
19 滞在(たいざい)—駐留(ちゅうりゅう)
20 精通(せいつう)—熟知(じゅくち)

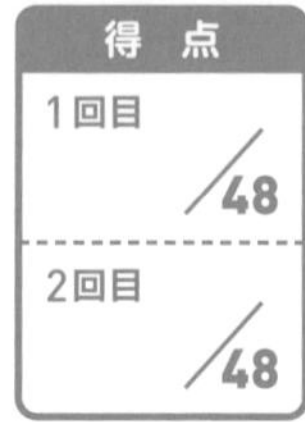

意味 16［雄図＝雄大な計画。壮挙＝大きな目的をもった勇ましい企て］

対義語

21 古豪
22 栄華
23 事実
24 貧乏
25 受理
26 美談
27 厳格
28 衰亡
29 隠微
30 回収
31 肉体
32 怠惰
33 主役
34 切開

かんよう・きゃっか・きょこう・
きんべん・けんちょ・しゅうぶん・
しんえい・はやく・はんぷ・
ほうごう・ぼっこう・ぼつらく・
ゆうふく・れいこん

類義語

35 人相
36 排除
37 動転
38 物騒
39 念願
40 万全
41 名論
42 丹念
43 妥協
44 同輩
45 計算
46 庶民
47 継承
48 隷属

かんぺき・かんじょう・
きょうじゅん・ぎょうてん・
じょうほ・たくせつ・ていねい・
てっきょ・とうしゅう・
どうりょう・ふおん・ほんもう・
みんしゅう・ようぼう

---

21 古豪（こごう）—新鋭（しんえい）
22 栄華（えいが）—没落（ぼつらく）
23 事実（じじつ）—虚構（きょこう）
24 貧乏（びんぼう）—裕福（ゆうふく）
25 受理（じゅり）—却下（きゃっか）
26 美談（びだん）—醜聞（しゅうぶん）
27 厳格（げんかく）—寛容（かんよう）
28 衰亡（すいぼう）—勃興（ぼっこう）
29 隠微（いんび）—顕著（けんちょ）
30 回収（かいしゅう）—頒布（はんぷ）
31 肉体（にくたい）—霊魂（れいこん）
32 怠惰（たいだ）—勤勉（きんべん）
33 主役（しゅやく）—端役（はやく）
34 切開（せっかい）—縫合（ほうごう）

35 人相（にんそう）—容貌（ようぼう）
36 排除（はいじょ）—撤去（てっきょ）
37 動転（どうてん）—仰天（ぎょうてん）
38 物騒（ぶっそう）—不穏（ふおん）
39 念願（ねんがん）—本望（ほんもう）
40 万全（ばんぜん）—完璧（かんぺき）
41 名論（めいろん）—卓説（たくせつ）
42 丹念（たんねん）—丁寧（ていねい）
43 妥協（だきょう）—譲歩（じょうほ）
44 同輩（どうはい）—同僚（どうりょう）
45 計算（けいさん）—勘定（かんじょう）
46 庶民（しょみん）—民衆（みんしゅう）
47 継承（けいしょう）—踏襲（とうしゅう）
48 隷属（れいぞく）—恭順（きょうじゅん）

意味 29［隠微＝あまりにかすかでわかりにくいこと］ 41［卓説＝極めて優れた考えや意見］

でる順 C

対義語・類義語 ②

15分で解こう!

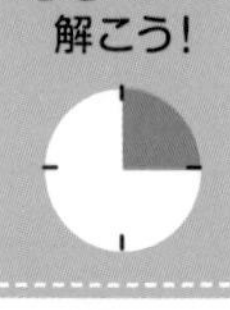

39点以上とれれば合格!

次の対義語・類義語を後の□の中から選び、漢字で記せ。□の中の語は一度だけ使うこと。

対義語

1 寡黙
2 明朗
3 頑健
4 挫折
5 進呈
6 安心
7 剛胆
8 接着
9 本筋
10 極楽

あんうつ・おくびょう・かんてつ・きょじゃく・きぐ・たべん・ちょうだい・ならく・はくり・わきみち

類義語

11 瞬間
12 懐柔
13 意趣
14 丹念
15 傾斜
16 通暁
17 絶壁
18 粗筋
19 友好
20 浴槽

えんこん・けんがい・こうがい・こうばい・じゅくち・しんぼく・せつな・ていねい・ゆぶね・ろうらく

解答

1 寡黙(かもく)—多弁(たべん)
2 明朗(めいろう)—暗鬱(あんうつ)
3 頑健(がんけん)—虚弱(きょじゃく)
4 挫折(ざせつ)—貫徹(かんてつ)
5 進呈(しんてい)—頂戴(ちょうだい)
6 安心(あんしん)—危惧(きぐ)
7 剛胆(ごうたん)—臆病(おくびょう)
8 接着(せっちゃく)—剥離(はくり)
9 本筋(ほんすじ)—脇道(わきみち)
10 極楽(ごくらく)—奈落(ならく)

11 瞬間(しゅんかん)—刹那(せつな)
12 懐柔(かいじゅう)—籠絡(ろうらく)
13 意趣(いしゅ)—怨恨(えんこん)
14 丹念(たんねん)—丁寧(ていねい)
15 傾斜(けいしゃ)—勾配(こうばい)
16 通暁(つうぎょう)—熟知(じゅくち)
17 絶壁(ぜっぺき)—懸崖(けんがい)
18 粗筋(あらすじ)—梗概(こうがい)
19 友好(ゆうこう)—親睦(しんぼく)
20 浴槽(よくそう)—湯船(ゆぶね)

意味 13［意趣＝恨みを持つこと］ 17［懸崖＝切り立った崖］ 18［梗概＝小説や劇などのあらすじ］

対義語

21 賢明
22 恭順
23 必然
24 興隆
25 穏健
26 枯渇
27 公開

28 今後
29 無欲
30 尊宅
31 伸長
32 献上
33 不毛
34 大差

いしゅく・がいぜん・かげき・かし・きんさ・ぐまい・じゅうぜん・すいび・せったく・どんよく・はんぎゃく・ひとく・ひよく・ゆうしゅつ

類義語

35 協調
36 死体
37 道徳
38 紛糾
39 暴政
40 結局
41 尊敬

42 外見
43 一掃
44 尊大
45 敗走
46 補充
47 工面
48 洪水

いがい・いけい・かいそう・かいわ・かせい・こんらん・しょせん・ねんしゅつ・はんらん・ふうさい・ふそん・ふっしょく・ほてん・りんり

---

21 賢明（けんめい）―愚昧（ぐまい）
22 恭順（きょうじゅん）―反逆（はんぎゃく）
23 必然（ひつぜん）―蓋然（がいぜん）
24 興隆（こうりゅう）―衰微（すいび）
25 穏健（おんけん）―過激（かげき）
26 枯渇（こかつ）―湧出（ゆうしゅつ）
27 公開（こうかい）―秘匿（ひとく）
28 今後（こんご）―従前（じゅうぜん）
29 無欲（むよく）―貪欲（どんよく）
30 尊宅（そんたく）―拙宅（せったく）
31 伸長（しんちょう）―萎縮（いしゅく）
32 献上（けんじょう）―下賜（かし）
33 不毛（ふもう）―肥沃（ひよく）
34 大差（たいさ）―僅差（きんさ）

35 協調（きょうちょう）―諧和（かいわ）
36 死体（したい）―遺骸（いがい）
37 道徳（どうとく）―倫理（りんり）
38 紛糾（ふんきゅう）―混乱（こんらん）
39 暴政（ぼうせい）―苛政（かせい）
40 結局（けっきょく）―所詮（しょせん）
41 尊敬（そんけい）―畏敬（いけい）
42 外見（がいけん）―風采（ふうさい）
43 一掃（いっそう）―払拭（ふっしょく）
44 尊大（そんだい）―不遜（ふそん）
45 敗走（はいそう）―潰走（かいそう）
46 補充（ほじゅう）―補塡（ほてん）
47 工面（くめん）―捻出（ねんしゅつ）
48 洪水（こうずい）―氾濫（はんらん）

意味 35［諧和＝和らいで親しむこと］ 45［潰走＝戦いに敗れて逃げること］

同音・同訓異字 ①

15分で解こう！

32点以上とれれば合格！

得点 1回目 /40 2回目 /40

次の――線のカタカナを漢字に直せ。

1 トクレイは一切認めません。
2 部下をトクレイして仕事を急がす。
3 彼は病で人工トウセキを受けた。
4 造反議員がトウセキを離脱した。
5 医師にセイチョウ剤を処方される。
6 セイチョウな冬の空を見上げる。
7 彼は部活動のスイトウ係になった。
8 遠足にはスイトウがつきものだ。
9 シュコウしがたい新説だ。
10 シュコウを凝らした芸だ。
11 求人募集をケイジする。
12 ケイジが続いてめでたい。
13 長時間かけてケンメイに説得する。
14 ケンメイな判断が要求される。
15 キョウコウな態度で抗議する。
16 金融キョウコウのおそれがある。

解答

1 特例
2 督励
3 透析
4 党籍
5 整腸
6 清澄
7 出納
8 水筒
9 首肯
10 趣向
11 掲示
12 慶事
13 懸命
14 賢明
15 強硬
16 恐慌

意味 2［督励＝監督し励ますこと］

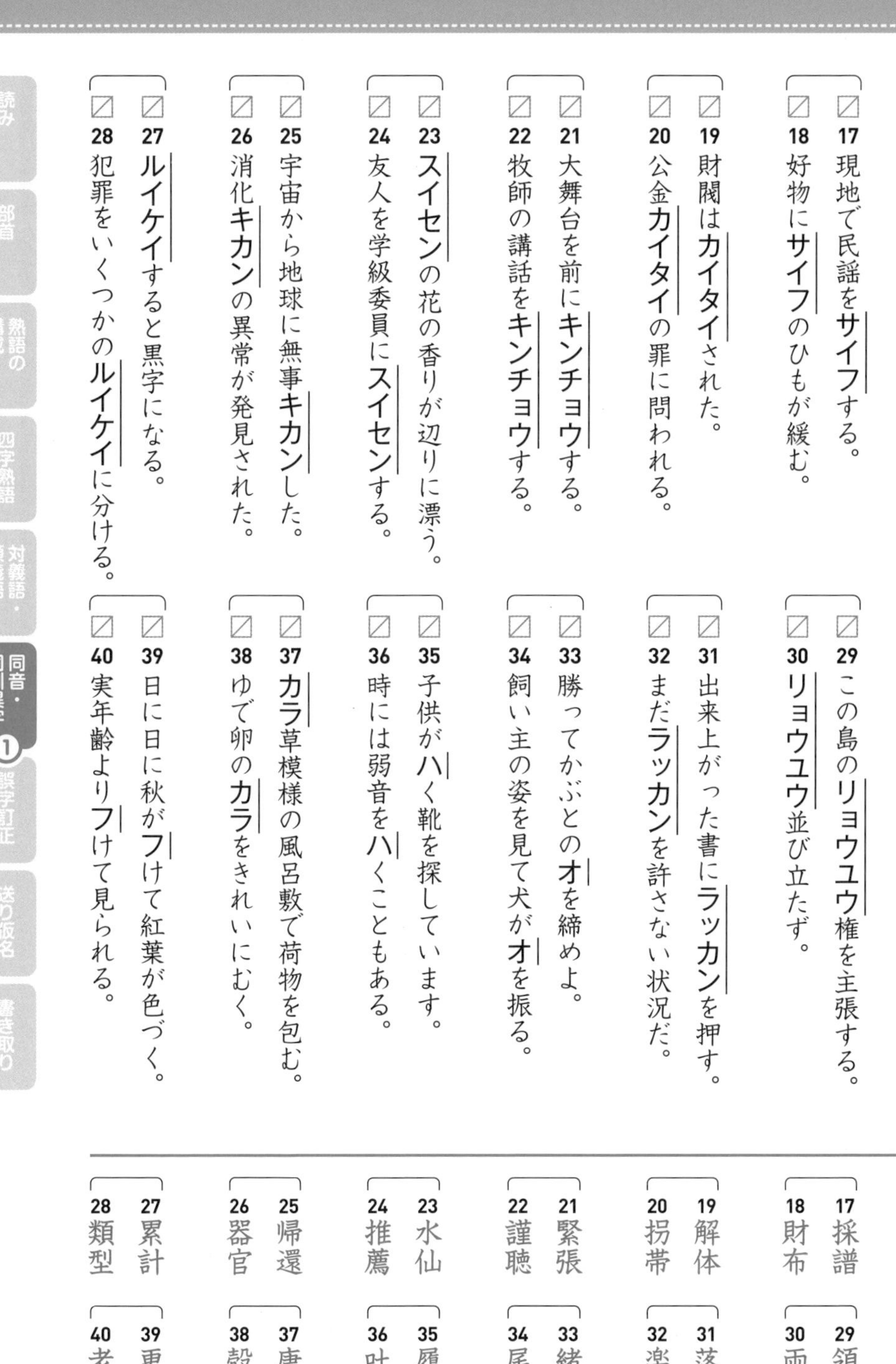

17 現地で民謡をサイフする。
18 好物にサイフのひもが緩む。
19 財閥はカイタイされた。
20 公金カイタイの罪に問われる。
21 大舞台を前にキンチョウする。
22 牧師の講話をキンチョウする。
23 スイセンの花の香りが辺りに漂う。
24 友人を学級委員にスイセンする。
25 宇宙から地球に無事キカンした。
26 消化キカンの異常が発見された。
27 ルイケイすると黒字になる。
28 犯罪をいくつかのルイケイに分ける。

29 この島のリョウユウ権を主張する。
30 リョウユウ並び立たず。
31 出来上がった書にラッカンを押す。
32 まだラッカンを許さない状況だ。
33 勝ってかぶとのオを締めよ。
34 飼い主の姿を見て犬がオを振る。
35 子供がハく靴を探しています。
36 時には弱音をハくこともある。
37 カラ草模様の風呂敷で荷物を包む。
38 ゆで卵のカラをきれいにむく。
39 日に日に秋がフけて紅葉が色づく。
40 実年齢よりフけて見られる。

---

17 採譜 18 財布 19 解体 20 拐帯 21 緊張 22 謹聴 23 水仙 24 推薦 25 帰還 26 器官 27 累計 28 類型
29 領有 30 両雄 31 落款 32 楽観 33 緒 34 尾 35 履 36 吐 37 唐 38 殻 39 更 40 老

読み / 部首 / 熟語の構成 / 四字熟語 / 対義語・類義語 / 同音・同訓異字 1 / 誤字訂正 / 送り仮名 / 書き取り

意味 31 [落款＝出来上がった書画に作者が名前を書いたり印を押したりすること]

同音・同訓異字 ②

15分で解こう!

32点以上とれれば合格!

次の――線のカタカナを漢字に直せ。

1 事故現場を見てセンリツが走る。
2 ピアノのセンリツに合わせて歌う。
3 お客様の意見をシンシに受け止める。
4 白いひげを蓄えた背広姿のシンシ。
5 脳コウソクの診断を受け入院する。
6 規則にコウソクされることを拒む。
7 ヒョウは黒いハンテンが特徴だ。
8 図を左右にハンテンさせて写す。
9 今朝は新聞のキュウカン日だ。
10 キュウカンを病院へ搬送する。
11 耳鼻インコウ科で薬を処方される。
12 インコウにふけり追放された皇帝。
13 軽い脳ザショウと診断された。
14 嵐でザショウした船を発見する。
15 保険料で事故の損害をテンポする。
16 多彩なテンポが集結した複合施設。

得点
1回目 /40
2回目 /40

解答

1 戦慄
2 旋律
3 真摯
4 紳士
5 梗塞
6 拘束
7 斑点
8 反転
9 休刊
10 急患
11 咽喉
12 淫行
13 挫傷
14 座礁
15 塡補
16 店舗

意味 15［塡補＝不足や欠損を埋めて補うこと］

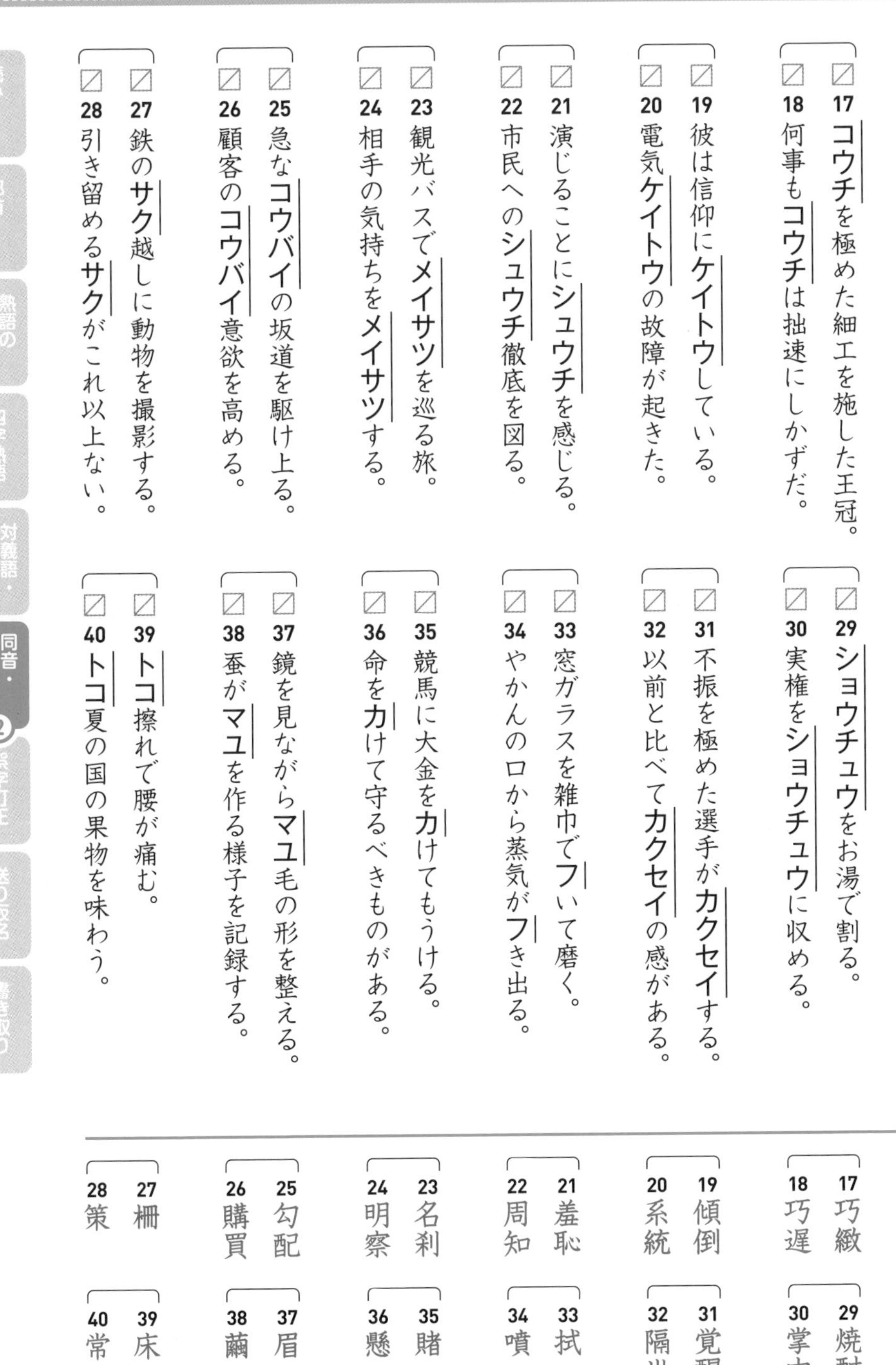

17 コウチを極めた細工を施した王冠。
18 何事もコウチは拙速にしかずだ。
19 彼は信仰にケイトウしている。
20 電気ケイトウの故障が起きた。
21 演じることにシュウチを感じる。
22 市民へのシュウチ徹底を図る。
23 観光バスでメイサツを巡る旅。
24 相手の気持ちをメイサツする。
25 急なコウバイの坂道を駆け上る。
26 顧客のコウバイ意欲を高める。
27 鉄のサク越しに動物を撮影する。
28 引き留めるサクがこれ以上ない。

29 ショウチュウをお湯で割る。
30 実権をショウチュウに収める。
31 不振を極めた選手がカクセイする。
32 以前と比べてカクセイの感がある。
33 窓ガラスを雑巾でフいて磨く。
34 やかんの口から蒸気がフき出る。
35 競馬に大金をカけてもうける。
36 命をカけて守るべきものがある。
37 鏡を見ながらマユ毛の形を整える。
38 蚕がマユを作る様子を記録する。
39 トコ擦れで腰が痛む。
40 トコ夏の国の果物を味わう。

17 巧緻 18 巧遅 19 傾倒 20 系統 21 羞恥 22 周知 23 名刹 24 明察 25 勾配 26 購買 27 柵 28 策

29 焼酎 30 掌中 31 覚醒 32 隔世 33 拭 34 噴 35 賭 36 懸 37 眉 38 繭 39 床 40 常

 意味 23［名刹＝名高い寺］

でる順 C

誤字訂正 ①

次の各文にまちがって使われている同じ読みの漢字が一字ある。その誤字と正しい漢字を記せ。

1 あの女優は人情味豊かな演技で諸民の心に喜びと潤いを与えてくれた。

2 近年は中国の砂爆化の進行に伴う黄砂被害の拡大が社会問題となっている。

3 近年効妙な手口で高齢者をだます悪徳企業が増加し、注意を喚起している。

4 森林は土砂放壊を防ぐ働きがあり重要とされるが伐採により減少している。

5 独特に演出された庭園と小さな茶室の中に優美な憂玄の世界が広がる。

6 医療の充実に甚力した地元選出の議員の訃報に惜しむ声が相次いだ。

7 長年にわたる防火対策の不備は建物の家主の当事者意識の欠徐が原因だ。

8 野生動物の農地への侵入を防止するため拡声器による威穫方法を考案する。

9 採取した岩石が金を多量に頑有していたため採鉱が始まった。

10 研究員を増やすため求人広告を掲載したところ、多数の応慕があった。

11 条約を国家が認め、法律に基づき最終確定する手続きを批準という。

12 動きが早い被写体の撮映では、ピントが合わず全体を把握することが難しい。

15分で解こう！

23点以上とれれば合格！

得点	
1回目	/28
2回目	/28

解答

1 諸→庶（庶民）

2 爆→漠（砂漠）

3 効→巧（巧妙）

4 放→崩（崩壊）

5 憂→幽（幽玄）

6 甚→尽（尽力）

7 徐→如（欠如）

8 穫→嚇（威嚇）

9 頑→含（含有）

10 慕→募（応募）

11 準→准（批准）

12 映→影（撮影）

意味 5［幽玄＝奥が深く計り知れない味わいや趣があること］

読み
部首
熟語の構成
四字熟語
対義語・類義語
同音・同訓異字
誤字訂正①
送り仮名
書き取り

☐ 13 中央銀行が新規に紙弊を発行することで、政府の赤字財政を補塡した。

☐ 14 祖母は幼少の時に体験した大空襲の悲惨な光景を染明に記憶している。

☐ 15 最近の番組は妥作ばかりだと慨嘆していたがある程度は改善されてきた。

☐ 16 契約の際は書類に記載されている注意事綱を熟読した上で署名すべきだ。

☐ 17 市民団体の監視により利権にからむ悪の連差を断ち切る努力が続いている。

☐ 18 来月に環暦を迎える父親を祝う会を開催しようと家族全員で企画している。

☐ 19 冬場の捜難が多発している原因として登山初心者の急増が背景にある。

☐ 20 車を運転する人にも歩行者にも安全で快的な交通環境をつくろう。

☐ 21 社員には笑顔と丁寧な言葉使いで客に応対するよう徹底的に指導している。

☐ 22 彼は誠実な性格なので一人で加重な責任を負わされ苦悩した。

☐ 23 成績や能力の秀でた生徒のための優偶措置として奨学金制度がある。

☐ 24 幕内最高優勝を果たした力士は、表彰式にて天皇至杯と優勝旗を授与される。

☐ 25 大きな被害を受けた地元の漁民たちは船会社と国に対して媒償を求めた。

☐ 26 弊社では替与した制服を業務に従事する間は必ず着用しなければならない。

☐ 27 総理は効じ得る対策を考えて救出に全精力を投入するよう指示した。

☐ 28 今回の提案は専門の委員会を新たに創設して是非を図るべきだ。

---

13 弊→幣（紙幣）
14 染→鮮（鮮明）
15 妥→駄（駄作）
16 綱→項（事項）
17 差→鎖（連鎖）
18 環→還（還暦）
19 捜→遭（遭難）
20 的→適（快適）
21 使→遣（言葉遣い）
22 加→過（過重）
23 偶→遇（優遇）
24 至→賜（賜杯）
25 媒→賠（賠償）
26 替→貸（貸与）
27 効→講（講じ得る）
28 図→諮（諮る）

意味 18［還暦＝数え年で六十一歳のこと］

でる順 C

誤字訂正 ②

15分で解こう！

23点以上とれれば合格！

得点
1回目 /28
2回目 /28

次の各文にまちがって使われている同じ読みの漢字が一字ある。その誤字と正しい漢字を記せ。

1 県内の対抗試合を順当に勝ち進み近機地区代表として全国制覇を目指す。

2 彼の奥盛な知識欲は読書の枠を超えて冒険家の道を志す契機となった。

3 強盗の疑いで捕まった容疑者の失捜中の足取りを刑事たちは追跡した。

4 装備を完壁に調えても天候次第で威力が十分に発揮されない可能性もある。

5 保護者当てに、授業参観実施の詳細を記した通知文書を配布する。

6 私の趣味は日本の古典芸能である歌舞岐を毎週末鑑賞しに行くことだ。

7 捕乳類に似た特徴をもつ新種のワニの化石が博物館に展示される。

8 大勢の聴衆を前にして候補者は億することなく街頭演説で主張を始めた。

9 猿人か原人かの区別は頭骸骨の形状から脳の容積を推定して行う。

10 温暖な気候と肥浴な土壌がこの辺りを世界有数の穀倉地帯に育て上げた。

11 先生は児童たちに平易な比愉を用いて路上事故の危険性を教え諭した。

12 競争社会を勝ち抜くためには相手を説得するだけの豊富な語意力が必要だ。

解答

1 機→畿（近畿）
2 奥→旺（旺盛）
3 捜→踪（失踪）
4 壁→璧（完璧）
5 当→宛（宛て）
6 岐→伎（歌舞伎）
7 捕→哺（哺乳類）
8 億→臆（臆する）
9 骸→蓋（頭蓋骨）
10 浴→沃（肥沃）
11 愉→喩（比喩）
12 意→彙（語彙力）

他例 4［双璧］

13 官僚は皇帝の不興を買って縮清されることを恐れ特別な対策を行わなかった。

14 医学的な知識がなくても、何に起因して起きたのかは容易に垂測できた。

15 一部の海水魚は、徐々に慣らすことで淡水魚と同じ水倉で飼育ができる。

16 生態形の維持には様々な生物種が必要であることは明らかである。

17 出場選手の送行会が体育館で盛大に行われ、会場では応援歌が歌われた。

18 緊急の命を受け、操査陣が現場に到着したのは明け方近くのことだった。

19 彼はバイクに乗って事故を起こし、脊髄損障により車椅子生活となった。

20 警察が本格的に動き始めたので、犯人待捕は時間の問題だろう。

21 必要エネルギーは基礎対謝量と身体活動レベルにより概算することができる。

22 彼は規則に違反したため、公務員の規定に準じて懲解処分を受けた。

23 日本では終戦の日に、政府主催の全国戦没者追討式が行われる。

24 直ちに警部は数名の部下を徳励し、草の根を分けて証拠を探させた。

25 闘病中の母の治療費を燃出するため、自宅の土地・建物を担保に借金した。

26 日本は世界で唯一の被爆国として、核兵器排絶を切望している。

27 長年の刑事としての勘から、不正に敏感に反応する皮布感覚を持っていた。

28 観光名所の最寄り駅の利用者の数は、東京都内の主要駅に必敵するほどだ。

---

13 縮→粛（粛清）
14 垂→推（推測）
15 倉→槽（水槽）
16 形→系（生態系）
17 送→壮（壮行会）
18 操→捜（捜査）
19 障→傷（損傷）
20 待→逮（逮捕）
21 対→代（代謝）
22 解→戒（懲戒）
23 討→悼（追悼）
24 徳→督（督励）
25 燃→捻（捻出）
26 排→廃（廃絶）
27 布→膚（皮膚）
28 必→匹（匹敵）

でる順 C

送り仮名

得点

1回目 /42

2回目 /42

次の――線のカタカナを漢字一字と送り仮名（ひらがな）に直せ。

1 聞くのもケガラワシイ話だ。
2 子供に無理をシイル。
3 ひげをハヤシた男に道を尋ねる。
4 集まって彼の死をイタンだ。
5 富士山が夕日にハエル。
6 柱に時計をカケル。
7 人の話をサエギッて発言する。
8 宿敵に一矢をムクイル。
9 我が子のスコヤカナ成長を願う。
10 賞状ナラビニ記念品を授与する。
11 イマワシイ過去を切り捨てる。
12 観客の大多数を女性がシメル。
13 このカレーはカラクておいしい。
14 友達にウナガサれて告白する。
15 相手のサソイをきっぱり断る。
16 彼は野球にクワシイ。
17 子犬がうまくナツイテくれない。
18 記者からの質問に言葉をニゴス。

解答

1 汚らわしい
2 強いる
3 生やし
4 悼ん
5 映える
6 掛ける
7 遮っ
8 報いる
9 健やかな
10 並びに
11 忌まわしい
12 占める
13 辛く
14 促さ
15 誘い
16 詳しい
17 懐いて
18 濁す

19 ミジメナ暮らしから抜け出す。
20 サビレタ雰囲気が漂う観光地。
21 夫婦のチギリを結ぶ。
22 送料無料、タダシ一部地域を除く。
23 ツツシンでお礼申し上げます。
24 名前を聞くのもウトマシイ。
25 テレビのニュースを見てオドロク。
26 相手の先制パンチをクラウ。
27 彼はなかなかタノモシイ青年だ。
28 高校卒業と同時に親元をハナレル。
29 これまでの学説はクツガエサれた。
30 核心を突くスルドイ質問だ。

31 庭先からドスンとニブイ音がした。
32 スミヤカナ行動を取る。
33 出番の時間がセマル。
34 イツワリの言葉を重ねる。
35 血湧き肉オドル戦い。
36 しっかりと大地をフマエル。
37 カエルがぴょんぴょんハネル。
38 台風で損害をコウムル。
39 友人を委員長にススメル。
40 気まずくて顔をソムケル。
41 サバを酢でシメル。
42 マカナイ料理を提供する。

---

19 惨めな
20 寂れた
21 契り
22 但し
23 謹ん
24 疎ましい
25 驚く
26 食らう
27 頼もしい
28 離れる
29 覆さ
30 鋭い

31 鈍い
32 速やかな
33 迫る
34 偽り
35 躍る
36 踏まえる
37 跳ねる
38 被る
39 薦める
40 背ける
41 締める
42 賄い

意味 35［躍る＝喜びや楽しい期待で心がわくわくする］

でる順 C

書き取り ①

15分で解こう!

34点以上とれれば合格!

次の――線のカタカナを漢字に直せ。

☐ 1 職場でイアン旅行を企画する。
☐ 2 部下の心をショウアクする。
☐ 3 教室のダンボウをつける。
☐ 4 庭に小さなナヤを造った。
☐ 5 家族全員でショクタクを囲んだ。
☐ 6 ミサイルをトウサイした戦闘機。
☐ 7 森林の空気をマンキツする。
☐ 8 グウハツ的な事故を防止する。
☐ 9 商品を台にチンレツする。
☐ 10 彼はいつもナンクセをつけてくる。
☐ 11 墓参りをして先祖をクヨウする。
☐ 12 不祥事によりユシ退学となる。
☐ 13 ホンイするよう彼を説得する。
☐ 14 最後までギの心を持ち続ける。
☐ 15 社内の規律とチツジョを守る。
☐ 16 近代化のソセキを築いた人物。
☐ 17 投稿の中でイサイを放つ文章。
☐ 18 土鍋で玄米をスイハンする。

解答

1 慰安
2 掌握
3 暖房
4 納屋
5 食卓
6 搭載
7 満喫
8 偶発
9 陳列
10 難癖
11 供養
12 諭旨
13 翻意
14 義
15 秩序
16 礎石
17 異彩
18 炊飯

意味 13［翻意＝決心を変えること］ 16［礎石＝物事の基礎となるもの］

読み
部首
熟語の構成
四字熟語
対義語・類義語
同音・同訓異字
誤字訂正
送り仮名
書き取り①

19 エシャクをして通り過ぎる。
20 センパクな主張を振りかざす。
21 話が途切れてチンモクが続く。
22 長いサイゲツを経て和解に至る。
23 魔女がジュモンを唱える。
24 過去の犯罪をモホウした事件。
25 オカンは風邪の前兆だ。
26 主君にミサオを立てる。
27 みこがカグラを優美に舞う。
28 いたずらをした少年をコらしめる。
29 長年の不摂生で肝臓をワズラう。
30 豊かな感性と道徳心をツチカう。

31 曲がった根性をタめる。
32 雨天のため工事がトドコオる。
33 自分をイヤしめる行為をするな。
34 何とか罪をマヌカれる。
35 紫外線で髪の毛がイタむ。
36 つらくても決して弱音はハかない。
37 心の中に様々な疑惑がウズマく。
38 妻に先にユかれた人の手記を読む。
39 観葉植物の根がクサって枯れる。
40 フジダナの名所と知られる庭園。
41 転倒してヒザガシラを擦りむく。
42 青銅で釣り鐘型の風鈴をイる。

19 会釈
20 浅薄
21 沈黙
22 歳月
23 呪文
24 模倣
25 悪寒
26 操
27 神楽
28 懲
29 患
30 培

31 矯
32 滞
33 卑
34 免
35 傷
36 吐
37 渦巻
38 逝
39 腐
40 藤棚
41 膝頭
42 鋳

意味 27［神楽＝神をまつるために奏する舞楽］

でる順 C

書き取り②

15分で解こう!

34点以上とれれば合格!

得点
1回目 /42
2回目 /42

次の――線のカタカナを漢字に直せ。

1 悔しい敗北をキッした。
2 将来はケイジになりたいと思う。
3 ついにセツジョクを果たした。
4 手作りの品をハンプする。
5 ユウベンは銀、沈黙は金。
6 ジヒ深い言葉に感謝する。
7 信号がテンメツしたので止まる。
8 カジュウ百パーセントの飲み物。
9 他社とのキンミツな提携を望む。
10 世俗をチョウエツした仙人。
11 今月は三件もごシュウギがある。
12 細胞のバイヨウ実験を行う。
13 あらゆるソクバクから解放される。
14 賛成多数で議案をサイタクする。
15 ショウコりもなく食べ過ぎた。
16 家臣は忠義からジュンシした。
17 指輪に頭文字をチョウコクする。
18 家に侵入し金品をゴウダツする。

解答

1 喫
2 刑事
3 雪辱
4 頒布
5 雄弁
6 慈悲
7 点滅
8 果汁
9 緊密
10 超越
11 祝儀
12 培養
13 束縛
14 採択
15 性懲
16 殉死
17 彫刻
18 強奪

19 彼女はショウカク試験に受かった。
20 薄暗い地下室にユウヘイされる。
21 副作用でゲンカク症状が現れる。
22 コウミョウな詐欺の手口に掛かる。
23 北部地域一帯にイを振るう武将。
24 オウヒは親善訪問に出発された。
25 オロシネの半額で購入する。
26 息をヒソめて身を隠す。
27 教会にハナムコが到着した。
28 カロうじて完成までこぎ着けた。
29 部屋のアマモりがひどい。
30 お坊さんにドキョウを頼む。

31 多数の小説をアラワした作家。
32 ウデを組んでじっと聞き入る。
33 彼はいつでもキモが据わっている。
34 シロウト離れしたピアノの演奏。
35 主演俳優としてシラハの矢が立つ。
36 表をフせてトランプを配る。
37 特急列車の運行間隔をセバめる。
38 たばこのケムリが立ちこめる。
39 全国一のミズアげ量を誇る漁港。
40 満足してハラツヅミを打つ。
41 決勝戦は気力をフルって戦う。
42 訪問先の玄関の呼び鈴をオす。

---

19 昇格
20 幽閉
21 幻覚
22 巧妙
23 威
24 王妃
25 卸値
26 潜
27 花婿
28 辛
29 雨漏
30 読経

31 著
32 腕
33 肝
34 素人
35 白羽
36 伏
37 狭
38 煙
39 水揚
40 腹鼓
41 奮
42 押

意味 35［白羽の矢が立つ＝多くの中から特に選び出される］

でる順 C

書き取り ③

15分で解こう!

34点以上とれれば合格!

次の——線のカタカナを漢字に直せ。

1 彼とは遠いインセキ関係に当たる。
2 セキツイを損傷して入院する。
3 大臣がソゲキされる事件が起こる。
4 石炭の層が厚くタイセキしている。
5 ハタンした銀行の救済策を練る。
6 消防士の父はショウケイの的だ。
7 ハンヨウ性の高い部品で作る。
8 近所でも名の知れたサイエンだ。
9 名前にケイショウをつけて呼ぶ。
10 花の周囲をミツバチが飛び回る。
11 新しい産業がボッコウする時代。
12 祖父のメイフクを家族で祈る。
13 遺跡からカジの工具が発見される。
14 彼は事実をフンショクして話す。
15 仏門に入りソウリョとして生きる。
16 ワイロを受け取った役員を罰する。
17 ラチ問題の解決に努力をする。
18 医はジンジュツなり。

解答

1 姻戚
2 脊椎
3 狙撃
4 堆積
5 破綻
6 憧憬
7 汎用
8 才媛
9 敬称
10 蜜蜂
11 勃興
12 冥福
13 鍛冶
14 粉飾
15 僧侶
16 賄賂
17 拉致
18 仁術

他例 7［汎濫］ 意味 11［勃興＝急に勢力を得て盛んになること］

19 夏の風物を織り込んだハイカイ。
20 壁際の一脚のイスに腰を下ろす。
21 娘からは五年もオトサタがない。
22 ヒッス入力欄の内容を確認する。
23 深蒸しセンチャの香りを楽しむ。
24 ウイジンで勝利を収めた。
25 マタガミが浅いデニムのパンツ。
26 敵に降伏してイノチゴいをする。
27 冷や麦が滑らかにノドモトを通る。
28 山道でつがいのシカに遭遇する。
29 ズボンのスソをまくって川に入る。
30 ダレ彼なしに話しかける。

31 クラスの皆でセンバヅルを折る。
32 ニジイロに輝く華やかなドレス。
33 寒さでホオと耳が赤く染まる。
34 ヤヨイ式土器が展示された建物。
35 晴れ着の着物にタビを合わせる。
36 突然右のワキバラに激痛が走る。
37 刑事が容疑者の周辺をカぎ回る。
38 アゴの咬（か）み合わせが悪い。
39 サワやかな秋晴れに恵まれる。
40 口汚く相手をノノシる。
41 政治家の道をアキラめた。
42 町内のモチつき大会に参加する。

19 俳諧
20 椅子
21 音沙汰
22 必須
23 煎茶
24 初陣
25 股上
26 命乞
27 喉元
28 鹿
29 裾
30 誰

31 千羽鶴
32 虹色
33 頬
34 弥生
35 足袋
36 脇腹
37 嗅
38 顎
39 爽
40 罵
41 諦
42 餅

意味 21［音沙汰＝便り。消息］　他例 29［裾野］

ちょっと一休み・・・ 漢字パズル ③

□に入る漢字を記せ。

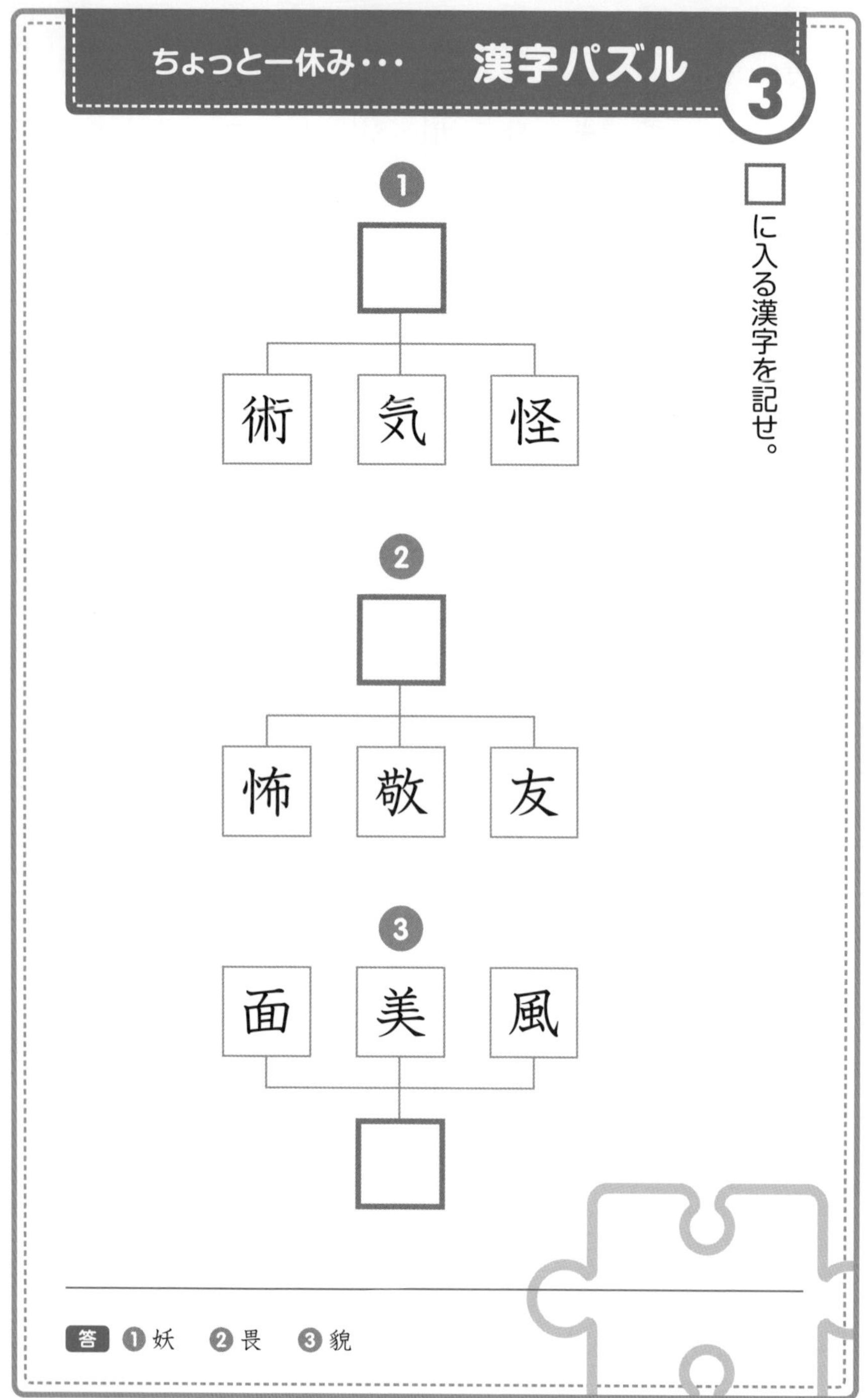

答 ①妖 ②畏 ③貌

予想問題

本番形式の予想問題3回分

第1回 予想問題

制限時間 60分

合格点 160点

得点 ／200

1 次の——線の**漢字の読み**を**ひらがな**で記せ。

各1点 ／30

1 父は**寛大**な心を持っている。（　）
2 **出穂**期の台風が心配だ。（　）
3 同僚の出世に**嫉妬**する。（　）
4 県内に伝わる**妖怪**伝説を研究する。（　）
5 不運な**境涯**を乗り越える。（　）
6 高原の**澄明**な空気が心地よい。（　）
7 **浄瑠璃**の人形作りに取り組む。（　）
8 お招きにあずかり**恐悦**です。（　）
9 大雪のせいで道路に**亀裂**が走る。（　）
10 **好悪**の感情の激しい人。（　）
11 **潔斎**して富士登山に臨む。（　）
12 **苦衷**察するにあまりある。（　）

2 次の漢字の**部首**を記せ。

各1点 ／10

例 菜（艹） 間（門）

1 徹（　）
2 鹿（　）
3 興（　）
4 摩（　）
5 升（　）
6 奉（　）
7 艶（　）
8 屯（　）
9 且（　）
10 慕（　）

13 神仏の功徳が現れる。（　　）
14 友と一献傾ける。（　　）
15 展覧会の作品を満遍なく見た。（　　）
16 以前から私淑している先生。（　　）
17 篤志家の寄付で建った会館。（　　）
18 桑門の念仏の声がする。（　　）
19 数奇屋は茶の湯のための建物だ。（　　）
20 休日は物見遊山をしよう。（　　）
21 角を矯めて牛を殺す。（　　）
22 それは偏った考えだ。（　　）
23 事情を酌んで了承した。（　　）
24 酸っぱい料理が食べたくなる。（　　）
25 公務員は国民の批判に襟を正せ。（　　）
26 予算内で賄うことができた。（　　）
27 家の鍵をかけ忘れる。（　　）
28 祭典は前例に倣って執り行われた。（　　）
29 戯れの一言で人を傷つけた。（　　）
30 春の息吹を肌で感じる。（　　）

3 熟語の構成のしかたには次のようなものがある。

各2点 ／20

ア 同じような意味の漢字を重ねたもの （岩石）
イ 反対または対応の意味を表す字を重ねたもの （高低）
ウ 上の字が下の字を修飾しているもの （洋画）
エ 下の字が上の字の目的語・補語になっているもの （着席）
オ 上の字が下の字の意味を打ち消しているもの （非常）

次の**熟語**は、右の**ア**～**オ**のどれにあたるか、**一つ**選び、**記号**で記せ。

1 訴訟（　　）
2 不稽（　　）
3 製靴（　　）
4 彼我（　　）
5 甲殻（　　）
6 懸命（　　）
7 捜索（　　）
8 旦夕（　　）
9 亜流（　　）
10 毀誉（　　）

解答は234ページ

4 次の**四字熟語**について、〔**問1**〕と〔**問2**〕に答えよ。

〔**問1**〕

次の**四字熟語**の（1〜10）に入る適切な語を下の□の中から選び、**漢字二字**で記せ。

各2点 /20

ア （1）返上

イ （2）不抜

ウ （3）外親

エ （4）発止

オ （5）春氷

カ 綱紀（6）

キ 遠慮（7）

ク 文人（8）

えしゃく
おめい
けんにん
こうぎん
こび
しゅくせい
ちょうちょう
ないそ
ふじょ
ぼっかく

---

5 次の1〜5の**対義語**、6〜10の**類義語**を後の□の中から選び、**漢字**で記せ。□の中の語は一度だけ使うこと。

各2点 /20

対義語

1 絶賛 ―（ ）

2 凡才 ―（ ）

3 進展 ―（ ）

4 禁欲 ―（ ）

5 憂鬱 ―（ ）

類義語

6 親密 ―（ ）

7 策略 ―（ ）

8 湯船 ―（ ）

9 死亡 ―（ ）

10 脅迫 ―（ ）

ケ　放歌（9　　）

コ　相互（10　　）

〔問2〕次の11〜15の**意味**にあてはまるものを〔問1〕のア〜コの**四字熟語**から**一つ**選び、**記号**を記せ。

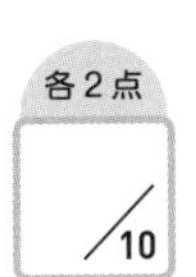

各2点　／10

11　あたりかまわず大きな声で歌うこと。（　　）

12　じっと耐えて動じないこと。（　　）

13　相手を思いやりつつましくすること。（　　）

14　規律を厳しく正すこと。（　　）

15　議論を激しくたたかわせ合うさま。（　　）

いかく・いつざい・いんぼう・きょうらく・こくひょう・こんい・せいきょ・そうかい・ていとん・よくそう

6　次の――線の**カタカナ**を**漢字**に直せ。

各2点　／20

1　**ヒヨク**な大地に感謝する。（　　）

2　**ヒヨク**の鳥といわれる夫婦。（　　）

3　ビルの**カイタイ**作業を受注する。（　　）

4　公金**カイタイ**で逮捕される。（　　）

5　両陣営の**ヘイコウ**を保つ。（　　）

6　連日の猛暑に**ヘイコウ**する。（　　）

7　売上目標完遂の**イロウ**会を開く。（　　）

8　祭礼は万事**イロウ**なく進行した。（　　）

9　夫が長**ワズラ**いをしている。（　　）

10　**ワズラ**わしい人間関係に困惑する。（　　）

解答は234ページ

7 次の各文にまちがって使われている**同じ読みの漢字**が**一字**ある。**上に誤字**を、**下に正しい漢字**を記せ。

各2点 ／10

1 来年の大学入試に備えるため、学業成就のお守りを求めて霊験あらたかな畿内の古殺を訪れる。（ ・ ）

2 病気の際には、過剰に化学薬品に頼らず人間が本来持つ免益力を高めることが重要だ。（ ・ ）

3 話し合いは適当なところで打協し、お互いが努力して合意点を見いだすようにしなければ成立しない。（ ・ ）

4 球場にはファンの声援や太鼓の音が響き、選手の気迫のこもったプレーによって観客は高揺する。（ ・ ）

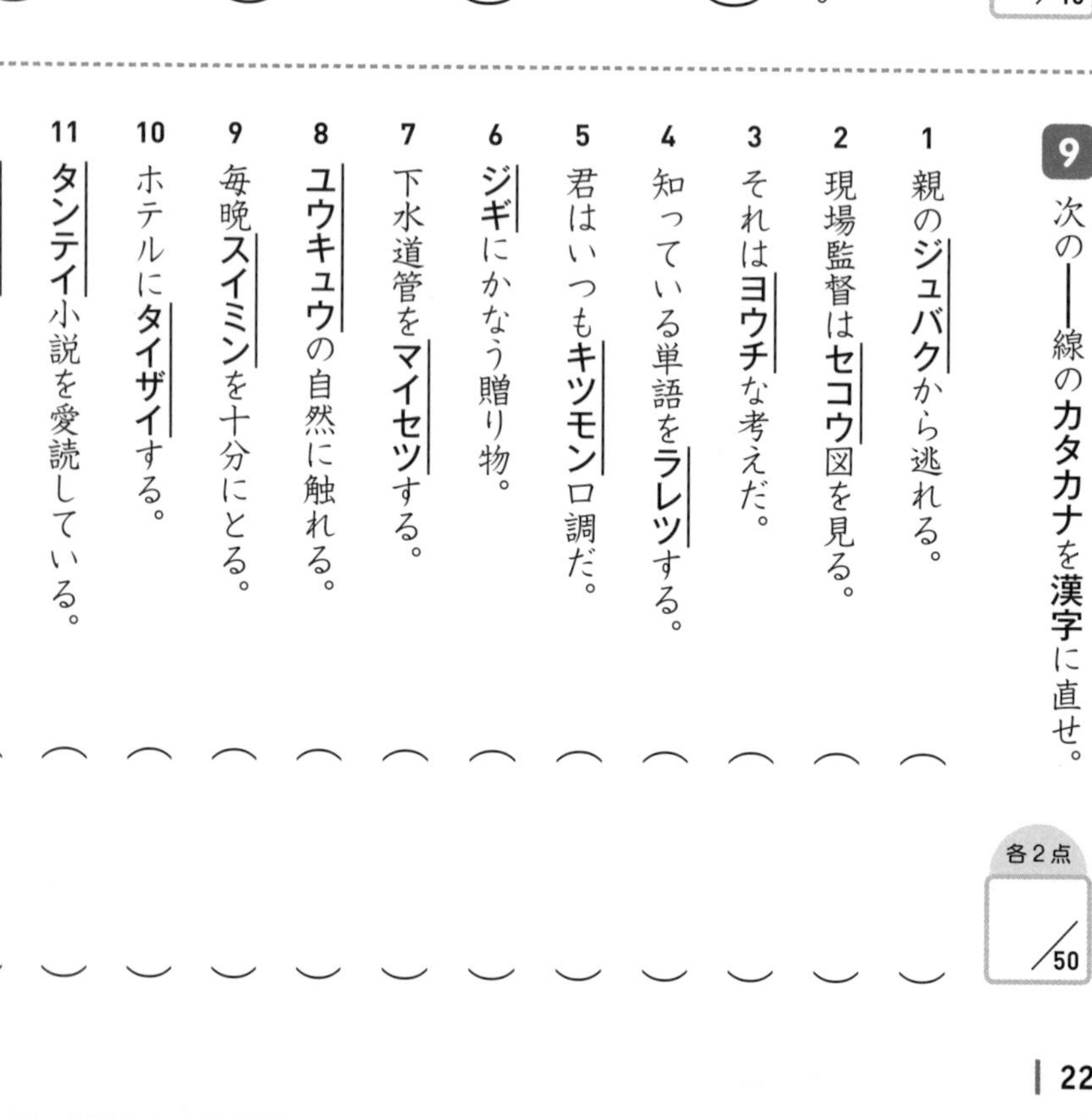

9 次の――線の**カタカナ**を**漢字**に直せ。

各2点 ／50

1 親の**ジュバク**から逃れる。（ ）

2 現場監督は**セコウ**図を見る。（ ）

3 それは**ヨウチ**な考えだ。（ ）

4 知っている単語を**ラレツ**する。（ ）

5 君はいつも**キツモン**口調だ。（ ）

6 **ジギ**にかなう贈り物。（ ）

7 下水道管を**マイセツ**する。（ ）

8 **ユウキュウ**の自然に触れる。（ ）

9 毎晩**スイミン**を十分にとる。（ ）

10 ホテルに**タイザイ**する。（ ）

11 **タンテイ**小説を愛読している。（ ）

12 **コツズイ**炎を起こし高熱を出す。（ ）

5 処方箋に書かれている沈痛剤は、中枢神経や負傷箇所の感覚に働きかける物質である。（　・　）

8

次の――線のカタカナを漢字一字と送りがな（ひらがな）に直せ。

各2点　／10

例 問題にコタエル。（答える）

1 大雨で外出をアキラメル。（　）
2 夏草の生いシゲル獣道。（　）
3 額からは汗がシタタル。（　）
4 海をヘダテル隣国。（　）
5 他人の秘密をアバク。（　）

13 そのムネお伝えします。（　）
14 自分のクチグセは分からない。（　）
15 トビラを開けて教室に入る。（　）
16 ツマサキ立ちで下半身を鍛える。（　）
17 珍しいニシキエを入手した。（　）
18 故人をイタんで黙とうをささげる。（　）
19 アセるばかりではかどらない。（　）
20 真理を知りサトりを開く。（　）
21 タバコの臭いがシみついている。（　）
22 どんな人もアナドってはならない。（　）
23 小道のカタワらに咲く小さな花。（　）
24 旧友に会い握手をカわす。（　）
25 神前でノリトを奏上する。（　）

解答は234ページ

第2回 予想問題

制限時間 60分

合格点 160点

得点 /200

1 次の——線の**漢字の読み**を**ひらがな**で記せ。

各1点 /30

1 市井の声に耳を傾ける。（　　）
2 経歴の詐称だと指弾される。（　　）
3 それは冥加に尽きる行いだ。（　　）
4 出生数は年ごとに逓減している。（　　）
5 象牙でできた美しい印鑑。（　　）
6 授業中は私語をやめ静粛にする。（　　）
7 医療器具を煮沸消毒する。（　　）
8 拉致事件を解決する。（　　）
9 彼の意見は中庸を得ていた。（　　）
10 隠匿物資を押収する。（　　）
11 お盆に先祖の回向をした。（　　）
12 彼は航空宇宙工学の泰斗だ。（　　）

2 次の漢字の**部首**を記せ。

各1点 /10

例 菜（艹）　間（門）

1 凸（　　）
2 乏（　　）
3 殴（　　）
4 琴（　　）
5 殉（　　）
6 栃（　　）
7 充（　　）
8 吏（　　）
9 奔（　　）
10 諧（　　）

13 手紙に切手を**貼付**する。（　　）
14 条約の**批准**も国会の仕事である。（　　）
15 古文書を**渉猟**する。（　　）
16 **汗顔**の至りだと謝罪した。（　　）
17 **剛直**な人だが温和な面もある。（　　）
18 学問の**深奥**を究める。（　　）
19 **岐阜**県で生まれ育った。（　　）
20 一般に**流布**していることだ。（　　）
21 **尻込**みせずに挑戦する。（　　）
22 日々の**糧**にも困ることになる。（　　）
23 急な友人の死を**悼**む。（　　）
24 細かな手続きが**煩**わしい。（　　）
25 総攻撃で城を**陥**れた。（　　）
26 それは気に**障**る一言だ。（　　）
27 王は人民を**虐**げる政治を続けた。（　　）
28 **甚**だ不愉快な出来事だ。（　　）
29 育児には**慈**しみの心が必要だ。（　　）
30 **野良**犬に追いかけられた。（　　）

3 **熟語の構成**のしかたには次のようなものがある。

各2点　／20

ア	同じような意味の漢字を重ねたもの	**（岩石）**
イ	反対または対応の意味を表す字を重ねたもの	**（高低）**
ウ	上の字が下の字を修飾しているもの	**（洋画）**
エ	下の字が上の字の目的語・補語になっているもの	**（着席）**
オ	上の字が下の字の意味を打ち消しているもの	**（非常）**

次の**熟語**は、右の**ア～オ**のどれにあたるか、**一つ**選び、**記号**で記せ。

1 佳境（　　）
2 遷宮（　　）
3 渋滞（　　）
4 哺乳（　　）
5 涼風（　　）

6 繁閑（　　）
7 彙報（　　）
8 崇仏（　　）
9 無窮（　　）
10 禍福（　　）

解答は236ページ

4 次の**四字熟語**について、〔**問1**〕と〔**問2**〕に答えよ。

〔**問1**〕

次の**四字熟語**の（1〜10）に入る適切な語を下の□の中から選び、**漢字二字**で記せ。

各2点 ／20

ア （1）雨読

イ （2）恋雲

ウ （3）一遇

エ （4）去私

オ （5）末節

カ 雲水（6）

キ 周知（7）

ク 意思（8）

あんぎゃ
しよう
じょうり
せいこう
せんざい
せんしゅう
そくてん
そつう
てってい
ろうちょう

---

5 次の1〜5の**対義語**、6〜10の**類義語**を後の□の中から選び、**漢字**で記せ。□の中の語は一度だけ使うこと。

各2点 ／20

対義語

1 賞賛 ―（　）

2 寛容 ―（　）

3 卑俗 ―（　）

4 獲得 ―（　）

5 進出 ―（　）

類義語

6 才女 ―（　）

7 運用 ―（　）

8 省略 ―（　）

9 過去 ―（　）

10 鍛錬 ―（　）

ケ 会者（9　　）

コ 一日（10　　）

〔問2〕次の11〜15の**意味**にあてはまるものを〔問1〕のア〜コの**四字熟語**から**一つ**選び、記号を記せ。

11 悠々自適な生活をすること。（　　）

12 非常に待ち遠しく長く感じること。（　　）

13 千年に一度出会うほどまたとない好機。（　　）

14 取るに足りない細かい事柄。（　　）

15 あえば必ず別れる運命であること。（　　）

おうじ・かつあい・こうしょう・さいえん・そうさ・そうしつ・てったい・とうや・ばげん・へんきょう

6

次の――線の**カタカナ**を**漢字**に直せ。

各2点　/20

1 歯並びを**キョウセイ**する。（　　）

2 **キョウセイ**労働をさせられた。（　　）

3 **ケイコク**の川の水はきれいだ。（　　）

4 大雪で登山中止の**ケイコク**を出す。（　　）

5 原油価格が**コウトウ**する。（　　）

6 **コウトウ**炎で声がかれる。（　　）

7 信号で**イッタン**立ち止まる。（　　）

8 事件の**イッタン**を知った。（　　）

9 壁面に**コ**った装飾を施す。（　　）

10 **コ**らしめのために掃除を命じる。（　　）

7 次の各文にまちがって使われている**同じ読みの漢字**が**一字**ある。**上に誤字**を、**下に正しい漢字**を記せ。

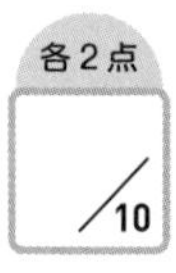
各2点 /10

1 昨日の晩に関越地方を走る高速道路のトンネル内で起きた衝突事故は見るに耐えない惨状となった。（　・　）

2 畿内に散在する原始・古代の遺跡からは、土偶のような念土で造った像が多数見つかっている。（　・　）

3 業績が上り調子で社長は気嫌がよいが、現場を担当する部下の苦労は大変なものだ。（　・　）

4 厳しい選挙戦に勝利するためには普段から用意周討な準備を怠らないことが肝要だ。（　・　）

---

9 次の——線の**カタカナ**を**漢字**に直せ。

各2点 /50

1 **ナンキン**状態で原稿を執筆させる。（　）

2 大きな声で**アイサツ**する。（　）

3 父**キトク**の知らせにすぐ帰国した。（　）

4 敵の弱点についてシ**サ**を与えた。（　）

5 **ミツゲツ**旅行で船に乗る。（　）

6 **レイゲン**あらたかというが本当か。（　）

7 工場で**センバン**を使い鉄を削る。（　）

8 民主主義が**ケイガイカ**する。（　）

9 詩の言葉の調子を**インリツ**という。（　）

10 事の大きさに**リツゼン**とする。（　）

11 彼と**ソウヘキ**をなす選手だ。（　）

12 試合は**ソウゼツ**な戦いとなった。（　）

5 あの教授の講義は、興味深い内容を混切丁寧に理解しやすく説明するので学生に人気がある。（　・　）

8 次の――線の**カタカナ**を**漢字一字と送りがな（ひらがな）**に直せ。

各2点　／10

例 問題に**コタエル**。（答える）

1 名曲の放送を聞き**ソコネル**。（　）

2 玄関先で傘を**タタム**。（　）

3 長い訓辞で生徒の姿勢が**クズレル**。（　）

4 年を取ると視力が**オトロエル**。（　）

5 甲子園出場に**アコガレル**。（　）

13 細菌の働きで**ハッコウ**がおこる。（　）

14 熱が出てリンパ**セン**が痛む。（　）

15 **ウルシ**塗りのおわん。（　）

16 口角**アワ**を飛ばす勢いの演説だ。（　）

17 雪洞で**ウ**えと寒さに苦しむ。（　）

18 秀麗の富士を**ナガ**める。（　）

19 勢いの**オモム**くところ敵なし。（　）

20 巨大な雪像に目を**ウバ**われる。（　）

21 ピアニストが名曲を**カナ**でる。（　）

22 刑に服して罪を**ツグナ**う。（　）

23 引っ越しは何かと**アワ**ただしい。（　）

24 **ユウヤミ**が迫る空を見上げる。（　）

25 釣れたのは**ザコ**ばかりだ。（　）

解答は 236 ページ

第3回 予想問題

制限時間 60分
合格点 160点
得点 /200

1 次の——線の漢字の読みをひらがなで記せ。

各1点 /30

1 **払暁**、登頂に成功した。（　）
2 **煩悩**を断って仏門に入る。（　）
3 海底に電線を**敷設**する。（　）
4 子鹿が熊の**餌食**になった。（　）
5 **由緒**あるお寺が好きだ。（　）
6 自動車の輸出は**漸増**している。（　）
7 **滋味**ある話を楽しんだ。（　）
8 **才媛**の誉れが高い女性。（　）
9 犯罪者に**禁錮**の刑を科す。（　）
10 理事長は学長**罷免**の権限を持つ。（　）
11 彼の作品は**唯美**主義と評された。（　）
12 **顎関節**部に痛みを感じる。（　）

2 次の漢字の部首を記せ。

例 菜（艹）　間（門）

1 尉（　）
2 乳（　）
3 阜（　）
4 須（　）
5 虞（　）
6 羞（　）
7 曹（　）
8 南（　）
9 嗣（　）
10 貢（　）

各1点 /10

13 鳥の**営巣**を観察する。（　）

14 **所詮**はただの妄想だ。（　）

15 主導権をめぐる**角逐**は激しい。（　）

16 古いわらべ歌の**採譜**をする。（　）

17 社会の**安寧**秩序を保つ。（　）

18 **比喩**をうまく使って話す。（　）

19 十二指腸**潰瘍**で苦しんだ。（　）

20 **蛇腹**で部屋を仕切った。（　）

21 きれいに**畝**づくりされた畑が続く。（　）

22 **日頃**の感謝を手紙に記す。（　）

23 戦争の**爪痕**が残る町。（　）

24 和やかな空気を**醸**し出す。（　）

25 綿や毛から糸を**紡**ぐ仕事をする。（　）

26 君の話は**眉唾**ものだ。（　）

27 神殿で**恭**しく頭を下げる。（　）

28 師匠の名を**辱**めない作品。（　）

29 試験の出来が**芳**しくなかった。（　）

30 公園の**築山**に駆け上がる。（　）

3 **熟語の構成**のしかたには次のようなものがある。

各2点　／20

ア 同じような意味の漢字を重ねたもの　（**岩石**）
イ 反対または対応の意味を表す字を重ねたもの　（**高低**）
ウ 上の字が下の字を修飾しているもの　（**洋画**）
エ 下の字が上の字の目的語・補語になっているもの　（**着席**）
オ 上の字が下の字の意味を打ち消しているもの　（**非常**）

次の**熟語**は、右の**ア～オ**のどれにあたるか、**一つ**選び、**記号**で記せ。

1 鉄鎖（　）

2 緩急（　）

3 楷書（　）

4 屈伸（　）

5 語呂（　）

6 嫌煙（　）

7 凡庸（　）

8 冶金（　）

9 酷似（　）

10 未踏（　）

解答は 238 ページ

4 次の**四字熟語**について、〔**問1**〕と〔**問2**〕に答えよ。

〔**問1**〕

次の**四字熟語**の（1～10）に入る適切な語を下の□の中から選び、**漢字二字**で記せ。

各2点 ／20

ア （1）秋思
イ （2）無援
ウ （3）果断
エ （4）添花
オ （5）双樹
カ 温厚（6）
キ 頑固（7）
ク 正真（8）

いってつ
きんじょう
こりつ
さら
しゅんしゅう
しょうめい
じんそく
とくじつ
ほくと
らんま

5 次の**1～5**の**対義語**、**6～10**の**類義語**を後の□の中から選び、**漢字**で記せ。□の中の語は一度だけ使うこと。

各2点 ／20

対義語

1 愛護 ―（　）
2 明瞭 ―（　）
3 拒否 ―（　）
4 褒賞 ―（　）
5 巧妙 ―（　）

類義語

6 本質 ―（　）
7 無口 ―（　）
8 折衝 ―（　）
9 瞬間 ―（　）
10 解消 ―（　）

ケ　泰山（9　）
コ　快刀（10　）

〔問2〕
次の11〜15の**意味**にあてはまるものを〔問1〕のア〜コの**四字熟語**から**一つ**選び、**記号**を記せ。

各2点　/10

11 人柄が穏やかで情が深いこと。（　）
12 複雑な問題を見事に解決すること。（　）
13 かたくなで意地っ張りなさま。（　）
14 素早く判断し、思い切って物事を行うこと。（　）
15 誰の援助もなく、ただ一人でいること。（　）

あいまい・かもく・ぎゃくたい・こうしょう・じゅだく・せいずい・せつな・せつれつ・ちょうばつ・はき

6 次の——線の**カタカナ**を**漢字**に直せ。

各2点　/20

1 心筋**コウソク**を予防する。（　）
2 犯人の身柄を**コウソク**した。（　）
3 株式の暴落が**キョウコウ**の原因。（　）
4 **キョウコウ**に主張を通す。（　）
5 新しい職場に**ソガイ**感を持つ。（　）
6 タバコは胎児の成長を**ソガイ**する。（　）
7 社業発展に**フシン**する。（　）
8 寺の山門を**フシン**する。（　）
9 新芽にそっと**サワ**ってみる。（　）
10 夜遊びは翌日の仕事に**サワ**る。（　）

第3回　予想問題

解答は238ページ

7 次の各文にまちがって使われている**同じ読みの漢字**が**一字**ある。**上に誤字**を、**下に正しい漢字**を記せ。

1 室町時代、滑稽な動きを特徴とする猿楽に歌舞的な要素を加えて憂玄な能が大成した。（　・　）

2 世界遺産に認定された近畿地方の参景道を初夏に家族で旅行し、新緑を存分に楽しんだ。（　・　）

3 橋の補習工事に予定より手間取って、朝の一番列車は運休という事態になった。（　・　）

4 通常国会の開会式は天皇陛下を迎え新選出の全議員が出席する中で叔然と行われた。（　・　）

9 次の――線の**カタカナ**を**漢字**に直せ。

各2点 /50

1 **カンダイ**な考えの持ち主だ。（　）

2 労使が**ダケツ**した内容を知らせる。（　）

3 耳鼻**インコウ**科に通う。（　）

4 **ヨウエン**な微笑に魅了される。（　）

5 落ち着いた**フンイキ**の部屋だ。（　）

6 違法な**ケンジュウ**を摘発する。（　）

7 **ゲンソク**に大砲を備えた戦艦。（　）

8 森で熊に**ソウグウ**した。（　）

9 **アクリョウ**を成仏させた。（　）

10 **ノウリョウ**屋形船で一夜を楽しむ。（　）

11 坂の**コウバイ**を計測する。（　）

12 全て**ホウカツ**して処理する。（　）

5 エックス線の逃過原理を応用したレントゲン検査が行われるようになったことで早期医療が確立した。（　・　）

8 次の――線の**カタカナ**を**漢字一字と送りがな（ひらがな）**に直せ。

各2点 /10

例 問題に**コタエル**。（答える）

1 相手を**サゲスム**ような目つき。（　）
2 それは五月**ナカバ**の出来事だった。（　）
3 人望のある彼が**ウラヤマシイ**。（　）
4 干ばつで**ウエル**人々を救え。（　）
5 アメリカ大陸横断を**クワダテル**。（　）

13 **シット**深い夫に困る妻。（　）
14 高齢者の**イコ**いの家を開く。（　）
15 **サ**いた新聞紙を元に戻す手品。（　）
16 そんな**オド**しは気にかけるな。（　）
17 **シメ**りがちな気分を一掃する。（　）
18 必要**カ**つ十分な条件を満たす物件。（　）
19 母の**ヒザマクラ**で子供が眠る。（　）
20 おみこしの**カツ**ぎ手が足りない。（　）
21 自転車のタイヤから空気が**モ**れる。（　）
22 難問の解法発見に**イド**む。（　）
23 間隙を**ヌ**って得点した。（　）
24 紅茶に**ハチミツ**を入れて飲む。（　）
25 **イオウ**の匂いのする温泉。（　）

解答は238ページ

第1回

予想問題　解答と解説

（　）内は解答の補足です。

1 読み

各1点 計30点

1 かんだい
2 しゅっすい
3 しっと
4 ようかい
5 きょうがい
6 ちょうめい
7 じょうるり
8 きょうえつ
9 きれつ
10 こうお
11 けっさい
12 くちゅう
13 くどく
14 いっこん
15 まんべん
16 ししゅく
17 とくし
18 そうもん
19 すきや
20 ゆさん

3 熟語の構成

各2点 計20点

1	2	3	4	5
ア	オ	エ	イ	ア
6	7	8	9	10
エ	ア	イ	ウ	イ

4 四字熟語

各2点 計30点

〔問1〕

1 汚名（返上）
2 堅忍（不抜）
3 内疎（外親）
4 丁丁（発止）
5 虎尾（春氷）
6 （綱紀）粛正

6 同音・同訓異字

各2点 計20点

1 肥沃
2 比翼
3 解体
4 拐帯
5 平衡
6 閉口
7 慰労
8 遺漏
9 患（い）
10 煩（わしい）

7 誤字訂正

各2点 計10点

	誤字		正字
1	（古）殺	・	（古）刹
2	（免）益	・	（免）疫
3	打（協）	・	妥（協）
4	（高）揺	・	（高）揚
5	沈（痛）	・	鎮（痛）

---

1 読み

2 出穂＝稲などの穂が出ること。
6 澄明＝水や空気が澄みきって明るいこと。
11 潔斎＝神事などの前に心身を清めること。
12 苦衷＝苦しい心の中。
17 篤志家＝社会事業などに熱心に協力をする人。
18 桑門＝出家した僧。
21 角を矯めて牛を殺す＝小さな欠点を直そうとして、かえって全体をだめにしてしまうこと。

3 熟語の構成

1 訴訟＝どちらも「うったえる」の意。
2 不稽＝「よりどころがない」と解釈。
9 亜流＝「まねてする→やり方」と解釈。

4 四字熟語

1 汚名返上＝悪い評判を打ち消す行為。
5 虎尾春氷＝非常に危険で、ひやひやすることのたとえ。
10 相互扶助＝互いに助け合うこと。

21 た（めて）
22 かたよ（った）
23 く（んで）
24 す（っぱい）
25 えり
26 まかな（う）
27 かぎ
28 なら（って）
29 たわむ（れ）
30 いぶき

2 部首

各1点 計10点

1 亻（ぎょうにんべん）
2 鹿（しか）
3 臼（うす）
4 手（て）
5 十（じゅう）
6 大（だい）
7 色（いろ）
8 屮（てつ）
9 一（いち）
10 㣺（したごころ）

---

7 （遠慮）会釈（えんりょえしゃく）
8 （文人）墨客（ぶんじんぼっかく（ぼっきゃく））
9 （放歌）高吟（ほうかこうぎん）
10 （相互）扶助（そうごふじょ）

〔問2〕

11 ケ
12 イ
13 キ
14 カ
15 エ

5 対義語・類義語

各2点 計20点

1 酷評（こくひょう）
2 逸材（いつざい）
3 停頓（ていとん）
4 享楽（きょうらく）
5 爽快（そうかい）
6 懇意（こんい）
7 陰謀（いんぼう）
8 浴槽（よくそう）
9 逝去（せいきょ）
10 威嚇（いかく）

---

8 漢字と送りがな

各2点 計10点

1 諦める（あきら）
2 茂る（しげ）
3 滴る（したた）
4 隔てる（へだ）
5 暴く（あば）

9 書き取り

各2点 計50点

1 呪縛（じゅばく）
2 施工（せこう）
3 幼稚（ようち）
4 羅列（られつ）
5 詰問（きつもん）
6 時宜（じぎ）
7 埋設（まいせつ）
8 悠久（ゆうきゅう）
9 睡眠（すいみん）
10 滞在（たいざい）
11 探偵（たんてい）
12 骨髄（こつずい）
13 旨（むね）
14 口癖（くちぐせ）
15 扉（とびら）
16 爪先（つまさき）
17 錦絵（にしきえ）
18 悼（いた）（んで）
19 焦（あせ）（る）
20 悟（さと）（り）
21 染（し）（み）
22 侮（あなど）（って）
23 傍（かたわ）（ら）
24 交（か）（わす）
25 祝詞（のりと）

---

6 同音・同訓異字

2 比翼の鳥＝雌雄一対で飛ぶという伝説の鳥。仲のいい夫婦のたとえ。

7 誤字訂正

1 古刹＝古くて由緒のある寺。

9 書き取り

1 呪縛＝心理的に束縛すること。
2 施工図＝現場で工事をするために描かれた図面。
4 羅列＝ずらりと並べること。
6 時宜＝あることをするのに時期がちょうどよいこと。
7 埋設＝水道管やケーブル線などを地下に埋めて設備すること。

問題は216ページ

第2回 予想問題 解答と解説

（　）内は解答の補足です。

1 読み

各1点 計30点

1 しせい
2 さしょう
3 みょうが
4 ていげん
5 ぞうげ
6 せいしゅく
7 しゃふつ
8 らち
9 ちゅうよう
10 おうしゅう
11 えこう
12 たいと
13 ちょうふ／てんぷ
14 ひじゅん
15 しょうりょう
16 かんがん
17 ごうちょく
18 しんおう
19 ぎふ
20 るふ

3 熟語の構成

各2点 計20点

1	2	3	4	5
ウ	エ	ア	エ	ウ
6	**7**	**8**	**9**	**10**
イ	ウ	エ	オ	イ

4 四字熟語

各2点 計30点

〔問1〕

1 晴耕（雨読）
2 籠鳥（恋雲）
3 千載（一遇）
4 則天（去私）
5 枝葉（末節）
6 （雲水）行脚

6 同音・同訓異字

各2点 計20点

1 矯正
2 強制
3 渓谷
4 警告
5 高騰
6 喉頭
7 一旦
8 一端
9 凝（った）
10 懲（らしめ）

7 誤字訂正

各2点 計10点

誤字　正字

1 耐（え）・堪（え）
2 念（土）・粘（土）
3 気（嫌）・機（嫌）
4 （周）討・（周）到
5 混（切）・懇（切）

---

1 読み

3 冥加＝知らず知らずのうちに授かっている神仏の加護。

11 回向＝仏事を営んで死者の成仏を祈ること。

12 泰斗＝泰山北斗の略。その道での第一人者。

13 貼付＝はりつけること。「てんぷ」は慣用読み。

18 深奥＝奥深いところ。

3 熟語の構成

2 遷宮＝「うつす←神霊を」と解釈。

4 哺乳＝「飲む←乳を」と解釈。

5 涼風＝「涼しい→風」と解釈。

7 彙報＝「分類して集めた→報告」と解釈。

4 四字熟語

2 籠鳥恋雲＝捕らわれたものが自由を望むことのたとえ。

4 則天去私＝私心を捨てて生きること。

8 意思疎通＝両者の意見や考え方が通じ合うこと。

21 しりご(み)
22 かて
23 いた(む)
24 わずら(わしい)
25 おとしい(れた)
26 さわ(る)
27 しいた(げる)
28 はなは(だ)
29 いつく(しみ)
30 のら

2 部首

各1点 計10点

1 凵(うけばこ)
2 ノ(の　はらいぼう)
3 殳(るまた　ほこづくり)
4 王(おう)
5 歹(かばねへん　いちたへん　がつへん)
6 木(きへん)
7 儿(ひとあし　にんにょう)
8 口(くち)
9 大(だい)
10 言(ごんべん)

---

7 (周知（しゅうち）)徹底（てってい）
8 (意思（いし）)疎通（そつう）
9 (会者（えしゃ）)定離（じょうり）
10 (一日（いちじつ）)千秋（せんしゅう）

〈問2〉

11 ア
12 コ
13 ウ
14 オ
15 ケ

5 対義語・類義語

各2点 計20点

1 罵言（ばげん）
2 偏狭（へんきょう）
3 高尚（こうしょう）
4 喪失（そうしつ）
5 撤退（てったい）

6 才媛（さいえん）
7 操作（そうさ）
8 割愛（かつあい）
9 往時（おうじ）
10 陶冶（とうや）

---

8 漢字と送りがな

各2点 計10点

1 損（そこ）ねる
2 畳（たた）む
3 崩（くず）れる

4 衰（おとろ）える
5 憧（あこが）れる

9 書き取り

各2点 計50点

1 軟禁（なんきん）
2 挨拶（あいさつ）
3 危篤（きとく）
4 示唆（しさ）
5 蜜月（みつげつ）
6 霊験（れいげん）
7 旋盤（せんばん）
8 形骸化（けいがいか）
9 韻律（いんりつ）
10 慄然（りつぜん）
11 双璧（そうへき）
12 壮絶（そうぜつ）
13 発酵（はっこう）

14 腺（せん）
15 漆（うるし）
16 泡（あわ）
17 飢（う）(え)
18 眺（なが）(める)
19 赴（おもむ）(く)
20 奪（うば）(われる)
21 奏（かな）(でる)
22 償（つぐな）(う)
23 慌（あわ）(ただしい)
24 夕闇（ゆうやみ）
25 雑魚（ざこ）

---

5 対義語・類義語

1 罵言＝ののしる言葉。手ひどい悪口。
7 運用＝そのものの持つ機能を生かして用いること。
9 往時＝過ぎ去った時。
10 陶冶＝人の持って生まれた性質や能力を円満に育て上げること。

6 同音・同訓異字

6 喉頭＝呼吸器の一部。気管の上部、咽頭の下部にある。

9 書き取り

1 軟禁＝ある場所へ閉じ込め、一定の自由は許すが外出や外部との連絡をさせないこと。
3 危篤＝病気が重くて死にそうなこと。
5 蜜月＝結婚したばかりの頃。
6 霊験＝神仏の力の現れやしるし。
7 旋盤＝回転させた材料に刃物をあてて、削ったりする機械。
10 慄然＝ぞっとすること。

問題は222ページ

第3回 予想問題 解答と解説

（ ）内は解答の補足です。

1 読み

各1点 計30点

1 ふつぎょう
2 ぼんのう
3 ふせつ
4 えじき
5 ゆいしょ
6 ぜんぞう
7 じみ
8 さいえん
9 きんこ
10 ひめん
11 ゆいび
12 がくかんせつ
13 えいそう
14 しょせん
15 かくちく
16 さいふ
17 あんねい
18 ひゆ
19 かいよう
20 じゃばら

3 熟語の構成

各2点 計20点

1	2	3	4	5
ウ	イ	ウ	イ	ウ
6	**7**	**8**	**9**	**10**
エ	ア	エ	ウ	オ

4 四字熟語

各2点 計30点

〈問1〉

1 春愁（秋思）
2 孤立（無援）
3 迅速（果断）
4 錦上（添花）
5 沙羅（双樹）
6 （温厚）篤実

6 同音・同訓異字

各2点 計20点

1 梗塞
2 拘束
3 恐慌
4 強硬
5 疎外
6 阻害
7 腐心
8 普請
9 触（って）
10 障（る）

7 誤字訂正

各2点 計10点

	誤字	正字
1	憂（玄）	幽（玄）
2	（参）景	（参）詣
3	（補）習	（補）修
4	叔（然）	粛（然）
5	逃（過）	透（過）

---

1 読み

4 餌食＝他の動物の餌として食われる生き物。狙われて犠牲になるもの。

9 禁錮＝受刑者を刑務所に拘置するだけで労働させない刑。

11 唯美主義＝美に最高の価値を置き、それを求めることを生活や芸術の目的とする考え方。

20 蛇腹＝壁などを取り巻いてつける装飾の出っ張りの部分。

24 醸し出す＝ある感じや雰囲気を自然に作り出す。

2 部首

4 須…頁（おおがい）
※彡（さんづくり）ではない。

7 曹…曰（ひらび　いわく）
※艹（くさかんむり）ではない。

3 熟語の構成

1 鉄鎖＝「鉄でつくった→鎖」と解釈。

21 うね
22 ひごろ
23 つめあと
24 かも(し)
25 つむ(ぐ)
26 まゆつば
27 うやうや(しく)
28 はずかし(め)
29 かんば(しく)
30 つきやま

2 部首

各1点 計10点

1 寸(すん)
2 乚(おつ)
3 阜(おか)
4 頁(おおがい)
5 虍(とらがしら　とらかんむり)
6 羊(ひつじ)
7 曰(ひらび　いわく)
8 十(じゅう)
9 口(くち)
10 貝(かい　こがい)

7 (頑固)一徹
8 (正真)正銘
9 (泰山)北斗
10 (快刀)乱麻

〔問2〕

11 カ
12 コ
13 キ
14 ウ
15 イ

5 対義語・類義語

各2点 計20点

1 虐待
2 曖昧
3 受諾
4 懲罰
5 拙劣
6 精髄
7 寡黙
8 交渉
9 刹那
10 破棄

8 漢字と送りがな

各2点 計10点

1 蔑む
2 半ば
3 羨ましい
4 飢える
5 企てる

9 書き取り

各2点 計50点

1 寛大
2 妥結
3 咽喉
4 妖艶
5 雰囲気
6 拳銃
7 舷側
8 遭遇
9 悪霊
10 納涼
11 勾配
12 包括
13 嫉妬
14 憩(い)
15 裂(いた)
16 脅(し)
17 湿(り)
18 且(つ)
19 膝枕
20 担(ぎ)
21 漏(れる)
22 挑(む)
23 縫(って)
24 蜂蜜
25 硫黄

4 四字熟語

1 春愁秋思＝春の日の物憂さと秋の日の物思い。

4 錦上添花＝よいものや美しいものの上に、さらに善美なものを加えること。

5 沙羅双樹＝釈迦（しゃか）が亡くなったとき、その四方に二本ずつ生えていたという木。

5 対義語・類義語

6 精髄＝物事の一番優れた大切なところ。

6 同音・同訓異字

1 心筋梗塞＝動脈血栓などにより心筋が壊死（えし）を起こす病気。

7 誤字訂正

3 補修＝壊れたところを補いつくろうこと。

5 透過＝光や放射線が物質の内部を通り抜けること。

8 漢字と送りがな

1 蔑む＝見下す。軽蔑する。

9 書き取り

6 拳銃＝片手で打つ小型の銃。

14 憩い＝のんびりと休むこと。休息。

問題は228ページ

でる順×分野別

漢検問題集 五訂版 別冊

でる順用例付き 配当漢字表

級

◎2級・準2級配当漢字表

◎おもな特別な読み、熟字訓・当て字

◎高校で習う読み（3級以下の配当漢字）

◎部首一覧

旺文社

2級　配当漢字表

特に覚えておいた方がよい内容を資料としてまとめました。ねらわれやすい問題と過去のデータからでる順上位の漢字・熟語には◎・◎がついています。しっかり覚えましょう。

【配当漢字表の見方】

❶**五十音見出し**

❷**漢字**……２級の配当漢字１８５字を並べました。その後に参考として準２級の配当漢字３２８字を並べています。頻出漢字は上に◎を付けました。

❸**許容字体**……２級の配当漢字の中で、許容字体として定められたものを記しています。

❹**読み**……音読みはカタカナ、訓読みはひらがな、送り仮名は細字で示しています。

❺**部首**……「漢検」で採用している部首・部首名です。部首が問われる問題としてよくでる漢字には、部首の下に◎が付いています。

❻**意味**……漢字の基本的な意味を示しています。

❼**用例**……出題されやすいと思われる問題形式とその用例をまとめました。特にねらわれやすいものには◎が付いています。

ア

漢字	読み	部首	意味	出題
挨	アイ	扌 てへん	おす・押しのける・近づく	読み 書き取り ◎挨拶(あいさつ)
曖	アイ	日 ひへん	かげる・ほの暗い・はっきりしない	読み 書き取り 誤字訂正 対義語 曖昧(あいまい)—明瞭
宛	あてる	宀 うかんむり	あて・あてる・割り当てる・名あて	読み 宛(あ)てて・宛先(あてさき) 送りがな 宛(あ)てる
嵐	あらし	山◎ やま	あらし・激しい風雨・山にたちこめるもや	読み 砂嵐(すなあらし) 書き取り 嵐(あらし)

イ

漢字	読み	部首	意味	出題
畏	イ おそれる	田 た	おそれる・おそれうやまう・かしこまる	読み 畏(おそ)れぬ 熟語構成 畏友(いゆう)(尊敬している↓友人) 類義語 畏敬(いけい)—尊敬 書き取り ◎畏怖(いふ)
萎	イ なえる	艹 くさかんむり	なえる・しおれる・ぐったりする	読み 熟語構成 ◎萎縮(いしゅく)(どちらも「ちぢむ」) 書き取り 送りがな 萎(な)える
椅	イ	木 きへん	いす・こしかけ	読み 書き取り 椅子(いす)
彙	イ	彑◎ けいがしら	あつめる・あつまる・なかま	読み 書き取り 語彙(ごい) 熟語構成 彙報(いほう)(分類して集めた↓報告) 誤字訂正 語彙力(ごいりょく)
咽	イン	口 くちへん	のど・のみこむ・むせぶ	読み 書き取り 同音同訓 ◎咽喉(いんこう) 熟語構成 咽頭(いんとう)(のどの↓はじめの部分)
淫 (淫)	イン みだら	氵 さんずい	みだら・みだれる・おぼれる・度をこす	読み 書き取り ◎淫欲(いんよく) 送りがな 淫(みだ)らな 同音同訓 淫行(いんこう) 熟語構成 淫乱(いんらん)(どちらも「みだれる」)

行	漢字	許容字体	音訓	部首	意味	出題例
ウ	唄		うた	口 くちへん	うた・民謡や俗謡の類	読み 小唄(こうた)・端唄(はうた)・はやり唄(うた)
ウ	鬱		ウツ	鬯 ちょう	気がふさぐ・草木がおいしげる	読み 陰鬱(いんうつ)・鬱血(うっけつ) 対義語 暗鬱(あんうつ)—明朗・憂鬱(ゆううつ)—爽快 熟語構成 鬱勃(うつぼつ)(こもった気が↓起こる)
エ	怨		エン オン	心 こころ	うらむ・うらみ・かたき	読み 怨念(おんねん) 書き取り 類義語 怨恨(えんこん)—意趣 熟語構成 怨敵(おんてき(おんでき))(うらみのある↓敵) 四字熟語 怨親平等(おんしんびょうどう)
エ	艶		エン つや	色 いろ	なまめかしい・つや・つやっぽい	読み 妖艶(ようえん)・艶(つや)やか 対義語 濃艶(のうえん)—枯淡 熟語構成 艶聞(えんぶん)(男女の関係の↓うわさ)
オ	旺		オウ	日 ひへん	さかん・光りかがやいて美しい	読み 書き取り 誤字訂正 旺盛(おうせい)
オ	臆		オク	月 にくづき	おしはかる・おじける・胸の中	読み 熟語構成 臆断(おくだん)(憶測の↓判断) 書き取り 対義語 臆病(おくびょう)—剛胆 誤字訂正 臆(おく)する
オ	俺		おれ	亻 にんべん	男性の自称の代名詞	読み 書き取り 俺(おれ)
カ	苛		カ	艹 くさかんむり	きびしい・むごい・いらだつ	読み 苛酷(かこく) 書き取り 苛烈(かれつ) 四字熟語 苛政猛虎(かせいもうこ) 類義語 苛政(かせい)—暴政
カ	牙	牙	ガ ゲ きば	牙 きば	動物のきば・天子や将軍の旗じるし	読み 牙城(がじょう)・象牙(ぞうげ) 書き取り 歯牙(しが)・牙(きば)
カ	瓦		ガ かわら	瓦 かわら	かわら	読み 瓦解(がかい)・瓦屋根(かわらやね) 四字熟語 土崩瓦解(どほうがかい)・陶犬瓦鶏(とうけんがけい) 書き取り 瓦(かわら)

漢字	異体	読み	部首	意味	出題例
楷		カイ	木 きへん	書体の一つ・てほん・かいの木	読み 書き取り 楷書（かいしょ）
潰		カイ つぶす つぶれる	氵 さんずい	つぶれる・ついえる・やぶれる	書き取り 送りがな 潰れる（つぶ） 同音同訓 潰瘍（かいよう） 類義語 潰走（かいそう）―敗走 読み 潰す（つぶ）
諧		カイ	言 ごんべん	やわらぐ・ととのう・おどける	読み 書き取り 俳諧（はいかい） 類義語 諧和（かいわ）―協調
崖		ガイ がけ	山 やま	がけ	読み 崖っぷち（がけ） 書き取り 断崖（だんがい）・崖下（がけした（がいか）） 四字熟語 断崖絶壁（だんがいぜっぺき） 類義語 懸崖（けんがい）―絶壁
蓋		ガイ ふた	艹 くさかんむり	おおう・かぶせる・おおい・ふた	読み 書き取り 火蓋（ひぶた） 熟語構成 蓋世（がいせい）（おおいつくす↑世を） 四字熟語 抜山蓋世（ばつざんがいせい）・方底円蓋（ほうていえんがい） 誤字訂正 頭蓋骨（ずがいこつ（とうがいこつ））
骸		ガイ	骨 ほねへん	むくろ・なきがら	読み 形骸（けいがい）・死骸（しがい）・遺骸（いがい） 四字熟語 痩骨窮骸（そうこつきゅうがい）・土木形骸（どぼくけいがい）
柿		かき	木 きへん	かき	読み 柿（かき） 書き取り 熟語構成 渋柿（しぶがき）（渋い↓柿）
顎		ガク あご	頁 おおがい	あご	読み 書き取り 顎関節（がくかんせつ）・顎（あご） 熟語構成 下顎（したあご（かがく））（下部の↓顎）
葛	葛	カツ くず	艹 くさかんむり	くず・かずら・つづら	読み 葛根湯（かっこんとう）・葛湯（くずゆ）・葛（くず） 書き取り 葛藤（かっとう）
釜		かま	金 かね	煮炊きをするかま	読み 釜（かま） 書き取り 銅釜（どうがま）

漢字	許容字体	読み	部首・部首名	意味	用例
鎌		かま	金 かねへん	草やしばをかる農具	【読み】鎌(かま)をかける 【書き取り】鎌(かま)・鎌倉(かまくら)
韓		カン	韋 なめしがわ	大韓民国・井戸のまわりの囲い	【書き取り】韓国(かんこく)
玩		ガン	王 おうへん たまへん	もてあそぶ・なぐさみものにする・味わう	【読み】【書き取り】◎愛玩(あいがん)・賞玩(しょうがん) 【誤字訂正】玩具(がんぐ) 【四字熟語】◎熟読玩味(じゅくどくがんみ)・玩物喪志(がんぶつそうし)
キ					
伎		キ	亻 にんべん	わざ・うでまえ・わざおぎ・芸人	【読み】【書き取り】歌舞伎(かぶき)
亀		キ かめ	亀 かめ	かめ・ひびわれ	【読み】【書き取り】◎亀裂(きれつ)・亀(かめ) 【熟語構成】亀甲(きっこう)（亀の→こうら）
毀		キ	殳 るまた ほこづくり	こぼつ・こわれる・そしる・きずつける	【読み】毀棄(きき)・毀損(きそん) 【熟語構成】◎毀誉(きよ)（けなす↔誉める） 【四字熟語】◎名誉毀損(めいよきそん)・哀毀骨立(あいきこつりつ)
畿		キ	田 た	みやこ・みやこを中心とした天子の直轄地	【読み】【誤字訂正】近畿(きんき) 【書き取り】【同音同訓】畿内(きない(きだい))
臼		キュウ うす	臼 うす	うす	【読み】◎脱臼(だっきゅう) 【書き取り】◎石臼(いしうす) 【熟語構成】臼歯(きゅうし)（臼状の→歯）
嗅	嗅	キュウ かぐ	口 くちへん	かぐ・においをかぐ	【読み】嗅覚(きゅうかく) 【書き取り】嗅(か)ぐ
巾		キン	巾 はば	きれ・ぬのきれ・かぶりもの	【読み】巾着袋(きんちゃくぶくろ)・雑巾(ぞうきん) 【熟語構成】布巾(ふきん)（どちらも「きれ」） 【書き取り】頭巾(ずきん)

音	漢字	字体	読み	部首	意味	出題例
キ	僅	僅	キン わずか	亻 にんべん	わずか・少し	読み 書き取り 熟語構成 僅少(きんしょう)（どちらも「すこし」） 僅差(きんさ)・僅(わず)か 送りがな 僅(わず)かな
	錦		キン にしき	釒 かねへん	にしき・美しいもののたとえ	読み 書き取り 錦絵(にしきえ) 四字熟語 錦衣玉食(きんいぎょくしょく)・錦上添花(きんじょうてんか) 熟語構成 錦秋(きんしゅう)（美しい→秋）
ク	惧	惧	グ	忄 りっしんべん	おそれる・おじける・おどろく	読み 対義語 危惧(きぐ)—安心
	串		くし	丨 ぼう たてぼう	くし・つらぬく	読み 串刺(くしざ)し 書き取り 串焼(くしや)き
	窟		クツ	穴 あなかんむり	あな・あなぐら・すみか	読み 類義語 巣窟(そうくつ)—根城 熟語構成 石窟(せっくつ)（石でできた→ほらあな） 書き取り 洞窟(どうくつ)
ケ	詣		ケイ もうでる	言 ごんべん	まいる・もうでる・おまいりする	読み 初詣(はつもうで) 送りがな 詣(もう)でる 類義語 参詣(さんけい)—参拝・造詣(ぞうけい)—識見
	憬		ケイ	忄 りっしんべん	あこがれる・さとる	書き取り 誤字訂正 憧憬(しょうけい(どうけい))
	稽	稽	ケイ	禾 のぎへん	かんがえる・比較する・とどめる	読み 滑稽(こっけい)・稽古(けいこ) 四字熟語 荒唐無稽(こうとうむけい)
	隙		ゲキ すき	阝 こざとへん	すき・すきま・なかたがい・ひま	読み 間隙(かんげき)・隙間(すきま) 同音同訓 寸隙(すんげき) 書き取り 隙(すき)
	桁		けた	木 きへん	橋脚などにかけわたした横木・数の位	読み 桁違(けたちが)い 類義語 井桁(いげた)—井筒 書き取り 橋桁(はしげた)

漢字	読み	部首	意味	出題例
拳	ケン こぶし	手 て	こぶし・にぎりこぶし・じゃんけんなど	読み 拳法（けんぽう）・鉄拳（てっけん）・拳（こぶし） 書き取り 拳銃（けんじゅう） 四字熟語 赤手空拳（せきしゅくうけん）
鍵	ケン かぎ	釒 かねへん	かぎ・ピアノなどの指でたたく部分	読み 鍵盤（けんばん） 書き取り 鍵穴（かぎあな）・鍵（かぎ）
舷	ゲン	舟 ふねへん	ふなばた・ふなべり	読み 右舷（うげん） 書き取り 同音同訓 舷側（げんそく）
コ				
股	コ また	月 にくづき	また・もも	読み 股間（こかん）・大股（おおまた） 書き取り 股上（またがみ）・内股（うちまた） 誤字訂正 股関節（こかんせつ）
虎	コ とら	虍 とらがしら とらかんむり	とら	読み 書き取り 虎穴（こけつ）・猛虎（もうこ）・虎（とら） 四字熟語 苛政猛虎（かせいもうこ）・羊質虎皮（ようしつこひ）・虎頭蛇尾（ことうだび）・虎尾春氷（こびしゅんぴょう）
錮	コ	釒 かねへん	ふさぐ・とじこめる	読み 熟語構成 禁錮（きんこ）（どちらも「とじこめる」）
勾	コウ	勹 つつみがまえ	まがる・ひきとめる	読み 勾留（こうりゅう） 同音同訓 類義語 勾配（こうばい）—傾斜 四字熟語 一筆勾消（いっぴつこうしょう）
梗	コウ	木 きへん	おおむね・あらまし・ふさぐ・ふさがる	読み 同音同訓 梗塞（こうそく） 類義語 梗概（こうがい）—粗筋 書き取り 脳梗塞（のうこうそく）
喉	コウ のど	口 くちへん	のど	読み 書き取り 咽喉（いんこう）・喉（のど）・喉元（のどもと） 同音同訓 喉頭（こうとう）
乞	こう	乙 おつ	こう・こい求める・ねがう	読み 乞う（こう） 書き取り 命乞い（いのちごい）

コ				サ					
傲	駒	頃	痕	沙	挫	采	塞	柵	刹
ゴウ	こま	ころ	コン あと	サ	ザ	サイ	サイ ソク ふさぐ ふさがる	サク	サツ セツ
亻 にんべん	馬 うまへん	頁 おおがい	疒 やまいだれ	氵 さんずい	扌 てへん	采 のごめ	土 つち	木 きへん	刂 りっとう
おごる・見くだす	子馬・将棋などの盤上で使うもの	このごろ・ちかごろ・時分	きずあと・物事のあと	すな・みぎわ・水で洗ってよりわける	くじく・くじける・勢いをなくす	とる・つみとる・いろどり・すがた	とりで・ふさぐ・とじこめる	木や竹で作った囲い・とりで	寺・梵語(ぼんご)の音訳で用いる語
読み 傲然(ごうぜん) 対義語 傲慢(ごうまん)―謙虚 四字熟語 傲岸不遜(ごうがんふそん)	読み 書き取り 駒(こま)	読み 日頃(ひごろ) 書き取り 頃合(ころあ)い	読み 爪痕(つめあと) 書き取り 血痕(けっこん)・痕跡(こんせき)	類義語 沙汰(さた)―消息 書き取り 音沙汰(おとさた) 四字熟語 沙羅双樹(さらそうじゅ)・平沙万里(へいさばんり)	読み 書き取り 頓挫(とんざ)・捻挫(ねんざ) 対義語 挫折(ざせつ)―貫徹 同音同訓 挫傷(ざしょう) 四字熟語 抑揚頓挫(よくようとんざ)	読み 書き取り 采配(さいはい)・喝采(かっさい) 類義語 風采(ふうさい)―外見 四字熟語 拍手喝采(はくしゅかっさい)・神采英抜(しんさいえいばつ)	読み 梗塞(こうそく)・塞(ふさ)ぐ 書き取り 要塞(ようさい) 送りがな 塞(ふさ)がる 四字熟語 堅塞固塁(けんさいこるい)・抜本塞源(ばっぽんそくげん)	読み 鉄柵(てっさく) 同音同訓 柵(さく)	読み 書き取り 古刹(こさつ) 類義語 刹那(せつな)―瞬間 同音同訓 名刹(めいさつ)

漢字	許容字体	読み	部首	意味	用例
拶		サツ	扌 てへん	せまる	【読み】【書き取り】挨拶(あいさつ)
斬		ザン / きる	斤 おのづくり	刀できりころす・きわだつ	【読み】斬殺(ざんさつ)・斬(き)りかかる 【対義語】斬新(ざんしん)―陳腐 【四字熟語】斬新奇抜(ざんしんきばつ)
シ					
恣		シ	心 こころ	ほしいまま・かって気ままにする	【読み】恣意(しい)・恣意的(しいてき) 【熟語構成】放恣(ほうし)（どちらも「思うままにする」）
摯		シ	手 てⓒ	まこと・まじめ	【読み】【同音同訓】【類義語】真摯(しんし)―真剣
餌	餌	ジ / えさ / え	飠 しょくへん	えさ	【読み】【書き取り】餌食(えじき)・餌(えさ)・好餌(こうじ)
叱		シツ / しかる	口 くちへん	しかる・とがめる	【読み】【書き取り】ⓒ叱責(しっせき)・叱(しか)る 【熟語構成】叱声(しっせい)（叱る↓声） 【送りがな】叱(しか)られる
嫉		シツ	女 おんなへん	ねたむ・にくみきらう	【読み】【熟語構成】嫉妬(しっと)（どちらも「ねたむ」）
腫		シュ / はれる / はらす	月 にくづき	はれる・はれもの・できもの	【読み】【誤字訂正】腫瘍(しゅよう) 【同音同訓】【送りがな】ⓒ腫(は)れる
呪		ジュ / のろう	口 くちへん	のろう・のろい・まじないのことば	【読み】呪文(じゅもん) 【書き取り】呪縛(じゅばく) 【熟語構成】呪術(じゅじゅつ)（呪いの↓術） 【送りがな】呪(のろ)う
袖		シュウ / そで	衤 ころもへん	そで・衣服の腕をおおう部分	【読み】【同音同訓】領袖(りょうしゅう) 【書き取り】振(ふ)り袖(そで)・半袖(はんそで) 【四字熟語】袖手傍観(しゅうしゅぼうかん)

音	漢字	読み	部首・部首名	意味	出題例
シ	羞	シュウ	羊 ひつじ	はじる・はじらう	読み・誤字訂正 羞恥心(しゅうちしん) 熟語構成 含羞(がんしゅう)(抱く↑はじらいを) 四字熟語 ◎羞月閉花(しゅうげつへいか)
	蹴	シュウ／ける	𧾷 あしへん	ける・足でけとばす・ふみつける	書き取り ◎一蹴(いっしゅう) 読み 蹴る(け) 熟語構成 蹴球(しゅうきゅう)(蹴る↑球を)
	憧	ショウ／あこがれる	忄 りっしんべん	あこがれ・あこがれる	読み・書き取り ◎憧憬(しょうけい(どうけい)) 送りがな 憧れ(あこが)・憧れる(あこが)
	拭	ショク／ふく／ぬぐう	扌 てへん	ふく・ぬぐう・よごれをふきとる	読み 拭浄(しょくじょう)・手拭い(てぬぐ) 類義語 払拭(ふっしょく)―一掃 同音同訓 拭く(ふ) 送りがな 拭う(ぬぐ) 書き取り 尻拭い(しりぬぐ)
	尻	しり	尸 かばね しかばね ◎	しり・物のうしろ・物事の結果	読み ◎尻餅(しりもち)・尻込み(しりご) 書き取り 尻拭い(しりぬぐ)・目尻(めじり)
	芯	シン	艹 くさかんむり	物の中心	書き取り 芯(しん) 熟語構成 灯芯(とうしん)(灯油が染み込む↓芯)
	腎	ジン	肉 にく	腎臓・かなめ・たいせつな部分	読み 肝腎(かんじん)・副腎(ふくじん) 同音同訓 腎臓(じんぞう)
ス	須	ス	頁 おおがい	もちいる・必要とする・少しの間	読み 須恵器(すえき) 書き取り・誤字訂正 必須(ひっす)
	裾	すそ	衤 ころもへん	すそ・衣服の下のふち・山のふもと	読み 山裾(やますそ)・裾上げ(すそあ) 書き取り 裾(すそ)・裾野(すその)
セ	凄	セイ	冫 にすい	すさまじい・すごい・ものさびしい	読み 凄惨(せいさん)・凄然(せいぜん) 書き取り ◎凄絶(せいぜつ) 四字熟語 凄凄切切(せいせいせつせつ)

漢字	許容字体	読み	部首	意味	出題例
醒		セイ	酉 とりへん	夢や酔い、まよいからさめる	読み 同音同訓 覚醒(かくせい) 四字熟語 半醒半睡(はんせいはんすい)
脊		セキ	肉 にく	せ・せなか・せぼね	書き取り 熟語構成 脊椎(せきつい)（どちらも「せぼね」） 読み 脊髄(せきずい)
戚		セキ	戈 ほこづくり ほこがまえ	みうち・一族・悲しむ・うれえる	読み 書き取り 親戚(しんせき)・姻戚(いんせき)
煎	煎	セン いる	灬 れんが れっか	にる・につめる・いる・あぶる	読み 煎餅(せんべい)・煎じる・煎り豆(まめ) 書き取り 煎茶(せんちゃ) 四字熟語 煎水作氷(せんすいさくひょう)
羨		セン うらやむ うらやましい	羊 ひつじ	うらやむ・ほしがる・のこる	読み 羨望(せんぼう) 送りがな 羨ましい
腺		セン	月 にくづき	体内で分泌作用をおこなう器官	読み 涙腺(るいせん) 熟語構成 汗腺(かんせん)（汗を出す↓器官） 書き取り 前立腺(ぜんりつせん)
詮	詮	セン	言 ごんべん	くわしく調べる・説き明かす	読み 詮索(せんさく)・詮議(せんぎ) 書き取り 類義語 所詮(しょせん)—結局 四字熟語 名詮自性(みょうせんじしょう)
箋	箋	セン	⺮ たけかんむり	ふだ・手紙などを書く紙	読み 処方箋(しょほうせん)・一筆箋(いっぴつせん) 書き取り 便箋(びんせん) 熟語構成 付箋(ふせん)（貼り付ける↓紙片）
膳		ゼン	月 にくづき	料理をのせる台・料理	誤字訂正 熟語構成 配膳(はいぜん)（配る↑料理を） 読み 同音同訓 膳(ぜん)
狙		ソ ねらう	犭 けものへん	ねらう・機会をうかがう	読み 狙い(ねらい) 書き取り 対義語 狙撃(そげき)—乱射 送りがな 狙う(ねらう)

ソ

ソ

漢字	読み	部首	意味	出題例
遡（遡）	ソ / さかのぼる	辶 しんにょう しんにゅう	さかのぼる	読み 遡上（そじょう） 同音同訓 遡及（そきゅう） 送りがな 遡る（さかのぼる） 熟語構成 遡源（そげん）（遡る↑大本に）
曽	ソウ ゾ	曰 ひらび いわく	かさなる・かさなり・かつて	書き取り 未曽有（みぞう）
爽	ソウ / さわやか	大 だい	さわやか・すがすがしい・あきらか	読み 対義語 爽快（そうかい）—憂鬱 書き取り 送りがな 爽やか（さわやか） 類義語 爽涼（そうりょう）—清涼
痩	ソウ / やせる	疒 やまいだれ	やせる・やせほそる	読み 痩身（そうしん） 送りがな 痩せる（やせる） 四字熟語 痩骨窮骸（そうこつきゅうがい）
踪	ソウ	𧾷 あしへん	あしあと・ゆくえ	読み 誤字訂正 熟語構成 失踪（しっそう）（なくす↑ゆくえを）
捉	ソク / とらえる	扌 てへん	とらえる・つかまえる・にぎる	読み 書き取り 捕捉（ほそく） 送りがな 捉える（とらえる）
遜（遜）	ソン	辶 しんにょう しんにゅう	へりくだる・ゆずる・ひけをとる	読み 対義語 謙遜（けんそん）—横柄 類義語 不遜（ふそん）—尊大 熟語構成 遜色（そんしょく）（ひけをとる↓ようす） 四字熟語 傲岸不遜（ごうがんふそん）

タ

漢字	読み	部首	意味	出題例
汰	タ	氵 さんずい	よりわける・おごる・分をこえる	読み 類義語 沙汰（さた）—消息 書き取り 音沙汰（おとさた）
唾	ダ / つば	口 くちへん	つば・つばき	読み 固唾（かたず）・眉唾（まゆつば）・唾棄（だき） 書き取り 唾液（だえき）・唾（つば（つばき））
堆	タイ	土 つちへん	うずたかい・盛りあげる	読み 書き取り 熟語構成 堆積（たいせき）（どちらも「つみかさなる」） 同音同訓 堆肥（たいひ） 四字熟語 堆金積玉（たいきんせきぎょく）

見出し	漢字	許容字体	読み	部首・部首名	意味	出題例
	戴		タイ	戈 ほこづくり ほこがまえ	いただく・頭上にのせる	読み 対義語 頂戴（ちょうだい）—進呈　書き取り 戴冠式（たいかんしき）　四字熟語 披星戴月（ひせいたいげつ）
	誰		だれ	言 ごんべん	だれ・たれ	読み 書き取り 誰（だれ）
	旦		タン ダン	日 ひ	あさ・あけがた	読み 一旦（いったん）・若旦那（わかだんな）　書き取り 元旦（がんたん）・旦那（だんな）　熟語構成 旦夕（たんせき）（朝↔夕）
	綻		タン ほころびる	糸 いとへん	ほころびる	読み 書き取り 熟語構成 破綻（はたん）（どちらも「だめになる」）　送りがな 綻（ほころ）びる　四字熟語 破綻百出（はたんひゃくしゅつ）
チ	緻		チ	糸 いとへん	こまかい・ぬかりがない	読み 対義語 緻密（ちみつ）—粗雑　書き取り 精緻（せいち）　同音同訓 巧緻（こうち）
	酎		チュウ	酉 とりへん	蒸留酒の一種・濃い酒	読み 書き取り 焼酎（しょうちゅう）
	貼		チョウ はる	貝 かいへん	はる・はりつける	読み 貼（は）る　書き取り 貼付（ちょうふ（てんぷ））
	嘲	嘲	チョウ あざける	口 くちへん	あざける・からかう	読み 嘲（あざけ）り・自嘲（じちょう）・嘲笑（ちょうしょう）　熟語構成 嘲弄（ちょうろう）（どちらも「からかう」）　送りがな 嘲（あざけ）る
	捗	捗	チョク	扌 てへん	はかどる・順調に進む	読み 対義語 進捗（しんちょく）—停滞
ツ	椎		ツイ	木 きへん	せぼね・つち・たたく	読み 椎間板（ついかんばん）・腰椎（ようつい）　書き取り 熟語構成 脊椎（せきつい）（どちらも「せぼね」）

区分	漢字	許容字体	読み	部首	意味	出題例
ツ	爪		つめ つま	爪 つめ	手足のつめ	読み 爪弾(つまはじ)き・爪痕(つめあと) 書き取り 爪(つめ)・爪先(つまさき)
	鶴		つる	鳥 とり	つる	読み 書き取り 千羽鶴(せんばづる)・鶴(つる)
テ	諦		テイ あきらめる	言 ごんべん	あきらめる・あきらか・真理	読み 熟語構成 諦観(ていかん)(真理を↓見る) 書き取り 諦念(ていねん)・諦(あきら)めた 送りがな 諦(あきら)める
	溺	溺	デキ おぼれる	氵 さんずい	おぼれる・心をうばわれる	読み 熟語構成 溺愛(できあい)(夢中で↓かわいがる) 送りがな 溺(おぼ)れる 書き取り 溺死(できし)
	塡	填	テン	土 つちへん	ふさぐ・みたす	読み 類義語 補塡(ほてん)—補充 同音同訓 塡補(てんぽ)
ト	妬		ト ねたむ	女 おんなへん	ねたむ・やきもちをやく	書き取り 嫉妬(しっと) 読み 送りがな 妬(ねた)む
	賭	賭	ト かける	貝 かいへん	かける・かけごと・ばくち	読み 賭(か)け事(ごと) 熟語構成 賭博(とばく)(どちらも「かけごと」) 書き取り 賭場(とば) 同音同訓 賭(か)ける
	藤		トウ ふじ	艹 くさかんむり	ふじ・かずら	読み 藤(ふじ)の花(はな) 書き取り 葛藤(かっとう)
	瞳		ドウ ひとみ	目 めへん	ひとみ	書き取り 同音同訓 瞳孔(どうこう) 読み 瞳(ひとみ)
	頓		トン	頁 おおがい	ぬかずく・つまずく・にわかに	読み 整頓(せいとん)・頓挫(とんざ) 熟語構成 頓才(とんさい)(臨機の↓才能) 対義語 停頓(ていとん)—進展 四字熟語 頓首再拝(とんしゅさいはい)

音	漢字	許容字体	読み	部首	意味	用例
	貪		ドン / むさぼる	貝 かい・こがい	むさぼる・よくばる	読み 対義語 貪欲(どんよく)—無欲 / 送りがな 貪る(むさぼ)
	丼		どんぶり / どん	丶 てん	どんぶり・どんぶりばち・どんぶりめし	読み 丼勘定(どんぶりかんじょう)・丼(どんぶり) / 書き取り 天丼(てんどん)・丼飯(どんぶりめし)
ナ	那		ナ	阝 おおざと	なんぞ・どの・かの・非常に短い時間	読み 若旦那(わかだんな) / 書き取り 旦那(だんな) / 類義語 刹那(せつな)—瞬間
	謎	謎	なぞ	言 ごんべん	なぞ・なぞなぞ・不思議なこと	読み 書き取り 謎(なぞ)
	鍋		なべ	金 かねへん	煮炊きする道具・なべ料理	読み 鍋料理(なべりょうり) / 書き取り 鍋(なべ)・鍋釜(なべかま)
ニ	匂		におう	勹 つつみがまえ	におう・におい・よいかおりがする	読み 匂い(にお) / 送りがな 匂う(にお)
	虹		にじ	虫 むしへん	にじ	読み 虹(にじ) / 書き取り 虹色(にじいろ)
ネ	捻		ネン	扌 てへん	ねじる・ひねる・つまんでよじる	読み 捻挫(ねんざ) / 書き取り 類義語 捻出(ねんしゅつ)—工面
ハ	罵		バ / ののしる	罒 あみがしら・あみめ・よこめ	ののしる・大声でけなす	読み 罵声(ばせい)・罵り合う(ののし・あ) / 書き取り 対義語 罵倒(ばとう)—激励 / 送りがな 罵られる(ののし)
	剝	剥	ハク / はがす / はぐ / はがれる / はげる	刂 りっとう	はぐ・はがす・はぎとる・はがれる	読み 剝奪(はくだつ)・剝ぐ(は)・剝がす(は) / 書き取り 剝製(はくせい) / 対義語 剝離(はくり)—接着 / 送りがな 剝がれる(は)

音	漢字	旧字体	音訓	部首	意味	出題例
ハ	箸	箸	はし	⺮ たけかんむり	食事のときに使うはし	読み 同音同訓 箸(はし)
	氾		ハン	氵 さんずい	ひろがる・水があふれる・ひろい	読み 類義語 熟語構成 氾濫(はんらん)(どちらも「あふれる」)—洪水
	汎		ハン	氵 さんずい	ひろい・全体にゆきわたる・水にうかぶ	読み 汎論(はんろん) 書き取り 汎用(はんよう) 熟語構成 ◎汎愛(はんあい)(広く↓愛する)・広汎(こうはん)(どちらも「ひろい」)
	斑		ハン	文◎ ぶん	まだら・ぶち・色がいりまじっている	読み 斑紋(はんもん) 書き取り 同音同訓 斑点(はんてん)
ヒ	眉		ビ ミ まゆ	目◎ め	まゆ・まゆげ	読み 焦眉(しょうび)・眉間(みけん(びかん))・眉一つ(まゆひと) 書き取り 眉唾物(まゆつばもの) 四字熟語 ◎眉目秀麗(びもくしゅうれい) 熟語構成 ◎白眉(はくび)(白い↓眉)
	膝		ひざ	月 にくづき	ひざ・ひざがしら	読み 膝(ひざ)・膝掛け(ひざか)・膝頭(ひざがしら) 書き取り 膝枕(ひざまくら)
	肘		ひじ	月 にくづき	ひじ	読み ◎肘(ひじ)・肘鉄砲(ひじでっぽう) 書き取り 肩肘張る(かたひじは)・肘掛け(ひじか)
フ	訃		フ	言 ごんべん	つげる・人の死の知らせ	読み 誤字訂正 同音同訓 訃報(ふほう)
ヘ	蔽	蔽	ヘイ	艹 くさかんむり	おおう・おおいかぶせる・おおい	読み 書き取り ◎隠蔽(いんぺい) 熟語構成 遮蔽(しゃへい)(どちらも「おおいかくす」)
	餅	餅	ヘイ もち	飠 しょくへん	もち	読み 煎餅(せんべい)・尻餅(しりもち)・鏡餅(かがみもち) 書き取り 餅(もち)つき

音	漢字	異体字	読み	部首・部首名	意味	用例
ホ	璧		ヘキ	玉 たま	たま・円形の平たいたま	読み 誤字訂正 完璧(かんぺき)・双璧(そうへき)
	蔑		ベツ さげすむ	艹 くさかんむり	さげすむ・ないがしろにする・あなどる	読み 軽蔑(けいべつ)・蔑視(べっし) 熟語構成 侮蔑(ぶべつ)（どちらも「あなどる」） 送りがな 蔑(さげす)む
	哺		ホ	口 くちへん	口にふくむ・はぐくむ・食べる	読み 熟語構成 哺乳(ほにゅう)（飲む↑乳を） 誤字訂正 哺乳類(ほにゅうるい)
	蜂		ホウ はち	虫 むしへん	昆虫のハチ	読み 書き取り 蜂蜜(はちみつ)・蜜蜂(みつばち) 熟語構成 蜂起(ほうき)（大勢が↓決起する）・養蜂(ようほう)（育てる↑蜂を）
	貌		ボウ	豸 むじなへん	かたち・すがた・ありさま	読み 美貌(びぼう)・風貌(ふうぼう) 書き取り 変貌(へんぼう)・全貌(ぜんぼう) 四字熟語 体貌閑雅(たいぼうかんが)
	頬	頰	ほお	頁 おおがい	ほお・ほほ	読み 書き取り 頬(ほお(ほほ))・頬張(ほおば)る
	睦		ボク	目 めへん	むつむ・むつまじい・親しくする	読み 類義語 親睦(しんぼく)—友好 書き取り 和睦(わぼく)
	勃		ボツ	力 ちから	にわかに・急に・勢いがさかん	読み 勃発(ぼっぱつ) 書き取り 対義語 勃興(ぼっこう)—衰亡 四字熟語 鬱鬱勃勃(うつうつぼつぼつ)
マ	昧		マイ	日 ひへん	くらい・おろか・夜明け	読み 書き取り 曖昧(あいまい)・三昧(ざんまい) 対義語 愚昧(ぐまい)—賢明 四字熟語 天造草昧(てんぞうそうまい)・賢明愚昧(けんめいぐまい)
	枕		まくら	木 きへん	まくら・前置きにする話	読み 枕(まくら)・夢枕(ゆめまくら) 書き取り 膝枕(ひざまくら)・枕元(まくらもと)

行	漢字	許容字体	読み	部首	意味	出題例
ミ	蜜		ミツ	虫 むし	みつ・はちみつ	四字熟語 甘言蜜語（かんげんみつご） 書き取り 蜜月（みつげつ） 読み 蜂蜜（はちみつ） 同音同訓 蜜（みつ）
メ	冥		メイ・ミョウ	冖 わかんむり	くらい・あの世・神仏のはたらき	読み 冥加（みょうが）・冥土（めいど）・冥利（みょうり） 書き取り 冥福（めいふく（みょうふく）） 熟語構成 幽冥（ゆうめい）（どちらも「くらい」） 同音同訓 冥界（めいかい（みょうかい））
	麺		メン	麦 ばくにょう	そばやうどんの類	読み 熟語構成 乾麺（かんめん）（乾燥した↓麺） 書き取り 麺類（めんるい） 同音同訓 麺（めん）
ヤ	冶		ヤ	冫 にすい	いる・金属をとかす	読み 熟語構成 冶金（やきん）（溶かす↑金属を） 四字熟語 冶金踊躍（やきんようやく） 書き取り 鍛冶（かじ（たんや））・陶冶（とうや）
	弥		や	弓 ゆみへん	あまねく・わたる・つくろう・ますます	読み 弥次馬（やじうま） 書き取り 弥生（やよい）
	闇		やみ	門 もんがまえ	やみ・くらがり・くらい・ひそかに	読み 書き取り 暗闇（くらやみ）・闇夜（やみよ）・夕闇（ゆうやみ）
ユ	喩	喻	ユ	口 くちへん	たとえ・たとえる・さとす	読み 隠喩（いんゆ） 書き取り 誤字訂正 比喩（ひゆ） 熟語構成 直喩（ちょくゆ）（直接に↓たとえる）
	湧		ユウ・わく	氵 さんずい	わく・わきでる	読み 書き取り 湧水（ゆうすい）・湧く（わ） 対義語 湧出（ゆうしゅつ）―枯渇
ヨ	妖		ヨウ・あやしい	女 おんなへん	あやしい・ばけもの・なまめかしい	読み 送りがな 妖しい（あや） 同音同訓 熟語構成 妖怪（ようかい）（どちらも「ばけもの」） 書き取り 妖艶（ようえん） 四字熟語 妖言惑衆（ようげんわくしゅう）
	瘍		ヨウ	疒 やまいだれ	できもの・かさ	読み 書き取り 同音同訓 腫瘍（しゅよう）・潰瘍（かいよう）

	ラ	ラ	ラ	ラ	リ	リ	リ	リ	ル	ロ
漢字	沃	拉	辣	藍	璃	慄	侶	瞭	瑠	呂
音読み	ヨク	ラ	ラツ	ラン	リ	リツ	リョ	リョウ	ル	ロ
訓読み				あい						
部首	氵 さんずい	扌 てへん	辛 からい	艹 くさかんむり	王 おうへん たまへん	忄 りっしんべん	亻 にんべん	目 めへん	王 おうへん たまへん	口 くち
意味	こえる・土地がこえている	ひっぱって連れて行く	きびしい・からい	あい・あいいろ	宝玉の一種	おののく・おそれる・ぞっとする	とも・つれ・なかま	あきらか・はっきりしている	宝玉の一種	音楽の調子
用例	読み 肥沃(ひよく)・豊沃(ほうよく) 熟語構成 沃野(よくや)(地味の肥えた↓平野)	読み 書き取り 拉致(らち)	読み 熟語構成 辛辣(しんらつ)(どちらも「つらくきびしい」) 書き取り 辣腕(らつわん)	書き取り 出藍(しゅつらん) 読み 藍本(らんぽん)・藍染(あいぞ)め 同音同訓 藍色(あいいろ(らんしょく))	読み 書き取り 浄瑠璃(じょうるり)	読み 同音同訓 戦慄(せんりつ) 書き取り 慄然(りつぜん)	読み 書き取り 僧侶(そうりょ) 誤字訂正 伴侶(はんりょ)	読み 書き取り 対義語 明瞭(めいりょう)―曖昧 四字熟語 一目瞭然(いちもくりょうぜん)	読み 書き取り 浄瑠璃(じょうるり)	読み 書き取り 風呂(ふろ) 熟語構成 語呂(ごろ)(ことばの↓調子)

見出し	漢字	読み	部首	意味	出題例
ロ	賂	ロ	貝 かいへん	まいなう・金品を贈る	読み 書き取り 誤字訂正 賄賂(わいろ)
	弄	ロウ もてあそぶ	廾 こまぬき にじゅうあし	もてあそぶ・あなどる	読み 翻弄(ほんろう) 書き取り 愚弄(ぐろう) 四字熟語 吟風弄月(ぎんぷうろうげつ)
	籠	ロウ かご こもる	⺮ たけかんむり	かご・とじこめる・ひきこもる	読み 灯籠(とうろう)・くず籠(かご) 類義語 籠絡(ろうらく)—懐柔 同音同訓 送りがな 籠(こ)もる 四字熟語 籠鳥恋雲(ろうちょうれんうん)
	麓	ロク ふもと	木 き	山のふもと・やますそ	読み 麓(ふもと) 書き取り 山麓(さんろく)
ワ	脇	わき	月 にくづき	わき・わきばら・かたわら・すぐそば	読み 小脇(こわき)・両脇(りょうわき) 書き取り 脇机(わきづくえ)・脇腹(わきばら) 対義語 脇道(わきみち)—本筋

← 準2級の配当漢字も2級の試験では頻出なので、しっかり覚えましょう。

見出し	漢字	読み	部首	意味	出題例
ア	亜	ア	二 に	次ぐ・二番目・準じる・「亜細亜(アジア)」の略	書き取り 亜熱帯(あねったい)・亜流(ありゅう)・白亜(はくあ) 読み 亜鉛(あえん)
イ	尉	イ	寸 すん	旧陸海軍や自衛隊の将校の階級の一つ	尉官(いかん)・大尉(たいい)
	逸	イツ	辶 しんにょう しんにゅう	失う・世に知られない・すぐれている・逃がす	熟語構成 逸脱(いつだつ)(どちらも「それる」) 読み 散逸(さんいつ)・逸品(いっぴん) 対義語 逸材(いつざい)—凡才 書き取り 逸話(いつわ)・逸(いっ)する
	姻	イン	女 おんなへん	結婚する・結婚によって親類になる	読み 熟語構成 婚姻(こんいん)(どちらも「縁組み」) 書き取り 姻戚(いんせき)

	漢字	読み	部首	意味	出題例
	韻	イン	音 おと	音の出たのちまで聞こえるひびき・詩や歌	熟語構成 押韻（おういん）（そろえる↑韻を） 同音同訓 脚韻（きゃくいん） 読み 書き取り 韻律（いんりつ）・韻（いん）・余韻（よいん）
ウ	畝	うね	田 た	耕地の面積の単位・うね・あぜ	読み 畝（うね） 書き取り 畝伝い（うねづたい）
	浦	うら	氵 さんずい	海や湖が入り江になったところ・うら	読み 書き取り 浦風（うらかぜ） 四字熟語 津津浦浦（つつうらうら）
エ	疫	エキ ヤク	疒 やまいだれ	流行病・悪性の感染症	熟語構成 検疫（けんえき）（検査する↑感染症を）・防疫（ぼうえき）（防ぐ↑感染症を） 読み 疫病神（やくびょうがみ） 誤字訂正 書き取り 免疫（めんえき）
	謁	エツ	言 ごんべん	身分の高い人に会う	同音同訓 謁見（えっけん） 読み 拝謁（はいえつ） 書き取り 謁見（えっけん）
	猿	エン さる	犭 けものへん	さる	書き取り 猿（さる）・猿芝居（さるしばい） 読み 犬猿（けんえん）・猿知恵（さるぢえ） 四字熟語 意馬心猿（いばしんえん）
オ	凹	オウ	凵 うけばこ	へこみ・くぼみ	読み 凹凸（おうとつ） 書き取り 凸凹（でこぼこ）
	翁	オウ	羽 はね	男の老人・男の老人の敬称	読み 老翁（ろうおう）
	虞	おそれ	虍 とらがしら とらかんむり	おそれ・心配	読み 書き取り 虞（おそれ）
カ	渦	カ うず	氵 さんずい	うず・うずまき・もめごと	読み 渦潮（うずしお）・渦紋（かもん） 書き取り 渦中（かちゅう）・渦巻く（うずまく）

禍
カ
ネ しめすへん
悪いできごと・ふしあわせ・わざわいする
読み 舌禍（ぜっか）・惨禍（さんか）・禍根（かこん）・戦禍（せんか）
四字熟語 禍福得喪（かふくとくそう）
熟語構成 禍福（かふく）（災い↔幸い）・輪禍（りんか）（車による↓災難）

靴
カ
くつ
革 かわへん
革や布などで作ったはきもの
読み 製靴（せいか）・靴墨（くつずみ）
書き取り 上靴（うわぐつ）・雨靴（あまぐつ）・靴擦（くつず）れ

寡
カ
宀 うかんむり
少ない・夫や妻をなくした人
読み 寡聞（かぶん）・寡欲（かよく）・寡占（かせん）
対義語 寡黙（かもく）—多弁
熟語構成 多寡（たか）（多い↔少ない）・衆寡（しゅうか）（多数↔少数）

稼
カ
かせぐ
禾 のぎへん
生計をたてるためにはたらく・かせぐ
読み 類義語 稼動（かどう）—操業
書き取り 送りがな 稼（かせ）ぐ

蚊
か
虫 むしへん
昆虫の「カ」
書き取り 蚊帳（かや）（蚊屋（かや））
同音同訓 蚊（か）
読み 蚊柱（かばしら）

拐
カイ
扌 てへん
だましとる・だまして連れ出す
同音同訓 読み 書き取り 誘拐（ゆうかい）・拐帯（かいたい）

懐
カイ
なつかしい
なつかしむ
なつく
なつける
ふところ
忄 りっしんべん
思う・なつかしむ・ふところ
読み 懐（ふところ）・懐郷（かいきょう）・述懐（じゅっかい）
熟語構成 懐古（かいこ）（懐かしむ↑昔を）
送りがな 懐（なつ）かしい
対義語 懐柔（かいじゅう）—威圧・威嚇

劾
ガイ
力 ちから
罪をとり調べる・罪を告発する
熟語構成 読み 書き取り 弾劾（だんがい）（どちらも「罪を問う」）
四字熟語 弾劾裁判（だんがいさいばん）

涯
ガイ
氵 さんずい
水ぎわ・きし・かぎり・はて
四字熟語 天涯孤独（てんがいこどく）
同音同訓 書き取り 誤字訂正 生涯（しょうがい）
読み 境涯（きょうがい）

垣
かき
土 つちへん
しきるための囲い・かきね
読み 人垣（ひとがき）・垣（かき）
書き取り 垣根（かきね）

漢字	読み	部首	意味	出題例
核	カク	木 きへん	重要点・中心・「核兵器」の略	読み 中核(ちゅうかく) 類義語 同音同訓 核心(かくしん)—中枢・根幹 誤字訂正 核家族(かくかぞく)・核燃料(かくねんりょう)
殻	カク から	殳 るまた ほこづくり	から・外皮・物の表面のかたいおおい	読み 殻(から) 熟語構成 甲殻(こうかく)(どちらも「から」) 書き取り 貝殻(かいがら)
嚇	カク	口 くちへん	いかる・しかる・おどす	読み 類義語 熟語構成 威嚇(いかく)(どちらも「おどす」)—脅迫
括	カツ	扌 てへん	くくる・まとめる・しめくくる	読み 括弧(かっこ)・概括(がいかつ) 書き取り 包括(ほうかつ) 対義語 一括(いっかつ)—分割
喝	カツ	口 くちへん	どなる・おどす・しかる	読み 喝破(かっぱ) 四字熟語 大喝一声(だいかついっせい) 同音同訓 一喝(いっかつ) 誤字訂正 恐喝(きょうかつ)
渇	カツ かわく	氵 さんずい	水がなくなる・のどがかわく・熱望する	読み 渇望(かつぼう) 書き取り 渇水(かっすい)・渇(かわ)く 誤字訂正 対義語 枯渇(こかつ)—潤沢
褐	カツ	衤 ころもへん	こげ茶色・あらい布の衣服・ぬのこ	読み 書き取り 誤字訂正 褐色(かっしょく)
轄	カツ	車 くるまへん	とりしまる・くさび・とりまとめる	読み 統轄(とうかつ)・総轄(そうかつ) 熟語構成 直轄(ちょっかつ)(直接に→管理する) 誤字訂正 管轄(かんかつ) 書き取り 所轄(しょかつ)
且	かつ	一 いち	その上に・一方で	読み 書き取り 且(か)つ
缶	カン	缶 ほとぎ	ブリキ製の入れもの	読み 製缶(せいかん) 書き取り 缶詰(かんづめ)

漢字	読み	部首	意味	用例
陥	カン おちいる おとしいれる	阝 こざとへん	おちこむ・不足する・欠点・おとしいれる	対義語 陥没（かんぼつ）—隆起 読み 書き取り 陥（おちい）る 類義語 欠陥（けっかん）—難点 熟語構成 陥落（かんらく）（どちらも「おちる」） 送りがな 陥（おとしい）れる
患	カン わずらう	心 こころ	わずらう・わざわい・うれえる	読み 長患（ながわずら）い・患（わずら）う 誤字訂正 熟語構成 疾患（しっかん）（どちらも「病気」） 四字熟語 内憂外患（ないゆうがいかん） 同音同訓 急患（きゅうかん）
堪	カン たえる	土 つちへん	たえる・がまんする・すぐれる	読み 堪（た）える・堪忍（かんにん）
棺	カン	木 きへん	死者をおさめる箱・ひつぎ	熟語構成 納棺（のうかん）（おさめる←ひつぎに） 読み 石棺（せっかん） 書き取り 出棺（しゅっかん）
款	カン	欠 あくび かける	まごころから親しむ・証書などの箇条がき	読み 借款（しゃっかん）・約款（やっかん）・定款（ていかん）
閑	カン	門 もんがまえ	しずか・ひま・なおざりにする	読み 閑却（かんきゃく）・安閑（あんかん）・等閑視（とうかんし） 熟語構成 繁閑（はんかん）（繁忙↔閑暇） 同音同訓 閑静（かんせい） 四字熟語 閑話休題（かんわきゅうだい）・忙中有閑（ぼうちゅうゆうかん）
寛	カン	宀 うかんむり	心がひろくゆとりがある	読み 書き取り 寛大（かんだい） 同音同訓 対義語 寛容（かんよう）—狭量・厳格 熟語構成 寛厳（かんげん）（寛大↔厳格） 四字熟語 寛仁大度（かんじんたいど）
憾	カン	忄 りっしんべん	心残りに思う・うらむ	同音同訓 類義語 遺憾（いかん）—残念 四字熟語 遺憾千万（いかんせんばん）
還	カン	辶 しんにょう しんにゅう	もとへもどる・かえる・めぐりもどる	読み 奪還（だっかん）・召還（しょうかん）・還暦（かんれき） 同音同訓 還元（かんげん）・送還（そうかん）・生還（せいかん） 熟語構成 往還（おうかん）（行く↔帰る）
艦	カン	舟 ふねへん	戦闘に用いる船	同音同訓 艦艇（かんてい）・艦船（かんせん） 読み 艦長（かんちょう） 書き取り 艦隊（かんたい）

キ

漢字	読み	部首・部首名	意味	用例
頑	ガン	頁 おおがい	かたくな・ゆうずうがきかない・じょうぶ	読み 頑是ない・頑迷 四字熟語 頑固一徹 類義語 頑健—強壮・頑固—強情
飢	キ うえる	飠 しょくへん	食物がなく腹がへる・穀物が実らない	書き取り 読み 飢え・飢餓 送りがな 飢える
宜	ギ	宀 うかんむり	よろしい・都合がよい・当然である	読み 適宜・時宜 書き取り 便宜
偽	ギ いつわる にせ	亻 にんべん	いつわる・にせもの・うそ	読み 熟語構成 真偽（まこと↔いつわり） 書き取り 偽札・偽物 誤字訂正 偽造 対義語 虚偽—真実 送りがな 偽る
擬	ギ	扌 てへん	まねる・にせる・みせかける・まぎらわしい	熟語構成 模擬（どちらも「まねる」）・擬似（どちらも「まねる」） 読み 擬人・擬音 同音同訓 擬声
糾	キュウ	糸 いとへん	合わせる・もつれる・ただす	読み 糾明・糾弾 類義語 熟語構成 紛糾（どちらも「みだれる」）—混乱
窮	キュウ きわまる きわめる	穴 あなかんむり	きわみ・ゆきづまる	読み 窮状・窮まる・窮迫 類義語 困窮—貧乏・窮地—危機 対義語 貧窮—富裕 四字熟語 天壌無窮
拒	キョ こばむ	扌 てへん	ふせぐ・よせつけない・ことわる	誤字訂正 対義語 拒絶—承諾・拒否—受諾 読み 送りがな 拒む
享	キョウ	亠 なべぶた けいさんかんむり	身にうける・すすめささげる	熟語構成 対義語 享楽（味わう↑快楽を）—禁欲 読み 書き取り 享受・享有
挟	キョウ はさむ はさまる	扌 てへん	はさむ・さしはさむ	読み 挟撃・板挟み 送りがな 書き取り 挟まる・挟む

区分	漢字	読み	部首	意味	問題
キ	恭	キョウ うやうやしい	㣺 したごころ	かしこまって・つつしんでていねいなさま	送りがな 恭しい(うやうや) 対義語 ◎恭順(きょうじゅん)—反逆・反抗
キ	矯	キョウ ためる	矢 やへん	まっすぐになおす・いつわる・つよい	読み 矯正(きょうせい)・奇矯(ききょう) 熟語構成 矯風(きょうふう)(改め直す←悪い風習を) 送りがな ◎矯める(た)
キ	暁	ギョウ あかつき	日 ひへん	夜あけ・物事にあかるい・さとる	読み 払暁(ふつぎょう)・早暁(そうぎょう) 書き取り ◎暁(あかつき) 類義語 通暁(つうぎょう)—熟知
キ	菌	キン	艹 くさかんむり	キノコやカビの類・ばいきん	読み 滅菌(めっきん)・細菌(さいきん) 熟語構成 殺菌(さっきん)(殺す←細菌を)・抗菌(こうきん)(防ぐ←細菌を) 書き取り 雑菌(ざっきん)
キ	琴	キン こと	王 おう	弦楽器の「こと」	読み 琴線(きんせん) 四字熟語 対牛弾琴(たいぎゅうだんきん) 同音同訓 琴(こと) 書き取り 木琴(もっきん)
キ	◎謹	キン つつしむ	言 ごんべん	かしこまる・うやまってていねいにする	読み 謹んで(つつし)・謹啓(きんけい) 熟語構成 謹慎(きんしん)(どちらも「つつしむ」)・謹呈(きんてい)(謹んで→差し上げる) 四字熟語 ◎謹厳実直(きんげんじっちょく)
キ	襟	キン えり	衤 ころもへん	衣服のえり・むね・こころの中	読み 書き取り ◎胸襟(きょうきん)・襟(えり)・襟元(えりもと) 同音同訓 開襟(かいきん)
キ	◎吟	ギン	口 くちへん	うめく・うたう・詩歌をつくる・深く味わう	読み 吟味(ぎんみ)・詩吟(しぎん)・苦吟(くぎん) 熟語構成 独吟(どくぎん)(一人で→吟じる) 四字熟語 ◎放歌高吟(ほうかこうぎん)・低唱微吟(ていしょうびぎん)
ク	隅	グウ すみ	阝 こざとへん	かど・すみ	読み 隅隅(すみずみ) 書き取り 片隅(かたすみ) 同音同訓 隅(すみ)
ク	勲	クン	力 ちから	国家のためにつくした功績	類義語 ◎殊勲(しゅくん)—功名・手柄 熟語構成 ◎叙勲(じょくん)(与える←勲章を) 読み 勲章(くんしょう)・勲功(くんこう)

ケ

漢字	読み	部首	部首名	意味	用例
薫	クン かおる	艹	くさかんむり	かおる・よいにおい・人を感化する	読み 書き取り 薫陶(くんとう)・余薫(よくん)・薫風(くんぷう)・薫り(かおり)・薫る(かおる)
茎	ケイ くき	艹	くさかんむり	草のくき・はしら	読み 地下茎(ちかけい)・茎(くき) 書き取り 歯茎(はぐき) 熟語構成 球茎(きゅうけい)(球形の↓地下茎)
渓	ケイ	氵	さんずい	谷・谷間を流れる川	読み 渓流(けいりゅう) 同音同訓 誤字訂正 渓谷(けいこく) 熟語構成 雪渓(せっけい)(雪の↓谷間)
蛍	ケイ ほたる	虫	むし	昆虫の「ホタル」	書き取り 蛍雪(けいせつ)・蛍(ほたる) 同音同訓 蛍光(けいこう)
慶	ケイ	心	こころ	よろこぶ・めでたいこと・たまもの・ほうび	読み 慶事(けいじ)・同慶(どうけい)・内弁慶(うちべんけい) 熟語構成 慶弔(けいちょう)(祝う↔弔う) 類義語 慶賀(けいが)—祝福
傑	ケツ	亻	にんべん	すぐれる・才知のすぐれた人物	読み 傑物(けつぶつ)・俊傑(しゅんけつ) 類義語 傑出(けっしゅつ)—卓抜・卓越 四字熟語 英俊豪傑(えいしゅんごうけつ) 熟語構成 傑作(けっさく)(優れた↓作品)
嫌	ケン ゲン きらう いや	女	おんなへん	きらう・いやがる・うたがう	読み 嫌う(きらう)・嫌疑(けんぎ) 書き取り 嫌な(いやな) 類義語 機嫌(きげん)—気分 熟語構成 嫌煙(けんえん)(嫌う↑タバコの煙を) 四字熟語 自己嫌悪(じこけんお)
献	ケン コン	犬	いぬ	ささげる・酒をすすめる・かしこい人	読み 一献(いっこん)・文献(ぶんけん) 熟語構成 献呈(けんてい)(どちらも「さしあげる」) 誤字訂正 貢献(こうけん) 対義語 献上(けんじょう)—下賜 書き取り 献立(こんだて)
謙	ケン	言	ごんべん	へりくだる・うやまう・つつしむ	対義語 謙虚(けんきょ)—横柄・高慢 同音同訓 謙譲(けんじょう) 読み 恭謙(きょうけん)
繭	ケン まゆ	糸	いと	まゆ・きぬいと	読み 繭玉(まゆだま) 書き取り 繭(まゆ)

	漢字	読み	部首	意味	出題例
ケ	顕	ケン	頁 おおがい	あきらか・あらわれる・名声や地位が高い	読み 顕示（けんじ） 熟語構成 露顕（ろけん）（どちらも「あらわれる」）・隠顕（いんけん）（隠れる↕あらわれる） 類義語 顕著（けんちょ）―歴然
	懸	ケン ケ かける かかる	心 こころ	かける・つりさげる・ひっかかる	読み 懸案（けんあん）・懸賞（けんしょう） 類義語 懸念（けねん）―心配・懸命（けんめい）―必死 書き取り 命懸け（いのちがけ） 四字熟語 一所懸命（いっしょけんめい）
	弦	ゲン つる	弓 ゆみへん	弓に張るつる・半月・楽器に張る糸	読み 弦楽（げんがく） 同音同訓 下弦（かげん）・管弦（かんげん） 四字熟語 詩歌管弦（しいかかんげん） 書き取り 弦（つる）
コ	呉	ゴ	口 くち	中国の古い国名・大声でいう・やかましい	四字熟語 呉越同舟（ごえつどうしゅう） 書き取り 呉服（ごふく）
	碁	ゴ	石 いし	ご	読み 碁盤（ごばん）・碁会（ごかい）・碁石（ごいし） 書き取り 囲碁（いご）
	江	コウ え	氵 さんずい	大きな川・長江（ちょうこう）のこと	同音同訓 江（え） 書き取り 入り江（いりえ）
	肯	コウ	肉 にく	ききいれる・うなずく	読み 同音同訓 類義語 肯定（こうてい）―是認・首肯（しゅこう）―合点・承知
	侯	コウ	イ にんべん	領主・きみ・爵位のある人	読み 王侯（おうこう） 書き取り 諸侯（しょこう）
	洪	コウ	氵 さんずい	水があふれる・大きい・ひろい	読み 書き取り 洪水（こうずい）
	貢	コウ ク みつぐ	貝 かい こがい	みつぐ・すすめる・みつぎもの	誤字訂正 類義語 貢献（こうけん）―寄与 読み 書き取り 年貢（ねんぐ）・貢ぐ（みつぐ）

サ

漢字	読み	部首・部首名	意味	出題例
溝	コウ・みぞ	氵 さんずい	くぼみ・みぞ・水路	書き取り 溝(みぞ) / 読み 同音同訓 側溝(そっこう) / 誤字訂正 海溝(かいこう)
衡	コウ	行 ぎょうがまえ ゆきがまえ	はかり・よこ・つりあい	同音同訓 読み 平衡(へいこう) / 類義語 均衡(きんこう)―調和 / 四字熟語 合従連衡(がっしょうれんこう)・平衡感覚(へいこうかんかく)
購	コウ	貝 かいへん	代償をはらって手に入れる・買い求める	読み 購買(こうばい)・購読(こうどく) / 対義語 購入(こうにゅう)―売却
拷	ゴウ	扌 てへん	打ってせめる	読み 拷問(ごうもん)
剛	ゴウ	刂 りっとう	かたい・力がつよい・さかん	四字熟語 質実剛健(しつじつごうけん)・外柔内剛(がいじゅうないごう) / 読み 剛腹(ごうふく)・剛直(ごうちょく)・剛胆(ごうたん) / 熟語構成 剛柔(ごうじゅう)(かたい↔柔らかい)
酷	コク	酉 とりへん	はげしい・むごい・きびしい	対義語 酷評(こくひょう)―絶賛・酷寒(こっかん)―炎暑 / 誤字訂正 過酷(かこく)・酷使(こくし) / 熟語構成 酷似(こくじ)(すごく↓似ている) / 四字熟語 酷寒猛暑(こっかんもうしょ)
昆	コン	日 ひ	むし・多い・兄・のち・子孫	読み 昆虫(こんちゅう) / 書き取り 昆布(こんぶ(こぶ))
懇	コン・ねんごろ	心 こころ	うちとける・まごころ・ていねい	読み 懇ろ(ねんごろ)・懇願(こんがん) / 熟語構成 懇請(こんせい)(心をこめて↓頼む) / 四字熟語 懇切丁寧(こんせつていねい) / 対義語 懇意(こんい)―疎遠
唆	サ・そそのかす	口 くちへん	そそのかす・けしかける	送りがな 唆す(そそのかす) / 読み 教唆(きょうさ) / 類義語 示唆(しさ)―暗示 / 四字熟語 教唆扇動(きょうさせんどう)
詐	サ	言 ごんべん	いつわる・だます・うそ	読み 同音同訓 詐称(さしょう) / 書き取り 誤字訂正 詐欺(さぎ)

漢字	読み	部首	意味	用例
サ				
砕	サイ くだく くだける	石 いしへん	うちくだく・細かい・くだくだしい	読み 粉砕(ふんさい)・砕石(さいせき) 書き取り 砕く(くだ) 四字熟語 粉骨砕身(ふんこつさいしん) 同音同訓 砕身(さいしん) 熟語構成 破砕(はさい)（どちらも「壊す」）
宰	サイ	宀 うかんむり	とりしまる・つかさどる・かしら・料理する	読み 宰領(さいりょう)・主宰(しゅさい) 書き取り 宰相(さいしょう)
栽	サイ	木 き	苗木を植える・植えこみ	誤字訂正 栽培(さいばい) 読み 植栽(しょくさい) 書き取り 盆栽(ぼんさい)
斎	サイ	斉 せい	つつしむ・へや・ものいみする	四字熟語 精進潔斎(しょうじんけっさい) 読み 斎場(さいじょう) 同音同訓 潔斎(けっさい) 書き取り 書斎(しょさい)
索	サク	糸 いと	なわ・さがしもとめる・ものさびしい・つきる	読み 思索(しさく)・索引(さくいん) 誤字訂正 模索(もさく)・検索(けんさく) 四字熟語 暗中模索(あんちゅうもさく)・家宅捜索(かたくそうさく)
酢	サク す	酉 とりへん	す・すっぱい	書き取り 酢豚(すぶた) 同音同訓 酢(す) 読み 酢酸(さくさん)
桟	サン	木 きへん	かけはし・さんばし・たな	読み 桟道(さんどう)・桟橋(さんばし) 書き取り 桟敷(さじき)
傘	サン かさ	𠆢 ひとやね	かさ	読み 唐傘(からかさ)・雨傘(あまがさ) 書き取り 傘(かさ) 同音同訓 類義語 傘下(さんか)―翼下
シ				
肢	シ	月 にくづき	てあし・胴体からわかれ出たもの	読み 肢体(したい) 熟語構成 前肢(ぜんし)（4本足の動物の前の足） 類義語 四肢(しし)―手足 書き取り 選択肢(せんたくし)
嗣	シ	口 くち	あとを受けつぐ・あとつぎ	読み 嫡嗣(ちゃくし)・嗣子(しし)

漢字	読み	部首	意味	用例
賜	シ たまわる	貝 かいへん	身分の高い人が物を与える・めぐむ・いただく	読み 書き取り 賜杯(しはい)・賜る(たまわる) 対義語 下賜(かし)―献上
璽	ジ	玉 たま	天子の印・しるし	読み 玉璽(ぎょくじ)
漆	シツ うるし	氵 さんずい	うるし・うるしのように黒い	読み 漆器(しっき)・漆(うるし)・乾漆(かんしつ) 熟語構成 対義語 漆黒(しっこく)(漆のような↓黒)―純白
遮	シャ さえぎる	辶 しんにょう しんにゅう	さえぎる・おしとどめる・おおってかくす	送りがな 遮る(さえぎる) 読み 熟語構成 遮光(しゃこう)(遮る↑光を) 誤字訂正 遮断(しゃだん) 書き取り 遮音(しゃおん) 四字熟語 遮二無二(しゃにむに)
蛇	ジャ ダ へび	虫 むしへん	へび・へびのようにくねったさま	四字熟語 竜頭蛇尾(りゅうとうだび)・斗折蛇行(とせつだこう) 読み 蛇(へび)・蛇腹(じゃばら) 対義語 蛇行(だこう)―直進 誤字訂正 長蛇(ちょうだ)・蛇の目(じゃのめ)
酌	シャク くむ	酉 とりへん	さけをつぐ・さかもり・くみとる	読み 媒酌(ばいしゃく)・酌む(くむ) 書き取り 晩酌(ばんしゃく) 四字熟語 情状酌量(じょうじょうしゃくりょう) 熟語構成 独酌(どくしゃく)(一人で↓酒をついで飲む)
爵	シャク	爫 つめかんむり つめがしら	貴族の階級をあらわすことば	読み 男爵(だんしゃく)・伯爵(はくしゃく)
珠	シュ	王 おうへん たまへん	たま・美しいもののたとえ	書き取り 真珠(しんじゅ) 読み 珠算(しゅざん) 熟語構成 珠玉(しゅぎょく)(どちらも「宝石」)
儒	ジュ	亻 にんべん	孔子(こうし)の教え・学者	読み 書き取り 儒学(じゅがく)・儒者(じゅしゃ) 熟語構成 儒教(じゅきょう)(孔子の↓教え)
囚	シュウ	囗 くにがまえ	とらえる・とりこ・とらわれ人	読み 囚人(しゅうじん) 熟語構成 虜囚(りょしゅう)(どちらも「とりこ」) 同音同訓 幽囚(ゆうしゅう)

漢字	読み	部首	意味	出題例
臭	シュウ・くさい・におう	自 みずから	におい・くさい・悪いうわさ	書き取り 送りがな 臭い(くさ) 読み 異臭(いしゅう)・臭気(しゅうき) 対義語 悪臭(あくしゅう)—芳香 四字熟語 無味無臭(むみむしゅう)
愁	シュウ・うれえる・うれい	心 こころ	うれえる・かなしむ	読み 愁い(うれ)・哀愁(あいしゅう)・愁傷(しゅうしょう) 熟語構成 憂愁(ゆうしゅう)（どちらも「悲しむ」）・旅愁(りょしゅう)（旅の↓うれい） 書き取り 郷愁(きょうしゅう) 四字熟語 春愁秋思(しゅんしゅうしゅうし)
酬	シュウ	酉 とりへん	むくいる・お返しする・酒をすすめる・返事	同音同訓 応酬(おうしゅう) 類義語 報酬(ほうしゅう)—対価・手当 読み 献酬(けんしゅう)
醜	シュウ・みにくい	酉 とりへん	みにくい・けがれ・恥ずかしい行い	読み 対義語 醜聞(しゅうぶん)—美談・醜悪(しゅうあく)—美麗 熟語構成 美醜(びしゅう)（美しい↕醜い） 送りがな 醜い(みにく)
汁	ジュウ・しる	氵 さんずい	しる・つゆ	読み 墨汁(ぼくじゅう)・果汁(かじゅう) 書き取り 汁粉(しるこ) 四字熟語 一汁一菜(いちじゅういっさい) 同音同訓 胆汁(たんじゅう)
充	ジュウ・あてる	儿 ひとあし にんにょう	みちる・みたす・あてる	読み 充てる(あ) 書き取り 充実(じゅうじつ) 四字熟語 汗牛充棟(かんぎゅうじゅうとう) 熟語構成 充満(じゅうまん)（どちらも「みちる」） 対義語 充足(じゅうそく)—欠乏
渋	ジュウ・しぶ・しぶい・しぶる	氵 さんずい	しぶい・とどこおる・しぶる	誤字訂正 熟語構成 渋滞(じゅうたい)（どちらも「とどこおる」） 読み 茶渋(ちゃしぶ)・難渋(なんじゅう)・渋皮(しぶかわ) 送りがな 渋る(しぶ)
銃	ジュウ	金 かねへん	てっぽう・じゅう	読み 銃口(じゅうこう)・猟銃(りょうじゅう)・火縄銃(ひなわじゅう) 熟語構成 銃創(じゅうそう)（銃弾による↓傷） 同音同訓 銃弾(じゅうだん) 書き取り 銃撃(じゅうげき)・銃声(じゅうせい)
叔	シュク	又 また	父母の弟、妹・兄弟の順の三番目	読み 叔母(おば) 書き取り 叔父(おじ)
淑	シュク	氵 さんずい	しとやか・よいと思ってしたう	読み 私淑(ししゅく)・貞淑(ていしゅく) 熟語構成 淑女(しゅくじょ)（しとやかな↓女性） 四字熟語 紳士淑女(しんししゅくじょ)

漢字	音訓	部首	意味	用例
粛	シュク	聿 ふでづくり	つつしむ・ただす	読み 粛然(しゅくぜん)・粛粛(しゅくしゅく) 四字熟語 綱紀粛正(こうきしゅくせい) 書き取り 静粛(せいしゅく) 類義語 厳粛(げんしゅく)―荘重 誤字訂正 自粛(じしゅく)
塾	ジュク	土 つち	まなびや・私設の学校・へや	読み 熟語構成 私塾(しじゅく)(私設の↓塾)
俊	シュン	イ にんべん	すぐれる・すぐれた人物	読み 俊才(しゅんさい)・俊敏(しゅんびん)・俊傑(しゅんけつ) 熟語構成 俊秀(しゅんしゅう)(どちらも「優れる」) 四字熟語 英俊豪傑(えいしゅんごうけつ) 誤字訂正 俊足(しゅんそく)
准	ジュン	冫 にすい	なぞらえる・次ぐ・ゆるす	読み 誤字訂正 書き取り 批准(ひじゅん)
殉	ジュン	歹 かばねへん いちたへん がつへん	あとを追って死ぬ・生命をなげだす	熟語構成 殉職(じゅんしょく)(死ぬ↑職務で)・殉難(じゅんなん)(命をなげうつ↑災難に) 読み 殉教(じゅんきょう) 同音同訓 殉死(じゅんし)
循	ジュン	彳 ぎょうにんべん	したがう・めぐる	読み 因循(いんじゅん) 誤字訂正 書き取り 循環(じゅんかん)
庶	ショ	广 まだれ	もろもろ・正妻でない女性の生んだ子	誤字訂正 類義語 庶民(しょみん)―大衆 書き取り 庶務(しょむ)
緒	ショ チョ お	糸 いとへん	ものごとのはじめ・こころ・ひも	読み 鼻緒(はなお)・内緒(ないしょ) 書き取り 緒(お) 類義語 由緒(ゆいしょ)―来歴 四字熟語 異国情緒(いこくじょうちょ) 熟語構成 緒戦(しょせん)(はじめの↓戦い)
叙	ジョ	又 また	順序だててのべる・位につける	熟語構成 叙情(じょじょう)(述べしるす↑感情を)・叙勲(じょくん)(与える↑勲章を) 書き取り 叙景(じょけい)・叙事(じょじ) 類義語 叙述(じょじゅつ)―描写
升	ショウ ます	十 じゅう	ます・容量の単位	読み 升目(ますめ)・一升(いっしょう)・升席(ますせき)

抄
ショウ
扌 てへん
ぬきがき・書き写す・かすめとる・紙をすく
読み 抄本(しょうほん)
類義語 抄録(しょうろく)—抜粋
書き取り 抄訳(しょうやく)

肖
ショウ
肉 にく
にる・にせる・かたどる
読み 熟語構成 不肖(ふしょう)（親に似ていない）
書き取り 肖像(しょうぞう)

尚
ショウ
⺌ しょう
なお・まだ・重んじる・程度が高い
読み 尚早(しょうそう)
四字熟語 時期尚早(じきしょうそう)・読書尚友(どくしょしょうゆう)
対義語 高尚(こうしょう)—低俗
書き取り 和尚(おしょう)

宵
ショウ
よい
宀 うかんむり
よい・日が暮れてまもないころ
読み 宵(よい)・春宵(しゅんしょう)
熟語構成 徹宵(てっしょう)（徹する↑夜を）
四字熟語 春宵一刻(しゅんしょういっこく)
書き取り 宵越(よいご)し

症
ショウ
疒 やまいだれ
病気のしるし・病気
同音同訓 症例(しょうれい)・炎症(えんしょう)
読み 既往症(きおうしょう)・重症(じゅうしょう)
書き取り 類義語 症状(しょうじょう)—容態

祥
ショウ
礻 しめすへん
めでたいこと・きざし・しるし
読み 不祥事(ふしょうじ)・清祥(せいしょう)
誤字訂正 類義語 発祥(はっしょう)—起源
熟語構成 不祥(ふしょう)（めでたくない）

渉
ショウ
氵 さんずい
わたる・広く見聞する・かかわる
同音同訓 類義語 交渉(こうしょう)—折衝・談判
読み 渉猟(しょうりょう)・渉外(しょうがい)
誤字訂正 対義語 干渉(かんしょう)—放任

訟
ショウ
言 ごんべん
うったえる・あらそう・おおやけ
読み 誤字訂正 熟語構成 訴訟(そしょう)（どちらも「うったえる」）

硝
ショウ
石 いしへん
鉱物の一種・火薬
読み 煙硝(えんしょう)
同音同訓 熟語構成 硝煙(しょうえん)（火薬の→煙）
書き取り 硝酸(しょうさん)

粧
ショウ
米 こめへん
よそおう
読み 書き取り 化粧(けしょう)

漢字	読み	部首	意味	出題例
詔	ショウ みことのり	言 ごんべん	天子の命令・みことのり・つげる	熟語構成 詔勅(しょうちょく)（どちらも「天子の言葉」）
奨	ショウ	大 だい	すすめる・すすめ励ます・助ける	誤字訂正 奨学金(しょうがくきん) 熟語構成 勧奨(かんしょう)（どちらも「すすめる」） 書き取り 同音同訓 奨励(しょうれい)
彰	ショウ	彡 さんづくり	あきらかである・あらわす・あや	読み 顕彰(けんしょう) 書き取り 表彰(ひょうしょう) 熟語構成 彰徳(しょうとく)（あきらかにする↑徳の高い行いを）
償	ショウ つぐなう	亻 にんべん	損失を補う・むくいる	書き取り 弁償(べんしょう) 読み 償却(しょうきゃく)・償還(しょうかん) 送りがな 償(つぐな)う 熟語構成 賠償(ばいしょう)（どちらも「つぐなう」）
礁	ショウ	石 いしへん	水面に現れていない岩・水底の岩	熟語構成 環礁(かんしょう)（輪の形をした↓岩）・離礁(りしょう)（離れる↑暗礁を） 読み 岩礁(がんしょう)・暗礁(あんしょう) 誤字訂正 座礁(ざしょう)
浄	ジョウ	氵 さんずい	きよい・きよめる・けがれがない	読み 対義語 浄化(じょうか)―汚染 四字熟語 西方浄土(さいほうじょうど)・極楽浄土(ごくらくじょうど) 同音同訓 熟語構成 浄財(じょうざい)（汚れのない↓お金）
剰	ジョウ	刂 りっとう	あまる・のこり	熟語構成 余剰(よじょう)（どちらも「あまる」） 誤字訂正 対義語 過剰(かじょう)―不足 同音同訓 剰余(じょうよ) 読み 剰員(じょういん)
壌	ジョウ	土 つちへん	つち・肥える	誤字訂正 書き取り 熟語構成 土壌(どじょう)（どちらも「つち」） 四字熟語 鼓腹撃壌(こふくげきじょう)
醸	ジョウ かもす	酉 とりへん	かもす・酒をつくる・ものをつくりだす	読み 醸(かも)す・醸成(じょうせい) 送りがな 書き取り 醸(かも)した 誤字訂正 醸造(じょうぞう)
津	シン つ	氵 さんずい	みなと・きし・あふれる	四字熟語 興味津津(きょうみしんしん)・津津浦浦(つつうらうら) 読み 津波(つなみ)

	漢字	読み	部首	意味	出題例
シ	唇	シン / くちびる	口 くち	くちびる	読み 読唇術（どくしんじゅつ） 書き取り 唇（くちびる）
シ	娠	シン	女 おんなへん	みごもる	読み 類義語 妊娠（にんしん）—受胎
シ	紳	シン	糸 いとへん	教養のある人・身分の高い人	四字熟語 紳士淑女（しんししゅくじょ） 対義語 紳士（しんし）—淑女
シ	診	シン / みる	言 ごんべん	病状を調べる	読み 診（み）る・聴診器（ちょうしんき） 書き取り 打診（だしん）・検診（けんしん） 誤字訂正 診断（しんだん）・受診（じゅしん）
シ	刃	ジン / は	刀 かたな	は・やいば・きる	同音同訓 刃（は） 読み 凶刃（きょうじん）・兵刃（へいじん）・刃先（はさき）
シ	迅	ジン	辶 しんにょう しんにゅう	はやい・はげしい	四字熟語 迅速果断（じんそくかだん）・疾風迅雷（しっぷうじんらい） 誤字訂正 対義語 迅速（じんそく）—緩慢
シ	甚	ジン / はなはだ / はなはだしい	甘 かん あまい	はなはだしい・非常に・度をこす	読み 幸甚（こうじん）・激甚（げきじん）・深甚（しんじん） 送りがな 甚（はなは）だしい 誤字訂正 甚大（じんだい）
ス	帥	スイ	巾 はば	ひきいる・したがう・軍をひきいる長	読み 総帥（そうすい）
ス	睡	スイ	目 めへん	ねむる・ねむり	類義語 午睡（ごすい）—昼寝 熟語構成 睡眠（すいみん）（どちらも「ねむる」） 読み 仮睡（かすい） 書き取り 睡魔（すいま） 対義語 熟睡（じゅくすい）—仮眠
ス	枢	スウ	木 きへん	ものごとのかなめ・中心	対義語 中枢（ちゅうすう）—末端 読み 枢軸（すうじく） 書き取り 熟語構成 枢要（すうよう）（どちらも「大切なところ」）

セ

漢字	読み	部首・部首名	意味	用例
崇	スウ	山 やま	たかい・あがめる・尊ぶ	対義語 崇拝(すうはい)—軽侮 読み 崇高(すうこう) 書き取り 崇敬(すうけい) 熟語構成 崇仏(すうぶつ)（あがめる↑仏を）・尊崇(そんすう)（どちらも「たっとぶ」）
据	すえる すわる	扌 てへん	そのままにしておく・すえる	読み 書き取り 送りがな 据(す)える・据(す)わる
杉	すぎ	木 きへん	すぎ	読み 杉皮(すぎかわ) 書き取り 杉並木(すぎなみき)
斉	セイ	斉 せい	そろえる・そろう・ととのえる・ひとしい	読み 均斉(きんせい)・斉唱(せいしょう) 対義語 一斉(いっせい)—個別
逝	セイ ゆく いく	辶 しんにょう しんにゅう	ゆく・去って行く・人が死ぬ	類義語 逝去(せいきょ)—他界・永眠 同音同訓 熟語構成 急逝(きゅうせい)（急に↓死ぬ） 読み 書き取り 逝(ゆ(い))く
誓	セイ ちかう	言 げん	かたく約束する	読み 誓願(せいがん) 書き取り 送りがな 誓(ちか)う 同音同訓 宣誓(せんせい) 熟語構成 誓詞(せいし)（誓いの↓ことば）
析	セキ	木 きへん	木をさく・こまかくわける・解く・分解する	誤字訂正 熟語構成 分析(ぶんせき)（どちらも「わける」） 読み 同音同訓 透析(とうせき) 書き取り 解析(かいせき)
拙	セツ つたない	扌 てへん	つたない・へた・自分の謙称	対義語 拙劣(せつれつ)—巧妙・稚拙(ちせつ)—老巧 読み 拙宅(せったく) 熟語構成 巧拙(こうせつ)（上手↔下手） 四字熟語 巧遅拙速(こうちせっそく)
窃	セツ	穴 あなかんむり	ぬすむ・ぬすびと・ひそかに	読み 書き取り 窃盗(せっとう)
仙	セン	イ にんべん	せんにん・高尚な人・非凡な人	読み 仙境(せんきょう) 熟語構成 仙薬(せんやく)（仙人になる↓薬） 同音同訓 水仙(すいせん) 書き取り 仙人(せんにん)

	漢字	読み	部首	意味	出題例
セ	栓	セン	木 きへん	穴などをふさぐもの・ガス管などの開閉装置	読み 栓(せん)・元栓(もとせん) 書き取り 栓抜(せんぬ)き 同音同訓 血栓(けっせん) 誤字訂正 消火栓(しょうかせん)
	旋	セン	方 ほうへん かたへん	めぐる・ぐるぐるまわる・うねる・かえる	読み 旋風(せんぷう)・旋律(せんりつ) 誤字訂正 旋回(せんかい) 書き取り 旋盤(せんばん) 四字熟語 周旋奔走(しゅうせんほんそう)
	践	セン	𧾷 あしへん	ふむ・ふみ行う・したがう・位につく	読み 書き取り 対義語 実践(じっせん)—理論
	遷	セン	辶 しんにょう しんにゅう	うつる・うつす・かえる・移り変わる	類義語 変遷(へんせん)—推移・沿革 対義語 左遷(させん)—栄転 読み 熟語構成 遷都(せんと)（移す↑首都を）
	薦	セン すすめる	艹 くさかんむり	すすめる	読み 薦(すす)める 同音同訓 推薦(すいせん)
	繊	セン	糸 いとへん	細い・うすぎぬ・ほっそりして美しい	誤字訂正 対義語 繊細(せんさい)—豪放 熟語構成 繊毛(せんもう)（非常に細い↓毛） 書き取り 繊維(せんい)
	禅	ゼン	礻 しめすへん	天子が位をゆずる・しずか・天子のまつり	読み 座禅(ざぜん)・禅譲(ぜんじょう)・禅宗(ぜんしゅう) 熟語構成 参禅(さんぜん)（加わる↑禅の道に） 書き取り 禅(ぜん)
	漸	ゼン	氵 さんずい	だんだんと・次第に・ようやく・すすむ	読み 漸増(ぜんぞう)・漸進(ぜんしん)・漸次(ぜんじ) 熟語構成 漸減(ぜんげん)（少しずつ↓減る）
ソ	租	ソ	禾 のぎへん	ねんぐ・土地を借りる	読み 租借(そしゃく) 熟語構成 免租(めんそ)（見のがす↑税を） 誤字訂正 租界(そかい)
	疎	ソ うとい うとむ	𧾷 ひきへん	あらい・おおざっぱ・うとい・親しくない	読み 空疎(くうそ)・疎(うと)んじる 熟語構成 親疎(しんそ)（親しい↕疎い）・疎密(そみつ)（粗い↕細かい） 送りがな 疎(うと)い 四字熟語 内疎外親(ないそがいしん)

漢字	読み	部首	意味	出題例
塑	ソ	土 つち	土をこねて形をつくる	読み 彫塑（ちょうそ）・可塑性（かそせい） 熟語構成 塑像（そぞう）（土を削って作った↓像）
壮	ソウ	士 さむらい	若者・つよい・りっぱなこと	読み 壮図（そうと）・豪壮（ごうそう）・勇壮（ゆうそう）・悲壮（ひそう） 同音同訓 壮健（そうけん）・壮観（そうかん）・壮烈（そうれつ） 四字熟語 大言壮語（たいげんそうご）・気宇壮大（きうそうだい）
荘	ソウ	艹 くさかんむり	おごそか・おもおもしい・別宅	読み 書き取り 荘厳（そうごん） 類義語 荘重（そうちょう）—厳粛 熟語構成 別荘（べっそう）（別の↓屋敷）
捜	ソウ さがす	扌 てへん	さがす・さぐる・さがしもとめる	同音同訓 書き取り 捜査（そうさ） 読み 捜索（そうさく）・捜す（さが） 四字熟語 家宅捜索（かたくそうさく）
挿	ソウ さす	扌 てへん	さす・さしはさむ・さしこむ	読み 挿入（そうにゅう） 書き取り 挿す（さ）・挿絵（さしえ） 誤字訂正 挿話（そうわ）
曹	ソウ	曰 ひらび いわく	裁判をつかさどる官・軍隊の階級の一つ	同音同訓 法曹（ほうそう） 読み 法曹界（ほうそうかい）
喪	ソウ も	口 くち	も・とむらいの礼・失う・なくす	対義語 喪失（そうしつ）—獲得 読み 喪（も）・喪心（そうしん） 書き取り 喪主（もしゅ） 熟語構成 得喪（とくそう）（得る↔失う） 四字熟語 意気阻喪（いきそそう）
槽	ソウ	木 きへん	おけ・おけの形をしたもの	書き取り 類義語 浴槽（よくそう）—湯船 同音同訓 水槽（すいそう）
霜	ソウ しも	雨 あめかんむり	しも・年月・しものように白い	読み 霜柱（しもばしら）・風霜（ふうそう） 四字熟語 秋霜烈日（しゅうそうれつじつ）・風霜高潔（ふうそうこうけつ） 類義語 星霜（せいそう）—歳月・光陰 同音同訓 晩霜（ばんそう）
藻	ソウ も	艹 くさかんむり	も・水草・あや	読み 詞藻（しそう） 書き取り 藻（も）

タ・チ

漢字	読み	部首	意味	出題例
妥	ダ	女 おんな	おれあう・ゆずりあう・おだやか	類義語 妥協(だきょう)―譲歩・妥当(だとう)―適切　対義語 妥結(だけつ)―決裂　四字熟語 普遍妥当(ふへんだとう)
堕	ダ	土 つち	おちる・おとす・おこたる	読み 堕(だ)した　熟語構成 対義語 堕落(だらく)（どちらも「おちる」）―更生
惰	ダ	忄 りっしんべん	なまける・ある勢いが続くこと	読み 惰性(だせい)・惰弱(だじゃく)　書き取り 惰眠(だみん)　対義語 怠惰(たいだ)―勤勉
駄	ダ	馬 うまへん	荷を負わせる・はきもの・粗悪な	読み 駄賃(だちん)・駄弁(だべん)　書き取り 駄駄(だだ)・無駄(むだ)　誤字訂正 駄作(ださく)
泰	タイ	氺 したみず	やすらか・おちついている・はなはだ	四字熟語 泰然自若(たいぜんじじゃく)　読み 安泰(あんたい)・泰斗(たいと)　同音同訓 泰西(たいせい)　熟語構成 泰平(たいへい)（どちらも「落ち着いている」）
濯	タク	氵 さんずい	あらう・すすぐ	書き取り 同音同訓 洗濯(せんたく)
但	ただし	亻 にんべん	ただ・それだけ・ただし	読み 書き取り 送りがな 但(ただ)し
棚	たな	木 きへん	たな・かけはし	読み 書棚(しょだな)・神棚(かみだな)　書き取り 棚(たな)・棚上(たなあ)げ
痴	チ	疒 やまいだれ	おろか・色欲に迷う・執着・夢中になる	読み 痴態(ちたい)・音痴(おんち)　書き取り 痴漢(ちかん)　熟語構成 愚痴(ぐち)（どちらも「おろか」）
逐	チク	辶 しんにょう しんにゅう	おう・おい払う・順をおう・きそう	読み 角逐(かくちく)・放逐(ほうちく)　類義語 逐次(ちくじ)―順次　書き取り 駆逐(くちく)・逐条(ちくじょう)

漢字	読み	部首	意味	用例
秩	チツ	禾 のぎへん	順序・地位・役人の俸給	四字熟語 安寧秩序(あんねいちつじょ) / 読み 対義語 秩序(ちつじょ)—混乱
嫡	チャク	女 おんなへん	本妻・本妻の生んだ子・直系の血すじ	読み 嫡嗣(ちゃくし) / 類義語 嫡子(ちゃくし)—総領
衷	チュウ	衣 ころも	まごころ・なかほど	読み 熟語構成 折衷(せっちゅう)(わけて選ぶ↑真ん中を)・苦衷(くちゅう)(苦しい↓心の中) / 書き取り 衷心(ちゅうしん) / 四字熟語 和衷協同(わちゅうきょうどう)
弔	チョウ とむらう	弓 ゆみ	とむらう・いたむ	読み 弔辞(ちょうじ)・弔問(ちょうもん) / 熟語構成 慶弔(けいちょう)(祝う↔弔う) / 送りがな 弔う(とむら) / 同音同訓 対義語 弔慰(ちょうい)—祝賀
挑	チョウ いどむ	扌 てへん	いどむ・しかける・かかげる	読み 挑む(いど) / 類義語 挑発(ちょうはつ)—扇動 / 誤字訂正 熟語構成 挑戦(ちょうせん)(挑む↑戦いを)
眺	チョウ ながめる	目 めへん	ながめる・ながめ	送りがな 眺める(なが) / 誤字訂正 眺望(ちょうぼう) / 四字熟語 眺望絶佳(ちょうぼうぜっか)
釣	チョウ つる	金 かねへん	魚をつる・つりさげる	読み 釣友(ちょうゆう) / 書き取り 釣る(つ) / 熟語構成 釣果(ちょうか)(釣りの↓成果)
懲	チョウ こりる こらす こらしめる	心 こころ	こらす・こらしめる・こりごりする	対義語 懲罰(ちょうばつ)—褒賞 / 送りがな 懲りる(こ)・懲らしめる(こ) / 四字熟語 勧善懲悪(かんぜんちょうあく) / 類義語 懲戒(ちょうかい)—処罰 / 読み 懲役(ちょうえき)
勅	チョク	力 ちから	天子のことば、命令・いましめる	読み 勅願(ちょくがん)・勅命(ちょくめい) / 熟語構成 勅使(ちょくし)(天皇の↓使者)
朕	チン	月 つきへん	天子の自称	朕(ちん)は国家(こっか)なり

ツ

漢字	読み	部首	意味	出題例
塚	つか	土 つちへん	土を高く盛った墓・墓・おか	読み 塚(つか) 書き取り 貝塚(かいづか)・一里塚(いちりづか)
漬	つける つかる	氵 さんずい	ひたす・つかる・つけものにする	送りがな 読み 漬(つ)ける 書き取り 茶漬(ちゃづ)け・塩漬(しおづ)け
坪	つぼ	土 つちへん	土地の面積の単位・たいらなさま	読み ◎建坪(たてつぼ)・坪庭(つぼにわ) 書き取り 坪(つぼ)・坪当(つぼあ)たり

テ

漢字	読み	部首	意味	出題例
◎呈	テイ	口◎ くち	さしだす・さしあげる・あらわししめす	読み 露呈(ろてい)・呈(てい)する 熟語構成 謹呈(きんてい)（謹んで↓差し上げる）・献呈(けんてい)（どちらも「さしあげる」） 書き取り 進呈(しんてい)
廷	テイ	廴 えんにょう	政務をとる所・役所・裁判所	熟語構成 出廷(しゅってい)（出る↑法廷に）・退廷(たいてい)（退出する↑法廷を） 読み 法廷(ほうてい) 四字熟語 面折廷争(めんせつていそう)
邸	テイ	阝 おおざと	りっぱな住居・やしき	書き取り 豪邸(ごうてい) 同音同訓 官邸(かんてい)・公邸(こうてい) 類義語 邸宅(ていたく)—屋敷
亭	テイ	亠◎ なべぶた けいさんかんむり	しゅくば・やどや・あずまや・高くそびえる	書き取り 亭主(ていしゅ) 誤字訂正 料亭(りょうてい)
貞	テイ	貝 かい こがい	みさおを守る・ただしい・まこと	読み 貞淑(ていしゅく)
逓	テイ	辶 しんにょう しんにゅう	次から次へと伝え送る・しだいに・代わる	読み 熟語構成 逓減(ていげん)（次第に↓減る）・逓増(ていぞう)（次第に↓増える）
偵	テイ	亻 にんべん	うかがう・ようすをさぐる・事情をさぐる人	読み 偵察(ていさつ)・内偵(ないてい) 書き取り 探偵(たんてい)

漢字	読み	部首	意味	出題例
艇	テイ	舟 ふねへん	ふね・こぶね・ボート	同音同訓 艦艇（かんてい） 読み 艇身（ていしん）・競艇（きょうてい） 書き取り 舟艇（しゅうてい）
泥	デイ どろ	氵 さんずい	どろ・にごる・正体をなくす・こだわる	読み 拘泥（こうでい）・汚泥（おでい）・泥炭（でいたん）・泥縄（どろなわ） 熟語構成 雲泥（うんでい）（雲↔泥） 四字熟語 雲泥万里（うんでいばんり） 書き取り 泥酔（でいすい）・泥流（でいりゅう）
迭	テツ	辶 しんにょう しんにゅう	かわる・にげる・かわるがわる	読み 同音同訓 書き取り 更迭（こうてつ）
徹	テツ	彳 ぎょうにんべん	つらぬきとおす・夜どおし・とりはらう	読み 冷徹（れいてつ）・透徹（とうてつ） 四字熟語 初志貫徹（しょしかんてつ）・周知徹底（しゅうちてってい） 熟語構成 徹宵（てっしょう）（徹する↑夜を） 書き取り 徹夜（てつや）
撤	テツ	扌 てへん	やめる・とりのぞく・ひきあげる	対義語 撤退（てったい）—進出・撤去（てっきょ）—設置 書き取り 撤廃（てっぱい） 読み 撤収（てっしゅう） 熟語構成 撤兵（てっぺい）（引き上げる↑兵を）
ト				
悼	トウ いたむ	忄 りっしんべん	いたむ・かなしむ	対義語 哀悼（あいとう）—慶賀・祝賀 読み 書き取り 悼む（いたむ）
搭	トウ	扌 てへん	のる・のせる	誤字訂正 読み 書き取り 搭乗（とうじょう）・搭載（とうさい）
棟	トウ むね むな	木 きへん	屋根のむね・むなぎ・長い建物を数える語	同音同訓 棟（むね） 読み 棟上げ（むねあげ）・病棟（びょうとう） 書き取り 別棟（べつむね）・棟木（むなぎ） 熟語構成 上棟（じょうとう）（上げる↑棟木を）
筒	トウ つつ	⺮ たけかんむり	つつ・くだ	読み 筒先（つつさき）・筒（つつ） 書き取り 筒抜け（つつぬけ）・封筒（ふうとう） 同音同訓 水筒（すいとう）
謄	トウ	言 げん	うつす・原本を書き写す	読み 謄本（とうほん） 熟語構成 謄写（とうしゃ）（どちらも「書きうつす」）

行	漢字	読み	部首	意味	出題例
ト	騰	トウ	馬 うま	あがる・のぼる・物価が高くなる	同音同訓 暴騰 読み 急騰 書き取り 沸騰 誤字訂正 高騰 対義語 騰貴—下落
	洞	ドウ ほら	氵 さんずい	ほらあな・ふかい・見とおす	書き取り 洞察 読み 空洞・鍾乳洞 熟語構成 洞穴（どちらも「ほらあな」）
	督	トク	目 め	みはる・ひきいる・うながす	読み 督励・督促・家督 書き取り 監督
	凸	トツ	凵 うけばこ	まわりが低く中央がでている	読み 凸凹・凹凸 書き取り 凸面鏡 熟語構成 凸版（インクが付く面が突き出ている→印刷版）
	屯	トン	屮 てつ	たむろ・とどまって守る	読み 駐屯 書き取り 屯田
ナ	軟	ナン やわらか やわらかい	車 くるまへん	やわらかい・よわい	読み 軟らかい・軟水 熟語構成 硬軟（硬い↔軟らかい） 対義語 軟弱—強硬 書き取り 柔軟・軟禁
ニ	尼	ニ あま	尸 かばね しかばね	あま	読み 熟語構成 尼僧（女の→僧） 書き取り 尼寺
	妊	ニン	女 おんなへん	みごもる	類義語 懐妊—受胎 読み 書き取り 妊婦・妊娠
	忍	ニン しのぶ しのばせる	心 こころ	こらえる・しのぶ・むごい	四字熟語 隠忍自重・堅忍不抜 読み 堪忍・忍者・残忍 送りがな 忍ばせる 類義語 忍耐—辛抱・我慢
ネ	寧	ネイ	宀 うかんむり	やすらか・ねんごろにする	対義語 丁寧—粗略 読み 類義語 安寧—平穏 四字熟語 安寧秩序

ハ

漢字	読み	部首	部首名	意味	出題例
把	ハ	扌	てへん	とる・にぎる・とって・たば	誤字訂正 十把(じっぱ) 読み 大雑把(おおざっぱ) 書き取り 熟語構成 把握(はあく)（どちらも「つかむ」）
覇	ハ	襾	おおいかんむり	はたがしら・武力で天下を従える・優勝する	熟語構成 争覇(そうは)（争う↑優勝を） 読み 覇業(はぎょう)・覇(は) 同音同訓 覇気(はき)・覇権(はけん) 誤字訂正 制覇(せいは)
廃	ハイ すたれる すたる	广	まだれ	すてる・やめる・すたれる	読み 廃屋(はいおく) 送りがな 廃れる(すた) 同音同訓 荒廃(こうはい) 熟語構成 存廃(そんぱい)（存続↔廃止） 書き取り 撤廃(てっぱい)
培	バイ つちかう	土	つちへん	やしない育てる・つちかう	読み 培養(ばいよう) 送りがな 培う(つちか) 誤字訂正 対義語 栽培(さいばい)―自生
媒	バイ	女	おんなへん	なかだち・なこうど	読み 媒酌(ばいしゃく) 書き取り 触媒(しょくばい) 熟語構成 媒介(ばいかい)（どちらも「なかだち」）・媒体(ばいたい)（媒介する↓物体）
賠	バイ	貝	かいへん	つぐなう・うめあわせのため代物を払う	熟語構成 賠償(ばいしょう)（どちらも「つぐなう」） 読み 賠償金(ばいしょうきん)
伯	ハク	イ	にんべん	兄弟で最年長の者・一芸にすぐれた人	四字熟語 勢力伯仲(せいりょくはくちゅう) 類義語 伯仲(はくちゅう)―互角 読み 画伯(がはく)・伯爵(はくしゃく)
舶	ハク	舟	ふねへん	ふね・海洋を航行する大きな舟	同音同訓 船舶(せんぱく) 読み 対義語 舶来(はくらい)―国産
漠	バク	氵	さんずい	さばく・ひろい・はっきりしないさま	読み 漠(ばく)・空漠(くうばく)・荒漠(こうばく) 四字熟語 空空漠漠(くうくうばくばく) 書き取り 漠然(ばくぜん) 熟語構成 広漠(こうばく)（どちらも「ひろい」） 対義語 砂漠(さばく)―草原
肌	はだ	月	にくづき	はだ・ひふ・物の表面	書き取り 肌(はだ)・一肌(ひとはだ) 読み 鳥肌(とりはだ)・地肌(じはだ)・柔肌(やわはだ)

区分	漢字	読み	部首	意味	出題例
ハ	鉢	ハチ・ハツ	金 かねへん	はち・皿の深く大きいもの	書き取り 鉢(はち)・衣鉢(いはつ)・鉢巻(はちま)き・植木鉢(うえきばち)
ハ	閥	バツ	門 もんがまえ	いえがら・てがら・なかま・党派	読み 熟語構成 学閥(がくばつ)（出身学校による↓仲間）・財閥(ざいばつ)（大資本家の↓一族） 書き取り 派閥(はばつ)
ハ	煩	ハン・ボン・わずらう・わずらわす	火 ひへん	わずらわしい・苦しみなやむ	送りがな 煩(わずら)わしい 書き取り 煩悩(ぼんのう)・煩(わずら)わす 読み 煩雑(はんざつ)・煩忙(はんぼう) 四字熟語 百八煩悩(ひゃくはちぼんのう)
ハ	頒	ハン	頁 おおがい	くばる・分ける・しく・まだら	読み 熟語構成 頒価(はんか)（くばるときの↓値段） 書き取り 対義語 頒布(はんぷ)―回収
ヒ	妃	ヒ	女 おんなへん	きさき・皇族の妻	書き取り 熟語構成 王妃(おうひ)（王の↓きさき）
ヒ	披	ヒ	扌 てへん	ひらく・ひろめる・うちあける	誤字訂正 同音同訓 類義語 披露(ひろう)―公表 四字熟語 襲名披露(しゅうめいひろう) 読み 披見(ひけん)
ヒ	扉	ヒ・とびら	戸 とだれ・とかんむり	とびら・書物のとびら	読み 門扉(もんぴ)・扉(とびら) 書き取り 鉄扉(てっぴ)
ヒ	罷	ヒ	罒 あみがしら・あみめ・よこめ	中止する・職をやめる・つかれる	読み 類義語 罷免(ひめん)―解雇 熟語構成 罷業(ひぎょう)（やめる↑業務を）
ヒ	猫	ビョウ・ねこ	犭 けものへん	ねこ	読み 愛猫(あいびょう)・猫背(ねこぜ)・猫舌(ねこじた) 書き取り 猫柳(ねこやなぎ)・野良猫(のらねこ)
ヒ	賓	ヒン	貝 かい・こがい	客人・もてなす・したがう	熟語構成 来賓(らいひん)（招かれて来た↓客）・貴賓(きひん)（貴い↓客人） 読み 迎賓館(げいひんかん) 書き取り 国賓(こくひん)・主賓(しゅひん) 誤字訂正 賓客(ひんきゃく)

音	漢字	読み	部首・部首名	意味	用例
	頻	ヒン	頁 おおがい	しきりに・しばしば・きれめなく	熟語構成 頻出（ひんしゅつ）（頻繁に↓出る）・頻繁（ひんぱん）（どちらも「しきりに」） 読み 頻度（ひんど） 誤字訂正 書き取り 頻発（ひんぱつ）
	瓶	ビン	瓦 かわら	かめ・びん	書き取り 鉄瓶（てつびん）・瓶詰（びんづめ） 同音同訓 花瓶（かびん）
フ	扶	フ	扌 てへん	たすける・力を貸す・ささえる	読み 熟語構成 扶助（ふじょ）（どちらも「たすける」） 同音同訓 扶養（ふよう） 四字熟語 相互扶助（そうごふじょ）
	附	フ	阝 こざとへん	つく・つけ加える・つきしたがう	熟語構成 附表（ふひょう）（つけ加えられた↓表） 誤字訂正 附随（ふずい）
	譜	フ	言 ごんべん	しるす・つづく・系統図・音楽の譜	読み 採譜（さいふ） 書き取り 楽譜（がくふ）・譜面（ふめん） 熟語構成 棋譜（きふ）（対局の↓記録） 誤字訂正 年譜（ねんぷ）
	侮	ブ あなどる	亻 にんべん	あなどる・ばかにする	対義語 軽侮（けいぶ）―尊敬・崇拝 送りがな 書き取り 侮る（あなどる） 読み 侮辱（ぶじょく）
	沸	フツ わく わかす	氵 さんずい	にえたつ・水がわき出る・盛んに起こる	読み 煮沸（しゃふつ）・沸沸（ふつふつ） 書き取り 沸く（わく）・沸騰（ふっとう） 送りがな 沸かす（わかす）
	雰	フン	雨 あめかんむり	気分・ようす・大気・空気	書き取り 誤字訂正 雰囲気（ふんいき）
	憤	フン いきどおる	忄 りっしんべん	いかりもだえる・ふるいたつ	読み 憤然（ふんぜん）・発憤（はっぷん） 送りがな 書き取り 憤る（いきどおる） 熟語構成 義憤（ぎふん）（正義の↓怒り） 類義語 憤慨（ふんがい）―激怒
ヘ	丙	ヘイ	一 いち	十干（じっかん）の第三・ひのえ・第三位	丙種（へいしゅ）・甲乙丙丁（こうおつへいてい）

ヘ

漢字	読み	部首	意味	出題例
併	ヘイ あわせる	亻 にんべん	ならぶ・両立する・あわせる	読み 併せて(あわ) 誤字訂正 合併(がっぺい) 熟語構成 併記(へいき)(ならべて↓記す)・併用(へいよう)(併せて↓用いる)
塀	ヘイ	土 つちへん	敷地などのさかいにする囲い・かき	読み 塀(へい)・土塀(どべい) 書き取り 板塀(いたべい)
幣	ヘイ	巾 はば	ぬさ・通貨・客への贈り物	熟語構成 造幣(ぞうへい)(造る↑貨幣を) 読み 紙幣(しへい) 誤字訂正 貨幣(かへい)・造幣局(ぞうへいきょく)
弊	ヘイ	廾 こまぬき にじゅうあし	やぶれる・悪いこと・謙遜のことば・よわる	読み 弊社(へいしゃ)・悪弊(あくへい)・宿弊(しゅくへい) 書き取り 疲弊(ひへい)・弊害(へいがい) 類義語 弊風(へいふう)—悪習 四字熟語 弊衣破帽(へいいはぼう)
偏	ヘン かたよる	亻 にんべん	かたよる・片方・漢字の「へん」	読み 偏狭(へんきょう)・偏る(かたよ)・偏重(へんちょう) 類義語 偏屈(へんくつ)—頑迷・頑固 四字熟語 不偏不党(ふへんふとう) 熟語構成 不偏(ふへん)(偏らない)
遍	ヘン	辶 しんにょう しんにゅう	広く行き渡る・あまねく・回数を表す語	読み 満遍(まんべん)・遍在(へんざい) 四字熟語 普遍妥当(ふへんだとう)・読書百遍(どくしょひゃっぺん) 対義語 普遍(ふへん)—特殊 誤字訂正 遍歴(へんれき) 書き取り 遍路(へんろ)

ホ

漢字	読み	部首	意味	出題例
泡	ホウ あわ	氵 さんずい	あわ	読み 泡(あわ)・気泡(きほう) 書き取り 水泡(すいほう)・泡立てる(あわだ) 熟語構成 発泡(はっぽう)(発生する↑泡が)
俸	ホウ	亻 にんべん	ふち・給料	読み 俸給(ほうきゅう)・減俸(げんぽう) 同音同訓 本俸(ほんぽう) 書き取り 年俸(ねんぽう)
褒	ホウ ほめる	衣 ころも	ほめる・ほめたたえる	読み 褒賞(ほうしょう)・褒美(ほうび)・褒められる(ほ) 送りがな 褒める(ほ)
剖	ボウ	刂 りっとう	切りさく・切りわける	書き取り 熟語構成 解剖(かいぼう)(どちらも「きりわける」)

漢字	読み	部首・部首名	意味	用例
紡	ボウ つむぐ	糸 いとへん	つむぐ・つむいだ糸	読み 紡ぐ・紡織・紡績 送りがな 書き取り 紡いで
朴	ボク	木 きへん	すなお・うわべをかざらない・ほおの木	読み 質朴・純朴 熟語構成 素朴（どちらも「自然のまま」）
僕	ボク	イ にんべん	しもべ・めしつかい・男性の自称の代名詞	読み 書き取り 熟語構成 公僕（おおやけの→しもべ）
撲	ボク	扌 てへん	うつ・なぐる・ほろぼす・ぶつかる	書き取り 熟語構成 打撲（どちらも「うつ」） 読み 類義語 撲滅—根絶
堀	ほり	土 つちへん	地をほる・あな・ほり・掘った川または池	書き取り 堀 読み 外堀・堀端
奔	ホン	大 だい	勢いよくはしる・にげ出す・おもむく	四字熟語 東奔西走・自由奔放 読み 狂奔・奔流 類義語 奔走—尽力・出奔—逐電

マ

漢字	読み	部首・部首名	意味	用例
麻	マ あさ	麻 あさ	あさ・しびれる	四字熟語 快刀乱麻 書き取り 麻・麻薬 読み 麻縄
摩	マ	手 て	こする・みがく・せまる	読み 摩天楼・摩滅・摩耗 熟語構成 摩擦（どちらも「こする」） 四字熟語 冷水摩擦
磨	マ みがく	石 いし	みがく・すりへらす・はげみきわめる	読み 錬磨・練磨・磨耗 熟語構成 研磨（どちらも「みがく」） 書き取り 送りがな 磨く
抹	マツ	扌 てへん	ぬる・こする・けしてなくする・こな	書き取り 一抹 熟語構成 抹茶（粉にした→お茶） 類義語 抹消—削除 読み 抹殺・抹香 四字熟語 淡粧濃抹

行	漢字	読み	部首	意味	出題例
ミ	岬	みさき	山 やまへん	陸地が海や湖につき出ているところ	読み 岬巡り(みさきめぐり) 書き取り 岬(みさき)
メ	銘	メイ	金 かねへん	しるす・上等なもの・深く心に記憶する	読み 感銘(かんめい)・銘記(めいき)・銘柄(めいがら) 書き取り 銘(めい) 誤字訂正 座右の銘(ざゆうのめい) 四字熟語 正真正銘(しょうしんしょうめい)
モ	妄	モウ ボウ	女 おんな	でたらめ・みだりに・いつわり	熟語構成 妄想(もうそう)(むやみに↓おもう)・妄信(もうしん)(むやみに↓信じる) 読み 迷妄(めいもう)・妄執(もうしゅう) 四字熟語 誇大妄想(こだいもうそう)・軽挙妄動(けいきょもうどう)
	盲	モウ	目 め	目が見えない・気がつかない・むやみに行う	読み 盲導犬(もうどうけん)・盲従(もうじゅう) 熟語構成 盲信(もうしん)(むやみに↓信じる) 誤字訂正 盲点(もうてん)
	耗	モウ コウ	耒 すきへん らいすき	へる・へらす・おとろえる	書き取り 対義語 消耗(しょうもう)—蓄積 読み 磨耗(まもう)・摩耗(まもう) 四字熟語 心神耗弱(しんしんこうじゃく)
ヤ	厄	ヤク	厂 がんだれ	わざわい・よくない・まわりあわせ	読み 厄日(やくび)・災厄(さいやく) 類義語 厄介(やっかい)—面倒 熟語構成 厄年(やくどし)(わざわいの↓年)
ユ	愉	ユ	忄 りっしんべん	たのしい・よろこぶ	熟語構成 愉悦(ゆえつ)(どちらも「よろこぶ」) 書き取り 読み 愉快(ゆかい)
	諭	ユ さとす	言 ごんべん	いいきかせる・教え導く・さとす	読み 説諭(せつゆ)・諭旨(ゆし)・教諭(きょうゆ) 送りがな 諭(さと)す 書き取り 諭(さと)される
	癒	ユ いえる いやす	疒 やまいだれ	病気や傷がなおる・いえる	読み 癒着(ゆちゃく)・平癒(へいゆ) 書き取り 類義語 快癒(かいゆ)—本復・全治・治癒(ちゆ)—回復
	唯	ユイ イ	口 くちへん	ただ・それだけ・返事のことば・はい	四字熟語 唯我独尊(ゆいがどくそん)・唯一無二(ゆいいつむに)・唯唯諾諾(いいだくだく) 読み 唯美(ゆいび) 書き取り 唯一(ゆいいつ)

見出し	漢字	読み	部首・部首名	意味	用例
	悠	ユウ	心 こころ	とおい・はるか・ゆったりしている	読み 悠揚(ゆうよう)・悠然(ゆうぜん) 類義語 ☺悠久(ゆうきゅう)—永遠 対義語 悠長(ゆうちょう)—性急 四字熟語 悠悠自適(ゆうゆうじてき)
	猶	ユウ	犭 けものへん	ためらう・ゆったりしたさま・さながら	誤字訂正 読み 猶予(ゆうよ)
	裕	ユウ	衤 ころもへん	ゆたか・ゆとり・ゆるやか	読み 富裕(ふゆう) 誤字訂正 熟語構成 余裕(よゆう)(どちらも「ゆとり」) 対義語 裕福(ゆうふく)—貧乏
	融	ユウ	虫 むし	とける・やわらぐ・流用する	同音同訓 融資(ゆうし) 対義語 融解(ゆうかい)—凝固 読み 融合(ゆうごう)・融和(ゆうわ) 誤字訂正 金融(きんゆう) 書き取り 融通(ゆうずう)
ヨ	庸	ヨウ	广 まだれ	ふつう・もちいる・かたよらない	読み 対義語 ☺中庸(ちゅうよう)—極端・☺凡庸(ぼんよう)—偉大
	窯	ヨウ かま	穴 ☺ あなかんむり	陶器を焼くかま・かまど	読み 窯業(ようぎょう)・窯跡(かまあと) 書き取り 窯元(かまもと)
ラ	羅	ラ	罒 あみがしら あみめ よこめ	あみ・全部をくるむ・つらねる	書き取り 甲羅(こうら)・修羅場(しゅらば)・羅列(られつ) 四字熟語 森羅万象(しんらばんしょう) 読み 熟語構成 網羅(もうら)(どちらも「集め取る」)
	酪	ラク	酉 とりへん	乳を発酵させて作った飲料	書き取り 熟語構成 酪農(らくのう)(牛などを飼い乳製品を作る→農業)
リ	痢	リ	疒 やまいだれ	はらをくだすこと	読み 書き取り 下痢(げり)
	履	リ はく	尸 かばね しかばね	はきもの・ふむ・経験する・おこなう	読み 履行(りこう)・履物(はきもの) 同音同訓 ☺履(は)く 書き取り 履修(りしゅう)・草履(ぞうり)・履歴(りれき) 熟語構成 弊履(へいり)(破れた→履物)

リ・ル

漢字	読み	部首	意味	用例
柳	リュウ やなぎ	木 きへん	やなぎ・しなやかなもののたとえ	書き取り 柳(やなぎ)・猫柳(ねこやなぎ) 読み 川柳(せんりゅう) 四字熟語 柳緑花紅(りゅうりょくかこう)
竜	リュウ たつ	竜 りゅう	想像上の動物・天子のたとえ	書き取り 竜巻(たつまき)・登竜門(とうりゅうもん) 読み 恐竜(きょうりゅう) 四字熟語 竜頭蛇尾(りゅうとうだび)
硫	リュウ	石 いしへん	非金属元素の一種・いおう	書き取り 硫黄(いおう) 読み 硫酸(りゅうさん)
虜	リョ	虍 とらがしら とらかんむり	とりこ・とりこにする・戦争でいけどりにする	熟語構成 虜囚(りょしゅう)(どちらも「とりこ」) 読み 捕虜(ほりょ)
涼	リョウ すずしい すずむ	氵 さんずい	すずしい・さびしいさま	送りがな 涼(すず)しい 同音同訓 荒涼(こうりょう) 書き取り 清涼(せいりょう) 熟語構成 納涼(のうりょう)(とりこむ↑涼しさを) 読み 涼(すず)む・涼感(りょうかん)
僚	リョウ	亻 にんべん	ともがら・なかま・役人	読み 書き取り 閣僚(かくりょう)・同僚(どうりょう) 同音同訓 官僚(かんりょう)
寮	リョウ	宀 うかんむり	寄宿舎・別荘	読み 入寮(にゅうりょう) 熟語構成 退寮(たいりょう)(退去する↑寮を)
倫	リン	亻 にんべん	人の行うべき道・順序・たぐい	読み 書き取り 倫理(りんり)・人倫(じんりん) 四字熟語 精力絶倫(せいりょくぜつりん) 熟語構成 不倫(ふりん)(倫理的でないこと)
累	ルイ	糸 いと	かかわり・かさねる・次々と・しきりに	読み 累積(るいせき)・係累(けいるい) 書き取り 累計(るいけい) 四字熟語 累世同居(るいせいどうきょ)・累進課税(るいしんかぜい) 同音同訓 累進(るいしん)
塁	ルイ	土 つち	とりで・かさねる・野球のベース	熟語構成 塁審(るいしん)(塁の→審判)・盗塁(とうるい)(盗む↑塁を) 読み 孤塁(こるい)

	漢字	読み	部首	意味	出題
レ	戻	レイ もどす もどる	戸 とだれ とかんむり	もどす・いたる・そむく	書き取り 戻(もど)す・後戻(あともど)り 送りがな 戻(もど)る 読み 誤字訂正 返戻(へんれい)
	鈴	レイ リン すず	金 かねへん	すず・すずのなる音の形容	書き取り 鈴(すず)・風鈴(ふうりん)・亜鈴(あれい) 読み 予鈴(よれい) 熟語構成 振鈴(しんれい)(振る←鈴を)
ワ	賄	ワイ まかなう	貝 かいへん	金品を贈る・そでの下・まかなう	熟語構成 贈賄(ぞうわい)(贈る←賄賂を)・収賄(しゅうわい)(受けとる←賄賂を) 読み 送りがな 賄(まかな)う
	枠	わく	木 きへん	かこい・わく・制限	読み 枠(わく)・別枠(べつわく) 書き取り 窓枠(まどわく)・枠組(わくぐ)み

おもな特別な読み、熟字訓・当て字

ア

- 小豆　あずき
- 海女・海士　あま
- 硫黄　いおう
- 意気地　いくじ
- 田舎　いなか
- 息吹　いぶき
- 海原　うなばら
- 乳母　うば
- 浮気　うわき
- 浮つく　うわつく
- 笑顔　えがお
- 叔父・伯父　おじ
- 乙女　おとめ
- 叔母・伯母　おば
- お巡りさん　おまわりさん
- お神酒　おみき
- 母屋・母家　おもや

カ

- 神楽　かぐら
- 河岸　かし
- 鍛冶　かじ
- 風邪　かぜ
- 固唾　かたず
- 仮名　かな
- 蚊帳　かや
- 為替　かわせ
- 玄人　くろうと
- 心地　ここち
- 居士　こじ

サ

- 早乙女　さおとめ
- 雑魚　ざこ
- 桟敷　さじき
- 差し支える　さしつかえる
- 五月　さつき
- 早苗　さなえ
- 五月雨　さみだれ
- 時雨　しぐれ
- 尻尾　しっぽ
- 竹刀　しない
- 老舗　しにせ
- 芝生　しばふ
- 三味線　しゃみせん
- 砂利　じゃり

数珠 じゅず
白髪 しらが
素人 しろうと
師走 しわす（しはす）
数寄屋・数奇屋 すきや
相撲 すもう
草履 ぞうり

タ

山車 だし
太刀 たち
立ち退く たちのく
足袋 たび
稚児 ちご
築山 つきやま
梅雨 つゆ
凸凹 でこぼこ
伝馬船 てんません
投網 とあみ
十重二十重 とえはたえ

読経 どきょう

ナ

仲人 なこうど
名残 なごり
雪崩 なだれ
野良 のら
祝詞 のりと

ハ

二十・二十歳 はたち
波止場 はとば
日和 ひより
吹雪 ふぶき

マ

土産 みやげ
息子 むすこ
猛者 もさ
紅葉 もみじ

木綿 もめん
最寄り もより

ヤ

八百長 やおちょう
大和 やまと
弥生 やよい
浴衣 ゆかた
行方 ゆくえ
寄席 よせ

ワ

若人 わこうど

高校で習う読み（3級以下の配当漢字）

200字

●3級以下の配当漢字で、高校で新たに習う読みを一覧にしました。
●音読みをカタカナで、訓読みをひらがなで、送り仮名を細字で表しています。

悪 ◀漢字	オ ◀読み	悪寒（おかん） ◀用例

漢字	読み	用例
悪	オ	悪寒（おかん）
依	エ	帰依（きえ）
因	よる	病気（びょうき）に因（よ）る欠席（けっせき）
栄	はえ はえる	栄（は）えある優勝（ゆうしょう）
詠	よむ	和歌（わか）を詠（よ）む
益	ヤク	御利益（ごりやく）
遠	オン	久遠（くおん）・遠流（おんる）
汚	けがす けがれる けがらわしい	聖域（せいいき）を汚（けが）す・汚（けが）らわしい行為（こうい）
押	オウ	押韻（おういん）・押収（おうしゅう）
殴	オウ	殴殺（おうさつ）・殴打（おうだ）
桜	オウ	桜花（おうか）
奥	オウ	深奥（しんおう）・奥義（おうぎ）（奥儀（おうぎ））
火	ほ	火影（ほかげ）・火照（ほて）る
価	あたい	価（あたい）が高（たか）い
華	ケ	華厳（けごん）・法華（ほっけ）
過	あやまつ あやまち	道（みち）を過（あやま）つ・過（あやま）ちを繰（く）り返（かえ）す
嫁	カ	転嫁（てんか）
回	エ	回向（えこう）
会	エ	会釈（えしゃく）・会得（えとく）
解	ゲ	解毒（げどく）・解熱（げねつ）
各	おのおの	各（おのおの）の考（かんが）え
格	コウ	格子戸（こうしど）

漢字	読み	用例
鑑	かんがみる	前例（ぜんれい）を鑑（かんが）みる
眼	ゲン	開眼（かいげん）
忌	いむ いまわしい	肉食（にくしょく）を忌（い）む・忌（い）まわしい予言（よげん）
基	もとい	国（くに）の基（もとい）
期	ゴ	最期（さいご）・末期（まつご）
戯	たわむれる	猫（ねこ）が戯（たわむ）れる
詰	キツ	詰問（きつもん）・難詰（なんきつ）
脚	キャ	脚立（きゃたつ）・行脚（あんぎゃ）
虐	しいたげる	動物（どうぶつ）を虐（しいた）げる
久	ク	久遠（くおん）
宮	ク	宮内庁（くないちょう）
虚	コ	虚空（こくう）・虚無僧（こむそう）

漢字	読み	用例
供	ク	供物（くもつ）・供養（くよう）
狭	キョウ	狭義（きょうぎ）・偏狭（へんきょう）
脅	おびやかす	生活（せいかつ）を脅（おびや）かす
競	せる	魚（さかな）を競（せ）る
仰	おおせ	仰（おお）せの通（とお）りです
業	ゴウ	業火（ごうか）・非業（ひごう）
勤	ゴン	勤行（ごんぎょう）
契	ちぎる	将来（しょうらい）を契（ちぎ）る
憩	いこう	樹下（じゅか）に憩（いこ）う
潔	いさぎよい	潔（いさぎよ）い態度（たいど）
肩	ケン	双肩（そうけん）・肩甲骨（けんこうこつ）
建	コン	建立（こんりゅう）

漢字	読み	用例
絹	ケン	絹糸（けんし）・正絹（しょうけん）
権	ゴン	権化（ごんげ）・権現（ごんげん）
験	ゲン	霊験（れいげん）
厳	ゴン	荘厳（そうごん）
庫	ク	庫裏（くり）
鼓	つづみ	鼓（つづみ）を打（う）つ
功	ク	功徳（くどく）
行	アン	行脚（あんぎゃ）
更	ふける ふかす	夜（よ）が更（ふ）ける
香	キョウ	香車（きょうしゃ）・香子（きょうす）
候	そうろう	居候（いそうろう）・候文（そうろうぶん）
控	コウ	控除（こうじょ）・控訴（こうそ）

漢字	読み	用例
慌	コウ	経済恐慌(けいざいきょうこう)
絞	コウ	絞殺(こうさつ)・絞首刑(こうしゅけい)
興	おこる おこす	運動(うんどう)が興(おこ)る・事業(じぎょう)を興(おこ)す
彩	いろどる	花(はな)で食卓(しょくたく)を彩(いろど)る
際	きわ	一際(ひときわ)・手際(てぎわ)
搾	サク	搾取(さくしゅ)・搾乳(さくにゅう)
冊	サク	短冊(たんざく)
殺	サイ セツ	相殺(そうさい)・殺生(せっしょう)
惨	ザン みじめ	惨敗(ざんぱい)・惨(みじ)めな思(おも)い
産	うぶ	産毛(うぶげ)・産湯(うぶゆ)
酸	すい	酸(す)い食(た)べ物(もの)
仕	ジ	給仕(きゅうじ)

漢字	読み	用例
矢	シ	一矢(いっし)を報(むく)いる
旨	むね	その旨(むね)を伝(つた)える
伺	シ	伺候(しこう)
枝	シ	枝葉末節(しようまっせつ)
施	セ	施主(せしゅ)・お布施(ふせ)
事	ズ	好事家(こうずか)
慈	いつくしむ	動物(どうぶつ)を慈(いつく)しむ
質	チ	言質(げんち)
煮	シャ	煮沸消毒(しゃふつしょうどく)
若	ニャク もしくは	老若男女(ろうにゃくなんにょ)・A若(も)しくはB
寂	セキ	寂(せき)として声なし
主	ス	座主(ざす)

漢字	読み	用例
秀	ひいでる	一芸(いちげい)に秀(ひい)でる
就	ジュ	成就(じょうじゅ)
衆	シュ	衆生(しゅじょう)
従	ショウ ジュ	合従連衡(がっしょうれんこう)・従三位(じゅさんみ)
祝	シュウ	ご祝儀(しゅうぎ)・祝言(しゅうげん)
瞬	またたく	星(ほし)が瞬(またた)く
初	うい	初陣(ういじん)・初々(ういうい)しい
女	ニョウ	女房(にょうぼう)
如	ニョ	如実(にょじつ)・如来(にょらい)
沼	ショウ	沼沢(しょうたく)・湖沼(こしょう)
焦	あせる	気(き)が焦(あせ)る
障	さわる	気(き)に障(さわ)る

漢字	読み	用例
上	ショウ	身上（しんしょう）をつぶす
常	とこ	常夏（とこなつ）・常世（とこよ）
情	セイ	風情（ふぜい）
食	ジキ／くらう	断食（だんじき）・酒（さけ）を食（く）らう
織	ショク	織機（しょっき）・染織（せんしょく）
辱	はずかしめる	公衆（こうしゅう）の面前（めんぜん）で辱（はずかし）める
神	こう	神々（こうごう）しい
穂	スイ	出穂（しゅっすい）
数	ス	数寄屋（すきや）・数奇屋（すきや）
井	セイ	市井（しせい）・油井（ゆせい）
成	ジョウ	成就（じょうじゅ）・成仏（じょうぶつ）
声	ショウ	声明（しょうみょう）・大音声（だいおんじょう）

漢字	読み	用例
青	ショウ	緑青（ろくしょう）・群青（ぐんじょう）
政	ショウ／まつりごと	摂政（せっしょう）・政（まつりごと）を行（おこな）う
清	ショウ	清浄（しょうじょう）
盛	ジョウ	繁盛（はんじょう）
婿	セイ	女婿（じょせい）
請	シン／こう	普請（ふしん）・助（たす）けを請（こ）う
赤	シャク	赤銅（しゃくどう）
昔	セキ	昔日（せきじつ）
接	つぐ	骨（ほね）を接（つ）ぐ
節	セチ	お節料理（せちりょうり）
説	ゼイ	遊説（ゆうぜい）
染	しみる／しみ	目（め）に染（し）みる・染（し）み抜（ぬ）き

漢字	読み	用例
阻	はばむ	追撃（ついげき）を阻（はば）む
礎	いしずえ	国（くに）の礎（いしずえ）を築（きず）く
奏	かなでる	琴（こと）を奏（かな）でる
桑	ソウ	桑園（そうえん）・桑田（そうでん）
巣	ソウ	営巣（えいそう）・病巣（びょうそう）
葬	ほうむる	死者（ししゃ）を葬（ほうむ）る
装	よそおう	平静（へいせい）を装（よそお）う
想	ソ	愛想（あいそ）を尽（つ）かす
操	みさお	操（みさお）を尽（つ）くす
袋	タイ	風袋（ふうたい）
担	かつぐ／になう	荷物（にもつ）を担（かつ）ぐ・責任（せきにん）を担（にな）う
端	は	端数（はすう）・半端（はんぱ）

漢字	読み	用例
団	トン	座布団(ざぶとん)
壇	タン	土壇場(どたんば)
着	ジャク	愛着(あいじゃく)
沖	チュウ	沖天(ちゅうてん)・沖積層(ちゅうせきそう)
兆	きざす きざし	新芽(しんめ)が兆(きざ)す 春(はる)の兆(きざ)し
澄	チョウ	清澄(せいちょう)
鎮	しずめる しずまる	内乱(ないらん)を鎮(しず)める・ 争乱(そうらん)が鎮(しず)まる
通	ツ	通夜(つや)
定	さだか	定(さだ)かでない
滴	したたる	水(みず)が滴(したた)る
天	あめ	天(あめ)が下(した)
度	ト	御法度(ごはっと)

漢字	読み	用例
灯	ひ	灯(ひ)をともす
統	すべる	一党(いっとう)を統(す)べる
頭	ト	音頭(おんど)
道	トウ	神道(しんとう)
南	ナ	南無(なむ)
難	かたい	想像(そうぞう)に難(かた)くない
納	ナ ナン	納屋(なや)・ 納戸(なんど)
白	ビャク	白夜(びゃくや)
博	バク	博徒(ばくと)
反	ホン	謀反(むほん)
坂	ハン	急坂(きゅうはん)・登坂(とうはん(とはん))
否	いな	賛成(さんせい)か否(いな)か

漢字	読み	用例
卑	いやしい いやしむ いやしめる	卑(いや)しい根性(こんじょう)・ 人(ひと)を卑(いや)しめる
泌	ヒ	泌尿器(ひにょうき)
氷	ひ	氷室(ひむろ)
苗	ビョウ	種苗(しゅびょう)
病	ヘイ	疾病(しっぺい)
富	フウ	富貴(ふうき)
敷	フ	敷設(ふせつ)
風	フ	風情(ふぜい)
覆	くつがえす くつがえる	政権(せいけん)を覆(くつがえ)す・ 判決(はんけつ)が覆(くつがえ)る
払	フツ	払暁(ふつぎょう)・払底(ふってい)
聞	モン	前代未聞(ぜんだいみもん)・聴聞(ちょうもん)
柄	ヘイ	横柄(おうへい)・葉柄(ようへい)

漢字	読み	用例
歩	フ	将棋の歩
芳	かんばしい	芳しい香り
奉	たてまつる	会長に奉る
法	ハッ ホッ	御法度・ 法主
倣	ならう	前例に倣う
亡	モウ ない	亡者・ 亡き父の形見
傍	かたわら	勉強の傍らラジオを聞く
暴	あばく	不正を暴く
謀	ム はかる	謀反・ 暗殺を謀る
翻	ひるがえる ひるがえす	旗が翻る・ 決意を翻す
凡	ハン	凡例
末	バツ	末座

漢字	読み	用例
免	まぬかれる	罪を免れる
面	つら	面構え・面の皮
目	ま	目の当たり
由	ユイ よし	由緒・ ご栄転の由
遊	ユ	物見遊山
憂	うい	物憂い
腰	ヨウ	腰痛
謡	うたい うたう	謡物・ 歌を謡う
欲	ほっする	立身を欲する
絡	からむ からまる からめる	金の絡む話・ つたが絡まる
利	きく	顔が利く
立	リュウ	建立

漢字	読み	用例
律	リチ	律儀（律義）
流	ル	流転・流浪
陵	みささぎ	天皇の陵
糧	ロウ かて	兵糧・ 生きる糧
緑	ロク	緑青
礼	ライ	礼賛
霊	リョウ たま	悪霊・ 御霊
麗	うるわしい	麗しい女性
老	ふける	両親が老ける
和	オ	和尚

部首一覧

1画

一	いち
丨	ぼう たてぼう
丶	てん
ノ	の はらいぼう
乙	おつ
乚	おつ
亅	はねぼう

2画

二	に
亠	なべぶた けいさんかんむり
人	ひと
亻	にんべん
𠆢	ひとやね
入	いる
儿	ひとあし にんにょう
八	はち
ハ	は
冂	どうがまえ けいがまえ まきがまえ
冖	わかんむり
冫	にすい
几	つくえ
凵	うけばこ
刀	かたな
刂	りっとう
力	ちから
勹	つつみがまえ
匕	ひ
匚	はこがまえ
匸	かくしがまえ
十	じゅう
卜	と うらない
卩	わりふ ふしづくり
㔾	わりふ ふしづくり
厂	がんだれ
厶	む
又	また

3画

口	くち
口	くちへん
囗	くにがまえ
土	つち
土	つちへん
士	さむらい
夂	すいにょう ふゆがしら
夕	た ゆうべ
大	だい
女	おんな
女	おんなへん
子	こ
子	こへん
宀	うかんむり
寸	すん
小	しょう
⺌	しょう
尢	だいのまげあし
尸	かばね しかばね
屮	てつ
山	やま
山	やまへん
巛	かわ
川	かわ
工	え たくみ
工	たくみへん
己	おのれ
巾	はば
巾	はばへん きんべん
干	かん いちじゅう
幺	よう いとがしら
广	まだれ
廴	えんにょう
廾	こまぬき にじゅうあし
弋	しきがまえ
弓	ゆみ
弓	ゆみへん
彐	けいがしら
彡	さんづくり
彳	ぎょうにんべん
⺍	つかんむり
忄	りっしんべん
扌	てへん
氵	さんずい
犭	けものへん
艹	くさかんむり
辶	しんにょう しんにゅう
阝	おおざと
阝	こざとへん

4画

心	こころ
⺗	したごころ
戈	ほこづくり ほこがまえ
戸	と
戸	とだれ とかんむり
手	て
支	し
攵	のぶん ぼくづくり
文	ぶん
斗	とます
斤	きん
斤	おのづくり
方	ほう
方	ほうへん かたへん
日	ひ
日	ひへん
曰	ひらび いわく
月	つき
月	つきへん
木	き
木	きへん
欠	あくび かける
止	とめる
歹	かばねへん いちたへん がつへん
殳	るまた ほこづくり
毋	なかれ
比	ならびひ くらべる
毛	け
氏	うじ
气	きがまえ
水	みず
火	ひ
火	ひへん
灬	れんが れっか
爪	つめ
爫	つめかんむり つめがしら
父	ちち
片	かた
片	かたへん
牙	きば
牛	うし
牛	うしへん
犬	いぬ
王	おう
王	おうへん たまへん
礻	しめすへん
耂	おいかんむり おいがしら
月	にくづき
辶	しんにょう しんにゅう

5画

玄	げん

5画

玉	たま
瓦	かわら
甘	かん / あまい
生	うまれる
用	もちいる
田	た
田	たへん
疋	ひき
𤴔	ひきへん
疒	やまいだれ
癶	はつがしら
白	しろ
皮	けがわ
皿	さら
目	め
目	めへん
矛	ほこ
矢	や
矢	やへん
旡	なし / ぶ / すでのつくり
石	いし
石	いしへん
示	しめす
禾	のぎ
禾	のぎへん
穴	あな
穴	あなかんむり
立	たつ
立	たつへん
氺	したみず
罒	あみがしら / あみめ / よこめ
衤	ころもへん

6画

竹	たけ
⺮	たけかんむり
米	こめ
米	こめへん
糸	いと
糸	いとへん
缶	ほとぎ
羊	ひつじ
羽	はね
而	しかして / しこうして
耒	すきへん / らいすき
耳	みみ
耳	みみへん
聿	ふでづくり
肉	にく
自	みずから
至	いたる
臼	うす
舌	した
舟	ふね
舟	ふねへん
艮	ねづくり / こんづくり
色	いろ
虍	とらがしら / とらかんむり
虫	むし
虫	むしへん
血	ち
行	ぎょう
行	ぎょうがまえ / ゆきがまえ
衣	ころも
西	にし
襾	おおいかんむり

7画

見	みる
臣	しん
角	かく / つの
角	つのへん
言	げん
言	ごんべん
谷	たに
豆	まめ
豕	ぶた / いのこ
豸	むじなへん
貝	かい / こがい
貝	かいへん
赤	あか
走	はしる
走	そうにょう
足	あし
𧾷	あしへん
身	み
車	くるま
車	くるまへん
辛	からい
辰	しんのたつ
酉	ひよみのとり
酉	とりへん
釆	のごめ
釆	のごめへん
里	さと
里	さとへん
舛	まいあし
麦	むぎ
麦	ばくにょう

8画

金	かね
金	かねへん
長	ながい
門	もん
門	もんがまえ
阜	おか
隶	れいづくり
隹	ふるとり
雨	あめ
雨	あめかんむり
青	あお
非	あらず / ひ
斉	せい
食	しょくへん

9画

面	めん
革	かくのかわ / つくりがわ
革	かわへん
音	おと
頁	おおがい
風	かぜ
飛	とぶ
食	しょく
食	しょくへん
首	くび
香	か / かおり

10画

馬	うま
馬	うまへん
骨	ほね
骨	ほねへん
高	たかい
髟	かみがしら
鬯	ちょう
鬼	おに
鬼	きにょう
韋	なめしがわ
竜	りゅう

11画

魚	うお
魚	うおへん
鳥	とり
鹿	しか
麻	あさ
黄	き
黒	くろ
亀	かめ

12画

歯	は
歯	はへん

13画

鼓	つづみ

14画

鼻	はな

Obunsha